Gratza

Ägyptisches Yoga

Ägyptisches

Yoga

Jahrtausendealtes Wissen zur modernen Entspannung

Von Dieter Gratza

Mit 190 Abbildungen

Karl F. Haug Verlag · Heidelberg

Die Deutsche Bibliothek – CIP-Einheitsaufnahme

Gratza, Dieter:
Ägyptisches Yoga:
Jahrtausendealtes Wissen zur modernen Entspannung /
von Dieter Gratza. - Heidelberg : Haug, 1998

ISBN 3-7760-1665-5

ISBN 3-7760-1665-5

Zeichnungen: Gabriele Janker-Dilger
Umschlagfoto: teamfoto, 75021 Eppingen
Umschlaggestaltung: WSP DESIGN, 69120 Heidelberg
Satz u. Reproduktion: H&S Fotosatz GmbH, 68775 Ketsch
Druck: Röck GmbH, 74189 Weinsberg

Inhalt

Vorwort

Auch wenn im vorliegenden Buch viel von äußeren (körperlichen) Übungen gesprochen wird, soll es doch einen Zugang zu einigen der Wurzeln unserer Herkunft ermöglichen. Dabei wird unsere Verbindung mit dem Orient deutlich. Ein Exkurs in (Yoga-)Anschauungen des Fernen Ostens – die uns oft näher stehen als jene des Nahen Ostens – wird gefolgt von Zusammenhängen aus dem – uns räumlich näheren – ägyptischen Kulturraum. Aus der inneren Verwandtschaft beider Traditionen mit unserem westlichen Denken und Fühlen ergibt sich ein einfaches, aber sehr wirksam und kreativ anzuwendendes Übungssystem. Dem Yoga-Unerfahrenen wird eine Einführung in Yoga-Anschauungen des Fernen und Nahen Ostens geboten, Yoga-Erfahrenen werden unbekannte Übungsformen in Theorie und Praxis nahegebracht.

Dank sei allen, die mithalfen, dieses Buch zu ermöglichen.

Besonders gedankt sei Yogi Babacar Khane, der die alten ägyptischen Lehren und Haltungen erforschte und zu einem Übungssystem rekonstruierte. Das vorliegende Buch beruht in nicht unerheblichem Maß auf seinem Wissen, aber auch auf praktischen Übungen und Theorien, die er in Seminaren mit Herz und Verstand vermittelt.

Fronreute-Staig, November 1997   *Dieter Gratza*

Der Anfang – Theorie oder Praxis?

Heute ist den meisten Menschen einiges über Yoga bekannt, sei es aus eigener Erfahrung oder durch Bücher; über ägyptisches Yoga dagegen wissen nur wenige Bescheid. Daher werden in diesem Buch zunächst Zusammenhänge des Yoga dargestellt. Anschließend folgt die Herleitung des ägyptischen Yoga. Wissen von den Ursprüngen, Hintergründen und Zusammenhängen des ägyptischen Yoga ist für die Praxis durchaus sinnvoll aber nicht Voraussetzung!

Wir Menschen im Westen sind durch schulische Erziehung und berufliche Belastung „verkopft", so daß unsere Entwicklung einseitig verläuft. Hier bietet (ägyptisches) Yoga eine Alternative mit dem Ziel der körperlich-seelischen Ganzheit.

Bei allen Übungen im Yoga geht es weder um Können noch um Theorien, sondern um unmittelbares, bewußtes Erleben. Yoga ist keine Glaubenssache, sondern ein Erfahrungsweg. Dies beinhaltet, daß der Einstieg in ägyptisches Yoga auch über die – im dritten Teil des Buches dargestellte – Übungspraxis möglich ist.

So wie alles Ägyptische zwei Bedeutungsebenen aufweist, enthält auch die praktische Übung geistige Aspekte und umgekehrt. Die aufrechte Haltung – körperlich und psychisch verstanden – ist ein zentrales Thema in allem Ägyptischen, also auch im ägyptischen Yoga.

Der Weg zum ägyptischen Yoga kann gleichermaßen über Theorie oder Praxis angetreten werden. Der Praxisteil des Buches gibt einen mehr systematischen Überblick über Übungsmöglichkeiten des ägyptischen Yoga. Er ist nicht als Übungsreihe aufgebaut. Daher können, nachdem die Grundübungen verstanden worden sind, aus den unterschiedlichsten Bereichen Übungen entnommen und selbst zu Übungsfolgen zusammengestellt werden.

Ägyptisches und indisches Yoga

Einleitung

Wir leben in einer Zeit, in der die Menschen täglich Neuigkeiten und Sensationen von den Zeitungen und anderen Massenmedien erwarten. Das Schwungrad der Neuerungen, der ständig erwünschten Verbesserungen dreht sich schneller und immer schneller. Die Fülle an Informationen nimmt ständig zu – wir werden überflutet von Reizen aller Art, ob in der Schule, beim Einkauf, auf der Straße, im Wohn- oder Kinderzimmer.

Steinzeitpsyche

Ob wir Menschen mit unserer in vieler Hinsicht immer noch steinzeitlich geprägten Psyche der hoch technisierten Massengesellschaft gewachsen sind, bleibt fragwürdig. Man könnte unsere heutige Welt auch als ungeplantes Experiment bezeichnen, dem unsere Steinzeitpsyche unterworfen wird. Als einsame Streiter verließen unsere Vorfahren die heimischen Wälder und stellten sich den Herausforderungen der Savanne. Dank des großen Gehirns konnten die gewaltigen Herausforderungen bewältigt werden. Die Intelligenz half, die Erde zu erobern, doch enthält sie auch das Potential zur Selbstzerstörung. „Der Mensch bemerkt, daß er zwar die Macht von Göttern besitzt, jedoch nicht ihre Weisheit", so die Anthropologin Misia Landau.

Weisheiten

Ein kleines Stück dieser Weisheiten finden wir verborgen, oft verschlüsselt als Symbole, in allen großen Religionen, Lehren oder Übungsweisen der Menschheit. Zumeist ist dabei die körperliche Übung eng mit dem geistigen Aspekt verknüpft: Die Einheit von Körper, Geist und Seele ist gegeben und damit die Möglichkeit, mit sich selbst zu kommunizieren.

Der heute überwiegend vorherrschende Zeitgeist scheint Gesundheit als eine mechanische Angelegenheit zu betrachten – man braucht nur zum Arzt oder zum Training ins Fitneßcenter zu gehen, und schon sind die ungeliebten, störenden Symptome beseitigt – so hofft man. Die Lösung der physischen und psychischen Probleme soll von außen erfolgen. Leider führt dieser

Weg langfristig zumeist in die Irre; der Zeitgeist läßt den Geist außer Acht. Der Mensch wird als Maschine verstanden: Der Treibstoff-Input erfolgt durch den Mund (die wichtigste physische Nahrung, der Atem, bleibt oft unberücksichtigt), die Maschine arbeitet und stößt die Abfallprodukte wieder aus. Eine sehr ähnliche mechanistische Betrachtungsweise gibt es auch auf dem psychischen Sektor. Insgesamt herrscht die Ansicht vor, daß der Mensch gefälligst zu funktionieren hat.

Geistloser Zeit-geist

Bei sich selbst anzufangen bereitet zwar zunächt einige Mühe, kann jedoch zu einer dauerhaften Lösung führen, da so der Mensch in seiner Ganzheit gesehen wird. Hierher gehören besonders jene Möglichkeiten, die nur empirisch begriffen werden können, sich den Menschen aber über Jahrhunderte, oft Jahrtausende als hilfreich dargestellt haben. Das bedeutet nicht, daß neue Erkenntnisse abgelehnt würden und der Blick nur nach hinten gerichtet wäre. Vielmehr sind dort Grenzen zu setzen, wo die eingefahrene Wissenschaft vergißt, daß es um den Menschen geht, daß Wissenschaftlichkeit nicht zur Religion erhoben werden darf, sondern darauf abzielen muß, dem Menschen zu helfen.

Wir müssen von symptomatischer Medizin und Denkweise wegkommen und den Weg zu kausalen Lösungen beschreiten. Die eigentlichen Ursachen des Krankheitsgeschehens müssen gefunden werden. Das ist nur möglich, wenn Körper und Geist als Einheit begriffen werden, wie dies bei vielen alten Methoden der Fall ist. Ein sehr großer Teil der Menschen ist unter dem Druck psychischer Ereignisse bereits körperlich krank geworden oder droht, es zu werden.

Es ist falsch, einzelne erkrankte Organe wie Magen, Galle, Leber, Nieren, Haut usw. ausschließlich mit Medikamenten zu behandeln. Wenn „uns etwas fehlt", sollten wir die Suche antreten, um den fehlenden Teil zu finden, um ganz, und damit wieder heil, zu werden. Dazu müssen auch die Ursachen für die psychische Verstimmung, für die Disharmonie aufgedeckt werden, um so dem Kranken einen Hinweis auf die Neuordnung

Symptome sind keine Ursachen

seines Lebens geben zu können. Damit es gar nicht erst zum Ausbruch einer Krankheit kommt, sollte das möglichst nicht erst im Falle einer Erkrankung geschehen, sondern schon viel eher beginnen. Hat man erst einmal eine ganzheitliche Übungsmethode angenommen, ins eigene Leben integriert, so kann sich die Einsicht in die notwendige Umstrukturierung des eigenen Lebens auch ohne äußere Hilfe von innen her einstellen.

„Der Mensch besteht aus Körper, Geist und Seele. Alle drei sind unlösbar miteinander verbunden. Ist eines krank, so sind auch die beiden anderen krank. Harmonie kann ich nicht per Krankenschein verordnet bekommen. Dafür muß ich selber etwas tun. Das Bewußtsein um diese Abhängigkeit führt mich zurück in eine hohe Eigenverantwortung mir selbst und dem Gemeinwohl gegenüber. Ich muß wissen, daß ich wieder selber etwas tun kann und muß, um mich des Lebens zu erfreuen", [30].

Gerade in unserer Zeit zunehmender nationaler Verschuldung sind solche Überlegungen sowohl aus sozialökonomischer Sicht als auch im Interesse des Einzelnen ein Gebot der Stunde. Man sollte nicht mit jedem Wehwehchen zum Arzt oder Therapeuten laufen, sondern zunächst das uralte Wissen anwenden, das erfahrungsgemäß vielen Generationen Hilfe gebracht hat.

Altes Wissen

   Leider wird die Möglichkeit, auf bewährtes Wissen zurückzugreifen, oft vergessen. Solche Möglichkeiten sind z.B. Wege der Bewußtseinswerdung, der psychogenen Steuerung ohne Medikamente, Maßnahmen psychotherapeutischer (Selbst-)Behandlung, naturkundliche Heilmittel, jahrhunderte- oder jahrtausendelang empirisch als heilsam erwiesene Übungsmethoden wie Tai Chi, Qigong oder Yoga. Bei der Übertragung „alter" Wege auf die heutige Zeit sollte der Schwerpunkt weniger auf die Bekämpfung von Krankheit im weitesten Sinn gelegt werden, sondern insbesondere darauf, die Gesundheit zu erhalten und zu fördern.

Ganzheitliche Übungsmethoden für Menschen von heute

Im Yoga finden wir ein klassisches Beispiel für das Aufgreifen ganzheitlicher östlicher Übungsmethoden durch den Westen.

Allgemeines zur Yoga-Übungsweise

Yoga ist im allgemeinen Verständnis indisches Geisteserbe aus ältester Zeit. Im Yoga haben wir ein Mittel zur Arbeit an uns selbst, sowohl was unsere materielle als auch was die psychische, seelische, geistige und spitiruelle Seite angeht.

Impulse für den Westen

Für die westliche Welt ist Yoga entwicklungsfähig und zeitgemäß. Das spürten auch die Inder und entsandten eine Reihe von „Boten", wie z.B. Vivekananda, in den Westen. Diese gaben immer wieder Anregungen und Impulse, an sich selbst zu arbeiten. Könnte ähnliches nicht auch hinsichtlich des alten ägyptischen Wissens geschehen?!

Als Argument gegen eine Yoga-Anwendung im Westen wird gelegentlich vorgebracht, es handle sich um ein uns wesensfremdes indisches Denken und um das Produkt einer von unserer verschiedenen Entwicklung. Jedoch sind Parallelen festzustellen, die auf manchen Gebieten eine Verwandtschaft von Indern und westlichen Menschen zeigen. Manchmal wird behauptet, Yoga entspräche nicht dem „modernen abendländischen Bewußtsein des Ich-Menschen", weil die Ich-Auflösung gefordert werde. Verlangt aber nicht auch das Christentum die selbstlose Liebe und damit eine Form der Aufgabe unseres kleinen persönlichen Ichs?!

„Nicht darum handelt es sich, daß man unorganisch Fremdes imitiert oder gar missioniert, sondern daß man die abendländische Kultur, die an tausend Übeln krankt, an Ort und Stelle aufbaut und dazu den wirklichen Europäer herbeiholt in seiner westlichen Alltäglichkeit, mit seinen Eheproblemen, seinen

Neurosen, seinen sozialen und politischen Wahnvorstellungen und mit seiner ganzen weltanschaulichen Desorientiertheit", [12].

Die Yoga-Übungsweise ist zeitlos. Dies gilt sowohl für Übungen des physischen Körpers als auch für die Psyche[1]. Im Yoga wurden die verschiedensten Arbeitswege und Zweige überliefert, die je nach Anlage oder Temperament des Einzelnen ausgeübt werden können. Fast kann man sagen, daß es so viele Übungswege gibt wie Menschen, wenn man von einer starren, dogmatischen Betrachtung des Yoga abrückt. Genauso beweglich, wie unser Körper durch die Yoga-Übungen werden kann, sollte und kann auch unser Denken werden.

Dogmatismus macht unbeweglich

Beachten wir den Yoga-Grundsatz *ahimsha*[2] der Gewaltlosigkeit (anderen gegenüber genauso wie in bezug auf unseren Körper und Geist) so erhalten wir eine Übungsweise, die selbst bei Menschen mit Wirbelsäulenproblemen erfolgreich angewendet werden kann. Oft ist zu beobachten, daß Personen nach erfolglosen Behandlungen durch Ärzte, Krankengymnasten oder Heilpraktiker im Yoga-Kurs erscheinen und hier lernen, auf sich selbst zu achten. Nicht selten ist das Ergebnis die Linderung oder Beseitigung des Problems. Entsprechendes gilt für Körper und Psyche.

Besondere Bedeutung kommt der sanften Übungsweise zu: Die Übungen bzw. deren Ausführung müssen in gewisser Weise dem Arndt-Schulz-Gesetz entsprechen: „Schwache Reize heben die Lebenskraft, größere Reize hemmen sie, stärkste Reize zerstören sie." Parallelen zur Homöopathie sind nicht zu übersehen.

---

[1] Durch diese Methode kann selbst unser höheres Ich entwickelt werden, um zu einem neuen Bewußtsein aufzusteigen. Dazu muß sich allerdings das niedere Ich in uns bescheiden und zum Schweigen gebracht werden im Sinne von Paulus „… nicht ich, sondern der Christus in mir …".

[2] Wird Yoga unter Beachtung von *ahimsha* angeleitet und geübt, so können möglicherweise auftretende Probleme (sowohl was den körperlichen als auch was den psychischen Bereich betrifft) nahezu ausgeschlossen werden; s. auch Abschnitt „Yama und Niyama", S. 33.

Probleme des westlichen Menschen mit Yoga

Manchem westlichen Menschen fällt es leichter, mit einer Übungsform zu arbeiten, die unserem Kulturkreis entspricht. So scheinen uns Sport und Gymnastik nahe. Autogenes Training oder die Progressive Muskelentspannung liegen uns oft mehr als die Entspannung über Yoga. Betrachten wir die Sache allerdings genauer, so finden wir die östlichen Ursprünge und Einflüsse auch in diesen scheinbar rein „westlich-wissenschaftlichen" Methoden. Wer sich dann erst einmal auf die „fremden" Methoden eingelassen hat, lernt sie oftmals schätzen. Das verwundert nicht, wenn wir bedenken, daß hinter den „alten, fremden" Wegen ein sehr viel größerer Erfahrungsschatz steht als hinter den neuen Methoden (die gewiß auch Vorzüge aufzuweisen haben).

Östliche Wurzeln in westlichen Methoden

Abb. 1: Typisch Yoga?

**Alles geht schnel-
ler – und wir
haben weniger
Zeit!**

Dennoch stellt sich die Frage, ob die Yoga-Haltungen mit ihrer langen statischen Phase dem Menschen im Westen immer gemäß sind. Trotz einer vermeintlichen Zeitersparnis durch ständig schnellere Verkehrsmittel, durch schnellste Übertragung von Informationen in vielerlei Form haben wir immer weniger Zeit; wir meinen, es fehle uns an Zeit. Zudem haben wir Probleme, aus der Unruhe heraus in die äußere und innere Ruhe oder Unbeweglichkeit, die Statik, zu finden. Hinzu kommt auch noch unsere einseitige Körperhaltung und -bewegung im Beruf und oft auch in der Freizeit.

Wenn Yesudian seinem Hauptwerk den Titel „Sport und Yoga" gab, so entsprach er damit zwar dem Wunsch seines Verlegers (der sich durch den Titel eine größere Aktualität versprach), doch kommen wir im Westen zunächst um mehr Bewegung als im klassisch-indischen Yoga gewünscht nicht herum. Unser Körper ist nicht flexibel genug, um die oft ungewohnten Positionen ohne Verkrampfung und Gewalt einzunehmen. Deshalb brauchen wir Vorübungen. Wir finden bei manchen Yoga-Lehrern (sogar gelegentlich bei jenen, die Yoga in Verbindung mit Gymnastik weit von sich weisen, wie z.B. Boris Sacharow) gymnastisch anmutende Vorbereitungen zur Lockerung. Im Ganzen allerdings betrachten viele Yoga-Übende Gymnastik als ein dem Yoga-Prinzip untergeordnetes Hilfsmittel.

Untersuchen wir weitere alte Übungsweisen, so stoßen wir auf bis heute noch weitestgehend unbekannte Formen wie die Methode des Kung-Fu oder des ägyptischen Yoga.

Exkurs: Die Übungsweise des Kung-Fu (innerer Stil)

Als Einwand gegen das Yoga wird gelegentlich die in Yoga-Kreisen gerne verschwiegene Tatsache vorgebracht, daß eine einseitige Betonung der Dehnungen und der Beweglichkeit im klassisch-indischen Yoga-System langfristig zu Schäden führen kann. Es gibt Yogis, die nach jahrzehntelangen, täglichen und ausgiebigen Dehnungsübungen im Rollstuhl endeten. Wie kann dem im Grunde der Gesundheit durchaus förderlichen Yoga die Problematik genommen werden?

Zunächst durch eine Übungspraxis, die nicht übertreibt und nicht überdehnt, weder was die Muskeln und Sehnen angeht noch was die Dauer der Dehnungen betrifft. Dasselbe gilt für eine geistige Übungspraxis.

Bei der überwiegenden Zahl der körperlichen, indisch geprägten klassischen Yoga-Übungen nimmt die Dehnung den zentralen Platz ein. Ob es sich um das heute übliche, von vielen Ärzten und Krankengymnasten empfohlene Muskelaufbautraining an Maschinen oder ob es sich um die andere Seite, die Überbetonung der Dehnung, handelt – jede Richtung, ohne Ausgleich und im Übermaß praktiziert, kann negative Folgen nach sich ziehen.

Einseitige Übungsweisen sind schädlich

Doch gibt es auch hier eine Übungsweise, die beiden Polen Raum gibt: Übungen des *Nei Chia* (dem chinesischen Yoga aus der inneren Richtung des Kung-Fu) wirken durch die Verbindung von tiefer Atmung mit dem Wechsel von kraftvoller An- und Entspannung ausgleichend. Muskulatur und Organe werden intensiv gekräftigt, massiert und verstärkt durchblutet. Durch die erhöhte Sauerstoffzufuhr[3] kann sich der ganze Körper regenerieren. Viele Beschwerden – nicht nur solche des Bewegungsapparates – lassen sich auf diese Weise lindern oder beheben. Chinesisches Yoga ist daneben auch Vorbereitung auf körperliche und geistige Entspannung sowie auf innere Sammlung – denn nur wo Spannung herrscht, kann sich auch Entspannung einstellen. Die Übungen begünstigen zudem die Bündelung physischer und psychischer Energie.[4]

Aus Spannung wird Entspannung

---

[3] Der Atem wirkt nicht nur im Sinne eines Gasaustauschs, sondern ist im Yoga-Verständnis auch Träger der Lebensenergie (*prana*) und entspricht etwa dem *pneuma* oder dem lebenspendendem Odem aus der Genesis.

[4] Verschiedene Körperstellungen werden stufenweise in Koordination mit dem Atemrhythmus eingenommen. In der Endposition wird die Anspannung proportional zur Ausatmung verstärkt. Der ausgeatmete Zustand entspricht dem negativen Pol, die Anspannung dem positiven. Sind beide Pole gleichzeitig vorhanden, können Energien in Fluß kommen.

Übung des ägyptischen Yoga

Die Tradition dieser noch relativ unbekannten Übungsweise reicht genauso lange zurück, wie die Tradition des indisch geprägten Yoga.

....
Ägyptisches Yoga
für den Westen

Es handelt sich um ruhig ausgeführte Bewegungselemente, die sowohl den Atemfluß harmonisieren als auch zunehmend die Konzentration fördern. Die Dynamik der Bewegungen entspricht dem westlichen Menschen mehr als die Statik. Dies leuchtet ein, wenn man bedenkt, daß uns der Nahe Osten geographisch und kulturell näher ist als der Ferne Osten. In der Symbolik der Positionen des ägyptischen Yoga, die in unsere christlich-religiöse Tradition eingeflossen ist, findet dies seinen Ausdruck. Die überwiegend dynamischen Übungen des ägyptischen Yoga fördern sowohl die äußere Aufrichtung der Wirbelsäule und des gesamten Bewegungsapparates als auch die innere Aufrichtung.

Die Methode läßt sich ausgezeichnet mit dem klassisch-indischem Yoga kombinieren, da die „ägyptischen Bewegungen" die statischen indischen Positionen (*asanas*)[5] vorbereiten und vertiefen können.

Mit indischem
Yoga und Gymna-
stik zu verbinden

Ein weiterer wesentlicher Aspekt dieser auf das alte Ägypten zurückgehenden Übungsform liegt in der Kombinationsmöglichkeit mit der heute praktizierten Wirbelsäulengymnastik: Durch das anatomische Wissen der alten Ägypter entstand eine Übungsweise, die als Wirbelsäulengymnastik angewendet werden kann, aber auch durchaus mit der heutigen Wirbelsäulengymnastik zu verbinden ist.

In allen Übungen des ägyptischen Yoga und bei Kombination mit anderen Bewegungen ist die Einbeziehung des Atems von Bedeutung; sie erhöht die Wirksamkeit der Übungen um ein Vielfaches.

---

[5] Siehe S. 35 „Yoga im klassischen Sinn".

Wie das indische Yoga enthält auch die ägyptische Form eigene Entspannungsmöglichkeiten, die teilweise unter Zuhilfenahme des natürlichen Atemrhythmus und atembegleitender, im Geiste vorgestellter Bewegungsfolgen in einen tiefen Entspannungszustand führen.

Zu erwähnen sind im Zusammenhang mit dem Aspekt der Ganzheitlichkeit auch die im ägyptischen Yoga enthaltenen umfassenden psychischen und spirituellen Möglichkeiten der inneren Aufrichtung und der Ausrichtung an den beiden Achsen Himmel-Erde (vertikale Achse) und irdisch-horizontale Polaritätsachse. Dabei denken wir an Kreuz und *anch* (das *anch* ist das „Henkelkreuz", ein typisch ägyptisches Lebenssymbol, das aber auch in der indischen Kultur erscheint).

Möglichkeiten für die eigene Entwicklung

Abschließende Betrachtung

Neben den als Beispiel für sehr alte ganzheitliche Übungssysteme genannten Yoga-Methoden[6] gibt es eine Vielzahl weiterer Übungsweisen, die den ganzen Menschen einschließen.[7]

Zahlreiche alte Methoden lassen sich ausgezeichnet mit neuen Wegen verbinden (wie an der Kombination von Wirbelsäulengymnastik und ägyptischem Yoga dargestellt). Zum Beispiel sind viele alte Entspannungs- und Meditationsübungen mit Methoden aus der Psychologie und mit Musik, die den Menschen von heute anspricht, kombinierbar. Eine Mischung von gymnastischen Übungen mit alten Methoden aus Yoga, Qigong usw.

Kombination alter und neuer Wege

---

[6] Vor ca. 5000 Jahren früheste bekannte Darstellung einer Yoga-Haltung im Indus-Tal, etwa zur gleichen Zeit erste Darstellungen von Yoga-Positionen in Ägypten.

[7] Beispiele dafür sind u.a. die Arbeit mit Meridianen und Reflexzonen, Akupunktur, Tai Chi und Qigong, inneres Kung-Fu, Kum Nye, Meditationen, Kampfsportarten wie Aikido, Judo, äußeres Kung-Fu, viele Tanzformen in allen Kulturen, die unzähligen alten und neuen Methoden aus der Naturheilkunde, Waschungen und Bäder sowie Fastenübungen.

begeistert sicherlich zunächst mehr Menschen als der Einstieg über die klassische Form. Solche Kombinationen sind auch bei vorwiegend geistig orientierten Übungswegen möglich.

Allein schon die Verbindung von verschiedenen Wegen umfaßt im Vergleich zur Anwendung nur einer Methode ein breiteres Übungsfeld. Eine gelungene Kombination mehrerer Wege verwirklicht eher einen ganzheitlichen Aspekt. Allerdings kann eine unorganische oder auf Effekthascherei ausgerichtete Vermischung sich auch gegenteilig auswirken. Hier ist Vorsicht geboten, besonders bei den unzähligen kommerziell ausgerichteten Einrichtungen, wie z.B. bei manchen Fitneßstudios oder bei vielen sogenannten Schulen und Zentren.

Betrachten wir die heute vorherrschende gesellschaftliche Situation, so finden wir Isolation und Vereinsamung der Menschen. Wir treffen auf Spezialisierung in den allermeisten Gebieten von Wissenschaft und Beruf. Die einzelnen Bereiche sind dermaßen differenziert, daß sich nur Wenige im jeweiligen Gebiet verständigen können. Der Brückenschlag zu anderen

Fehlender Überblick

Disziplinen ist schwierig und doch so nötig: Der Arzt befaßt sich mit dem Körper des Patienten, der Chirurg gar nur noch mit der Leber von Zimmer 317; der Psychologe kümmert sich um die Psyche seines Gegenübers, aber wenig um seinem Körper und um seine Seele; der Geistliche hingegen, der Seelsorger, sorgt sich um die Seele seines Schäfchens, vergißt aber dessen Körper und Geist.

Werden dennoch die Zusammenhänge beachtet, z.B. psychosomatische Verknüpfungen gesehen, so soll damit oftmals doch wieder nur das störende Symptom beseitigt werden – die Wurzel des Übels aber bleibt unberücksichtigt, die nächste Störung ist vorprogrammiert. Solch zweckorientiertes Vorgehen kuriert an den Symptomen, ist aber nicht radikal im wörtlichen Sinn

Lebensqualität durch Ganzheitlichkeit

eines „an-die-Wurzel-Gehens", einer Änderung der Perspektive und der Lebenssituation innen und außen. Trifft uns ein Schicksalsschlag oder eine Krise, so führt ein solches Ereignis nicht selten zu der notwendigen Kurskorrektur: Von der quantitativen

Lebensweise gehen wir über zur Ganzheitlichkeit, wir suchen nach Qualität. Wir wenden uns ab von der Spezialisierung auf den Verstand, auf Technik oder auf was auch immer wir uns fixierten; das Blickfeld weitet sich, wir entdecken die rechte Gehirnhälfte, stoßen auf das „was uns fehlt", was krank, unheil und unvollkommen macht. Eine Lebensweise, die das ganze Spektrum des Lebens umgreift, wird gesucht und schließlich auch gefunden: Ein Weg der Ganzheitlichkeit wird begangen.

Hinter solchen neu eingeschlagenen Wegen steht oft sehr altes und zeitloses Wissen, das sich in inneren oder/und äußeren Übungsformen zeigt und sich nicht selten auch im Ritual der Religionen niederschlägt. Beispiele hierfür sind Yoga oder Meditationen in den verschiedensten Kulturen, aber auch ursprünglich rituelle Tanzformen oder die Wurzeln des Hatha-Yoga, die auch im Tantra zu finden sind. Im Tantra ist in der gleichzeitigen Bejahung des Materiellen und des Geistigen sehr konkret die ganzheitliche Verbindung zu erkennen. So verkörpert die Geliebte *shakti* das weibliche, göttliche Prinzip (*yin*), während der Geliebte *shiva* das männliche, göttliche Prinzip (*yang*) darstellt.

Zeitlose Wahrheiten

Viele der ursprünglichen Anschauungen und Übungen des alten, zeitlosen Wissens finden wir heute nur noch in verwässerter und entstellter Form in manchen Symbolen oder Riten der diversen Glaubensgemeinschaften aller Kulturen wieder. Die Rückbesinnung auf den Ursprung, auf die Bedeutung, auf alte Riten und Methoden kann zu einer Belebung der heutigen Glaubenspraktiken führen, die sehr oft geist-los geworden sind. Die Rückbesinnung auf alte „Heilswege" (heil sein = ganz sein) sowie deren Übertragung auf die heutige Zeit haben ihre Berechtigung – unter Berücksichtigung notwendiger Abwandlungen und Anpassungen an die derzeitige Kultur und Lebensweise des Menschen.

Altes Wissen für heute

Die Welt ist kleiner geworden, zunehmend vermischen sich die verschiedenen Kulturen. Sie sollten und können sich gegenseitig befruchten und ergänzen. Alte Übungsweisen in Verbindung mit dem Wissen und den Erkenntnissen von heute können ein neues Potential zur Entwicklung des ganzen Menschen und der Menschheit werden.

Die Freude ist euch nahe, sie ist in euch!
Es ist keiner unter euch zu unbereit,
zu ungeübt, zu unwissend –
jeder kann die Freude
in sich finden
in ihrer ganzen Wirksamkeit,
als Lust und Erkenntnis,
kann jeder sie
erleben –
jetzt.

Meister Eckhart

Yoga – eine Beschreibung

Nach einer allgemeinen Betrachtung einiger Aspekte, die die Verwandtschaft verschiedener Kulturen zeigen, wird im folgenden der Bereich des Yoga genauer betrachtet.

Yoga im indischen Verständnis

Ohne Zweifel besteht in vielfacher Beziehung eine Verwandtschaft des ägyptischen mit dem europäischen und indischen Erbe. Greifen wir aus diesem weiten Gebiet den Bereich des Yoga heraus und untersuchen, welcher Art hier die Gemeinsamkeiten sind.

Spricht man von Yoga, so versteht man darunter zunächst die Gesamtheit der Übungen, die zum Zweck einer gesteigerten Beherrschung von Körper und Geist, zur Konzentration und Entspannung ausgeführt werden. Es handelt sich beim Yoga ursprünglich um eine indische philosophische Lehre, deren Ziel es ist, durch verschiedenste Methoden und Wege (wie z.B. Meditation, Askese oder auch durch die bewußte Bejahung der Körperlichkeit) den Menschen von dem Gebundensein an die Körperlichkeit zu befreien.

Yoga – ein Weg in die Freiheit

Wenn trotz des indischen Ursprungs des Wortes Yoga und trotz der bekannten Yoga-Methoden aus Indien auch von einem ägyptischen Yoga gesprochen werden kann, so müssen erhebliche Gemeinsamkeiten der beiden Formen vorhanden sein. Um einen Vergleich zu ermöglichen, sollen im folgenden zunächst einige Merkmale des indischen Yoga kurz dargestellt werden.

Yoga im wörtlichen Sinn

Die meisten Menschen sind nicht gerade von der Leidenschaft besessen, die tieferen Mysterien der eigenen Identität zu ergründen. Auf die Frage: „Wer bist Du?", wird dann auch lediglich der eigene Name genannt. Die zugrundeliegende Einheit in allen Dingen erkennen nur wenige Menschen, obwohl inzwischen auch die Wissenschaft bestätigt, daß alle Erscheinungen Manifestationen von Energie sind. Hierin liegt die eigentliche Wurzel des Yoga, dessen wörtliche Bedeutung etymologisch mit dem Sanskrit-Wortstamm *yug* verbunden ist und „Anschirrung, Vereinigung, Verbindung" bedeutet. Das Ziel ist, den Yoga-Übenden (auch als Yogi bezeichnet) zu einem Bewußtsein nicht nur der Einheit aller Dinge, sondern auch der Einheit seiner eigenen essentiellen Identität mit dieser tieferen Realität zu führen.

Verbindungen herstellen

In Zusammenhang mit dem Yoga der Ägypter ist die Hieroglyphe *sma* wichtig, die mit der Bedeutung „vereinigen" eine exakte Entsprechung zum Sanskrit-Ausdruck *yug* darstellt („Symbolische Verbindungen", S. 101). Im wörtlichen Sinn existiert mit dem Begriff „Religion" auch eine Verbindung von *yug* und *sma*. So bedeutet das lateinische *re-ligio* „zurück-, an- oder festbinden", also nichts anderes wie die wörtliche Bedeutung von Yoga. Diese Verbindung herzustellen obliegt dem einzelnen Menschen. In der Person soll die Einheit sichtbar werden und erklingen, wie das lateinische *per-sono* im Sinn von „wiederhallen, ertönen, verkündigen" zeigt.

Wurzeln des (indischen) Yoga

Eine geschichtliche Entwicklung von Yoga im westlichen Sinn gibt es nicht. Yoga ist vielleicht das älteste der Menschheit bekannte Wissen, das zunächst über einen sehr langen Zeitraum mündlich überliefert wurde.

Frühestes Zeugnis des Yoga als Methode und selbständigem System sind etwa 4000–5000 Jahre alte Darstellungen von Gott- und Priesterkönigen in Yoga-Meditationshaltungen aus der Mohenjo-Daro-Zivilisation im Indus-Tal. Etwa zur gleichen Zeit entstanden in Ägypten eine Vielzahl von Symbolen, die im späteren Tantrismus und in der Alchemie wieder auftauchen, sowie ein ganzer Komplex der Ikonographie mit Abbildungen von bekannten klassischen Yoga-Stellungen. Bücher der ägyptischen Weisheit, so schreibt Babacar Khane, drücken schon damals die grundlegenden Prinzipien von Bhakti-Yoga („Yoga der Ehrerbietung"), Karma-Yoga („Yoga der Tat, der unbeteiligten Aktion") und auf dem Wege der Symbolik die Prinzipien von Jnana-Yoga ("Yoga des Wissens") aus[8].

Die früheste Erwähnung des Wortes *yoga* als „Fachausdruck" findet sich in den Veden[9], die im Laufe von 2000 Jahren entstanden sind und schon lange vor ihrer Niederschrift mündlich überliefert wurden.

Yoga-Aspekte – aus westlicher Sicht

Zum Thema Yoga finden wir eine unüberschaubare Zahl von Veröffentlichungen, von verschiedenen Richtungen, Schulen, Lehrern und Lehrerinnen.

Manchmal wird behauptet, der „indische Weg zum Selbst" (Wilhelm Hauer) sei dem westlichen Menschen nicht angemessen. Allerdings stellen die dem Yoga zugrundeliegenden Gesetzmäßigkeiten eine geistige Wirklichkeit dar, die hinter der äußeren sichtbaren Welt steht und in jedem Menschen – ob östlich oder westlich geprägt – wiedergefunden werden kann. Erfahrungen von Yoga-Übenden belegen, daß das unserem Wesen Gemäße erkannt und verstärkt wird. Dazu gehört auch,

Verborgene Gesetzmäßigkeiten

---

[8] Beginnend im 3. Jahrhundert v. Chr. wurde alte Weisheit in der Bhagavadgita – einem bedeutenden Werk über Yoga – zusammengefaßt. Die Schrift befaßt sich mit Philosophie und der Ausübung des Yoga, beschreibt verschiedene Yoga-Wege (Karma-Yoga, Bhakti-Yoga, Jnana-Yoga) und schildert Eigenschaften eines vollkommenen Yogi.

[9] Die Veden zeichnen die Entwicklung nach von einer frühen polytheistischen Naturverehrung mit Ritualopfern bis hin zu der Vorstellung von einer absoluten, unbegrenzten und all-durchdringenden Wirklichkeit. In den frühen Veden wird jener abstrakte Begriff des Absoluten „Dieses Eine" (*tad ekam*) genannt, im späteren Teil – den Upanishaden – „brahma". „Alles ist *brahma*" – diese Wahrheit wird durch die Ausübung von Yoga erkannt: „Wenn die fünf Sinne und der Geist ruhig sind und der Verstand in Stille verharrt, dann beginnt der höchste Pfad. Diese ruhige Beständigkeit der Sinne wird Yoga genannt" (Katopanishad). Veda heißt Weisheit. In der Hindu-Philosophie werden Veden und Uphanishaden als göttliche Offenbarung angesehen, die den alten Sehern kundgetan wurde. Sie sind Wurzeln der Philosophie, innerhalb deren Rahmen sich Yoga entwickelte und sie gestatten Einblicke in frühe Yoga-Techniken. Die Bhagavadgita (s. Anm.[8]) betont die aktive Lebensweise, die von Menschen jeder Rasse oder Religion befolgt werden kann. Indiens große Lehrer sprechen von mehreren frühen Kulturen, deren Wissensstand über dem unseren lag. Heute ringen Wissenschaftler häufig um Einsichten, die in den alten Lehren bereits enthalten sind.

daß der geistige Grundgehalt des Yoga dem westlichen Yoga-Schüler oftmals seine eigene Glaubenswelt bestätigt, die ihm vielleicht schon verblaßt war und durch Yoga-Übungen neu entdeckt und vertieft werden kann. Die Verwandtschaft von indischer, ägyptischer und europäischer Kultur läßt den Schluß zu, daß uns die indische Mentalität weniger fern ist, als wir manchmal annehmen. Weshalb sonst finden östliche Übungsweisen im Westen so starke Resonanz? Die Überbetonung des Verstandes im Westen (in Extremform beim kapitalistischen Technokraten) ist dem Inder fremd. Wir wiederum können die Gelassenheit des Inders nicht begreifen (die bis zu Desinteresse und Ignoranz reichen kann). Heutzutage deutet vieles darauf hin, daß sich die beiden Gegensätze zunehmend vermengen, gelegentlich sogar das Fremde mehr geachtet wird als die eigenen Wurzeln.

Verstand und Gelassenheit

Es verwundert, daß die Verwandtschaft mit Ägypten – das dem Westen doch näher liegt als Indien – weniger beachtet wird. Die ägyptischen Monumente, Pyramiden, Tempel, Statuen und Obelisken, bildliche Darstellungen und die Hieroglyphen werden mit Bewunderung zur Kenntnis genommen. Eine erstaunliche Faszination geht von Ägypten aus, doch was fehlt, ist die praktische Umsetzung des ägyptischen Kulturgutes in eine Übungsform, wie dies im indischen Yoga der Fall ist.

Der nahe Osten

Lange hat es gedauert, bis das indische Erbe in den Westen Eingang fand. Es geschah zunächst nur im Verborgenen und erreichte wenige, doch dann, über „Boten" aus Indien (z.B. Vivekananda), allmählich eine große Zahl der Menschen. Auch in Ägypten wurde das Tempelwissen über Jahrtausende hindurch nur an wenige Personen weitergegeben. Eine despotische oder gar missionarische Bestrebung ging von Ägypten niemals aus. Dies gilt bis in unsere heutige Zeit hinein.

Ist es möglicherweise langsam an der Zeit, daß auch die ägyptischen Weisheiten Verbreitung finden – ähnlich wie es mit der indischen Weisheit der Fall war? Vieles deutet drauf hin: Zunehmend stoßen wir auf Bildbände und Romane, günstige

Reiseangebote sowie Bilder und Filme über Ägypten. Zwar läßt das Niveau gelegentlich zu wünschen übrig, doch scheint das Interesse insgesamt zuzunehmen. Ist es nur ein Zufall, wenn wir feststellen, daß sich vor etwa 4000 Jahren das soziale Gefüge in Ägypten veränderte, die osirische Religion entstand, Pyramiden erbaut wurden und Amun auftauchte. Auch heute, 2000 Jahre nach der sogenannten Zeitenwende, finden enorme soziale Umwälzungen statt, Werte und Glaube verändern sich erheblich. Unseren Kindern werden wir monumentale Bauten, Städte und „strahlende Pyramiden" in Form von Atomkraftwerken vererben. Spiegeln sich an der Achse der Zeitenwende (um die Geburt Christi) die ägyptische und die heutige Zeit? Kann damit auf einer subtilen, der heute üblichen rationalistischen Weltsicht unverständlichen Ebene das heute bestehende Interesse an Ägypten erklärt werden?

Zeitenwende

Yoga im klassischen (indischen) Sinn; der 8-Stufen-Pfad nach Patanjali

Zurück zur indischen Yoga-Tradition. Zur Zeit Buddhas kristallisierten sich die Hauptströmungen des philosophischen Denkens in Indien heraus. Ein Hindu-System war das klassische Yoga, das vermutlich im zweiten Jahrhundert n. Chr. schriftlich in den Yoga-Sutras[10] niedergelegt wurde, die man Patanjali zuschreibt. Es dürfte bei den Yoga-Sutras ähnlich sein wie bei den Upanishaden[11], die jahrhundertelang, vielleicht schon seit Jahrtausenden vom Meister auf den Schüler weitergegeben und erst später aufgezeichnet wurden. Mit der schriftlichen Fixierung geht oft der Sinn verloren, oder er wird zu eng gefaßt. Trotz dieses Aspektes und verschiedener Richtungen, die in die Sutras

Indische Wurzeln des Yoga

---

[10] Sutras: kurze, oft verschlüsselte Anweisungen.
[11] Upanishaden: wörtlich „Geheimlehre". Traktate, die Erkenntnisse über das Wesen des Opfers, vor allem aber über Gott, Welt und Seele überliefern. Philosophische und religiöse Essenz des Veda.

eingeflossen sind, bilden die klassischen Lehrsprüche die Grundlage vieler Yoga-Systeme.

Vivekananda benutzte als erster die Bezeichnung Raja-Yoga für den Stufen-Yoga (Ashtanga-Yoga) nach Patanjali. Die Yoga-Sutras sind unterteilt in vier Bücher[12], die auch im Hinblick auf ägyptisches Yoga von Bedeutung sind. Die einzelnen Stufen – besser Übungsbereiche von gleicher Gewichtung – müssen nicht voll absolviert sein, bevor man mit der nächsten beginnen kann, weil niemandem die vollkommene Beherrschung irgendeiner Stufe möglich ist. Alle Bereiche sollten gleichermaßen geübt werden, um den ganzen Menschen zu entwickeln und zu vervollständigen. „Den Weg zur Arbeit an sich selbst bietet der klassische Yoga-Pfad mit seinen acht Punkten. Diese werden wie ein Steuerrad mit acht Speichen dargestellt. Mit diesem Steuerrad sollen wir unser Lebensschiff durch das wogende Meer des Lebens hindurch manövrieren. So wie sich ein Rad beständig dreht und fortlaufend eine andere Speiche oben oder unten ist, genau so sollen wir uns an den achtfachen Pfad halten, dessen acht Punkte ständig ineinandergreifen und nicht auseinandergerissen werden können", [36].

Yoga mit acht Speichen

Die erstrebte Entfaltung des ganzen Wesens veranschaulicht das Speichenrad, aus dem sich für den klassischen Yoga-Weg folgende Gliederung ergibt (s. S. 33ff.):

---

[12] Die vier Bücher der Yoga-Sutras behandeln im wesentlichen:

1. Buch: Beruhigung und Klärung des Denkvermögens / der Denksubstanz (*cittam*), *ishvara* und Meditation, Eins-Werdung (*samadhi*);

2. Buch: Kriya-Text; 8 Glieder des geistigen Pfades; Möglichkeiten, an sich zu arbeiten;

3. Buch: Wirkungen und Möglichkeiten in spiritueller Hinsicht, wenn das naturwissenschaftliche Weltbild durchbrochen wird; Wunderkräfte (*vibhutis*, *siddhis*); Versuchung als Aufgabe, Abirrungsmöglichkeiten in den Fakirismus;

4. Buch: Übersinnliche Erkenntnis, Befreiung aus höherer Erkenntnis heraus, die im höchsten Wesen verankert ist. Dies ist nach Vivekananda die wahre Natur des Menschen.

*Abb. 2: Das Speichenrad,
acht Bereiche des Yoga.*

Yama und Niyama

Die ersten beiden Bereiche *yama* und *niyama* enthalten den
zehn Geboten der jüdisch-christlichen Tradition vergleichbare
Regeln, die für jeglichen Fortschritt (von Körper und Geist)
grundlegende Voraussetzung sind.[13] Die indischen Gebote wurden von Mahatma Gandhi[14] der Menschheit vorgelebt. Ohne sie
werden die Yoga-Positionen zu einem System von oberflächli-
chen gymnastischen Übungen – gut für Muskeln und Knochen,
aber nicht mehr. Yoga kann nicht erturnt oder mit gymnasti-
schem Schwung geübt werden. Wird der in den Regeln enthaltene Teil *ahimsha* beachtet, so ist damit schon eine Vielzahl der
anderen Gebote erfüllt. *Ahimsha*, wörtlich das Nicht-Anwenden
von Gewalt, erstreckt sich zunächst auf alle Körper-, Atem- und
Entspannungsübungen. „Eiserner Wille" und jegliches Lei-
stungsprinzip sind vollkommen fehl am Platz, da hierdurch nur
neue Verkrampfungen geschaffen werden. Es geht vielmehr um

*Fortschritt durch
Regeln*

---

[13] *Yama* bedeutet „Zucht" und enthält fünf Gebote: nicht verletzen, nicht lügen, nicht
stehlen, nicht sinnlich sein, nicht begehren. *Niyama* bedeutet „Selbstzucht" und
enthält fünf Tugenden: äußere und innere Reinheit, Studium, Hingabe an den
Innengott, feuriges Streben, Zufriedenheit.
[14] *Maha-atma* = das große Geistselbst.

Auf den Körper hören

ein Lassen, ein Geschehen- und Entfaltenlassen, auch wenn wir dies erst wieder erlernen müssen. Sehr oft ist der Bezug nicht nur zur eigenen Psyche, sondern selbst zum eigenen Körper verlorengegangen. Der physische Körper wird wie eine Maschine betrachtet, die oft weniger Pflege und Wartung erfährt als das Auto vor der Tür. Wir mißachten den Körper durch die Zufuhr falschen „Treibstoffes" (ungeeignete feste und flüssige Nahrung, zu wenig frische Luft), durch einseitige oder fehlende Bewegung. Wir haben verlernt, auf den Körper zu hören, ihm zu vertrauen und richtige Ernährung, Atmung, Bewegung und Entspannung zuzulassen. Störungen sind unausweichlich. Mit massiven Eingriffen durch Medikamente und Operationen oder durch Zwangsbewegungen (in Fitneßstudios an Maschinen hängend) sollen die Krankheitssymptome beseitigt werden, anstatt zu lernen, die Bedürfnisse des eigenen Körpers zu respektieren. So entstehen häufig neue Beschwerden und Erkrankungen des physischen Körpers und damit verbunden auch der Psyche.

Scheinbare Sachzwänge

Wie wir als „moderne Menschen" unseren Körper vernachlässigen und vergewaltigen, so stecken wir auch die eigene Psyche in eine Zwangsjacke. Die vielen sogenannten Sachzwänge, (Schein-)Verpflichtungen, die Etikette, das Streben nach Ansehen und Reichtum u.a.m. führen dazu, daß wir uns selbst vergessen, uns in der Meinung, wir müssten so handeln, im Aktionismus verlieren. Die Folgen sind Verkrampfungen in körperlicher und psychischer Hinsicht. Wir wenden Gewalt an gegen andere und gegen uns selbst, wenden Gewalt an auf der körperlichen und auf der psychischen Ebene, wenden Gewalt an im gesellschaftlichen und im individuellen Bereich.

Ahimsha, das Nicht-Anwenden von Gewalt, kann neue Wege eröffnen, wenn wir das Nicht-Verletzen in Gedanken, Worten und Taten berücksichtigen. Patanjali gibt im Yoga-Sutram die Erklärung: „Steht einer in *ahimsa* gegründet, so hört in seiner Gegenwart alle Feindschaft auf." Freilich findet das Bemühen vorerst seine Grenze im anderen, der uns vielleicht allzu verletzlich scheint. Hier dürfen wir es uns nicht zu leicht machen, denn die große Verletzbarkeit ist ein weiteres Grundübel des Gegenwartsmenschen und hat ihre Ursache in allzu starker Ich-Verhaftung, im „Ich-Wahn" (*asmi-ta*), wofür die Tiefenpsychologie den Begriff des Schein-Ich oder Über-Ich gebraucht. In ihm hat sich das kleine alltägliche Ich überhöht und übt nun anstelle des wahren Selbstes, des *atman*[15], seine Tyrannei über uns und die Mitwelt aus. Das Selbst ist niemals verletzt und durch Kränkungen oder Angriffe unberührbar. Damit ist bereits angedeutet, wie *ahimsha* im täglichen Leben geübt werden kann: mit Freundlichkeit begegnen, wo Unfreundlichkeit oder Haß regiert, und dadurch den anderen entwaffnen und umkehren, sodaß ihm der Boden für sein gegensätzliches Verhalten entzogen wird.

Ich-Wahn

Solange wir andere verletzen, sei es gewollt oder ungewollt, sind wir noch nicht in *ahimsha* „gegründet". Unübersehbar ist die Gemeinsamkeit dieses Bestrebens mit der Bergpredigt. Yoga und Bergpredigt sehen den wirklichen Menschen, deshalb handelt es sich um ein ständiges Bemühen und nicht um die Forderung, perfekt zu sein.

Asana

Die dritte Speiche des sich drehenden Rades heißt *asana*. Das bedeutet wörtlich (Sitz- oder) Körperhaltung. „Die *asanas* und die vorbereitenden Körperübungen sind geeignet, jene tragische Spaltung zwischen Körper und Geist überwinden zu helfen. Wesentlich ist die starke Verbindung von körperlicher und geistiger Übung, die namentlich bei den *asanas* in westlicher Übungsweise oft vernachlässigt wird. Die Körperhaltungen sollen mit Konzentration, Innerlichkeit und sogar andächtig geübt werden, wodurch dem echten Yoga etwas Feierliches anhaftet.

---

[15] *atman*: das Selbst, umfassender als das „Ich". Das Unerschütterliche im Menschen, Teil eines Letzthin-Wirklichen im Ganzen, Wesenskern der Persönlichkeit. Etymologisch dem Wort „Atem" verwandt.

Fast jedes *asana* ist eine Konzentrationsübung mit einem ganz bestimmten Schwerpunkt und daher hat jedes auch eine ganz bestimmte Wirkung", [36].

Laut Überlieferung gibt es 88 klassische *asanas*, die zum großen Teil für westliche Menschen zu schwierig und nicht ausführbar sind. Allerdings gibt es eine Menge vorbereitender Übungen und Asana-Variationen, die unter Beachtung von *ahimsha* durchaus erlernbar sind und oft beachtliche Heilwirkungen hervorrufen. Um hier Erfolge zu verzeichnen, muß die zunächst vielleicht schwierigste Hürde überwunden werden, nämlich die, Zeit zum regelmäßigen Üben zu finden. Unsere

Regelmäßige Übung

westliche Zivilisation zeichnet sich durch immer schnellere Verkehrsmittel aus, durch Rationalisierung und Arbeitszeitverkürzung, was eine ganze Freizeitindustrie hervorbringt. Paradoxerweise haben wir trotz all dieser Zeitersparnismaßnahmen scheinbar immer weniger Zeit. Liegt das Problem nicht darin, daß wir zwar die Zeit hätten, aber der Wille fehlt, uns die vorhandene Zeit zu nehmen oder anders einzuteilen? Sehr viel „(...) Zeit wird verschwendet durch Freundschaften, die diesen Namen nicht verdienen, durch Gespräche, die nur leeres Geschwätz sind. Wir erkennen dies an dem Unbehagen, das sich hinterher anstelle eines guten befreienden und befriedigenden Gefühls einstellt", [36]. Es würde bereits ausreichen, täglich 5–10 Minuten *asana* oder einen anderen der acht Bereiche zu üben, um beachtliche Ergebnisse zu erzielen, welche die für die Übungen verbrauchte Zeit um ein Vielfaches aufwiegen.

Statische Positionen

Weiteres Merkmal der indischen *asanas* ist (im Unterschied zu den ägyptischen Haltungen), daß in der Regel längere Zeit ohne äußere Bewegung in einer Körperstellung verharrt wird, um die Wirkung zu entfalten. Das *asana* muß stabil und angenehm sein (Yoga-Sutra II, 46). Jedes unangenehme Gefühl oder gar Schmerz ist ein Zeichen, daß etwas falsch gemacht oder übertrieben wurde. Durch Lockerung der Bemühung und unendliches Nachgeben (Yoga-Sutra II, 47) darf während der Übung kein Unbehagen entstehen. Nach dem vorsichtigen, annähernden Einnehmen der Haltung (*rajas*) folgt die Lockerung und Entspannung (nicht als Trägheit -*tamas*-, sondern als Harmonie und Ruhe -*sattva*- zu verstehen).[16]

Nicht unwesentlich ist, daß auch in der Körperhaltung die Hingabe an das Unendliche (Yoga-Sutra II, 47) erforderlich ist. „Wir können durch die Hingabe an das Unendliche zu einer festen Haltung gelangen", (Vivekananda).

Pranayama

Der vierte Punkt des achtfachen Pfades lautet *pranayama*. Dieser Begriff wird fälschlich zumeist nur auf eine Vielzahl von Atemübungen bezogen. *Pranayama* beinhaltet aber wesentlich mehr. Es ist die Atemschule des Yoga und bedeutet bewußte Atemführung, wobei „Atem" im weitesten Sinn zu verstehen ist. Atem ist nicht nur als das Ein- und Ausatmen des Gasgemisches Luft, vielmehr atmen wir auch Lebenskraft oder Energie (*prana*), die uns durchströmt, die uns umgibt und alles bewegt.[17] Es ist selbstverständlich und doch so wenig gegenwärtig, daß jeder Atemzug neues Leben ermöglicht, daß der Atem unsere wichtigste Nahrung ist und Atmen die ständige Erneuerung des Lebens bedeutet. Zwischen dem ersten und dem letzten Atemzug liegt unser ganzes Leben. Die Bedeutung des Atems zeigt sich auch in unserer jüdisch-christlich geprägten Tradition: „… und er blies ihm ein den lebendigen Odem … Und also ward der Mensch eine lebendige Seele", (I Mose 2, 7).

Der Atem – die wichtigste Nahrung

---

[16] Die Abstufungen zwischen göttlicher Einheit und täuschender Getrenntheit werden im Hinduismus als *gunas* (Eigenschaften) bezeichnet: *sattva* (erhebend oder vergeistigend), *rajas* (aktivierend oder energetisierend), *tamas* (verdunkelnd oder verdummend).

[17] Carl-Friedrich von Weizsäcker bezeichnet Prana als eine „alldurchdringende subtile Lebenssubstanz, einerseits materiell, feinstofflich, zum anderen aber als eine der Seele zugehörige Substanz", die zur Nahrung wird für das sich entwickelnde menschliche Bewußtsein. Für das heute noch vorherrschende, fast ausschließlich naturwissenschaftlich geprägte Denken liegt Prana ausserhalb der exakten Überprüfbarkeit. Doch kann ein erweiterter Begriff von der Natur und ihren Gesetzen zu neuen Erkenntnissen führen.

Lebensenergie

Im Yoga könnte dies so ausgedrückt werden: Erst durch *prana* (*rajas*) wird der Körper (*tamas*) belebt und beseelt und dadurch zu einer harmonischen Einheit (*sattva*). Nach dem europäischen Yoga-Lehrer André van Lysebeth ist die Hauptquelle des vitalen *prana* bzw. der Energien die Atmosphäre, aus der wir unsere Lebenskraft schöpfen. Nach Auffassung der Yogis ist *prana* zwar in der Luft gegenwärtig, aber *prana* ist nicht Sauerstoff oder Stickstoff oder irgendeine andere chemische Substanz. *Prana* ist in allem enthalten, durchdringt den Organismus, es ist unsere eigentliche Nahrung, ohne die Leben unmöglich ist. *Prana* ist im indischen Verständnis nichts Stoffliches, sondern eine Kraft, die Gesamtsumme aller Energien des Universums.

Aus dieser Beschreibung von *prana* geht hervor, daß *pranayama* erst in zweiter Linie den Atem im üblichen Sinn betrifft, in erster Linie aber den vom Atem getragenen Energiefluß meint, den es zu gebrauchen und zu beherrschen gilt. Ähnlich dem vom elektrischen Strom durchflossenen Draht ist der Atem Träger der Lebensenergie, des *prana*. *Pranayama* bedeutet somit auch Energiekontrolle, die mit Hilfe von Atemübungen – oftmals mit bestimmten Tönen, Bildern, Bewegungen oder Stellungen verbunden – gefördert werden kann. André van Lysebeth meint: „*Prana* ist für Yoga, was elektrische Energie für

„Prana ist für Yoga, was elektrische Energie für unsere Zivilisation ist"

unsere Zivilisation ist." Würden wir einem Yogi, der vor 2000 Jahren lebte, unsere heutige Zivilisation beschreiben, so erzählten wir vom Radio, von Verkehrsmitteln, von technischen Geräten usw. Von der Elektrizität würden wir vermutlich nicht sprechen. Über die eigentliche Kraftquelle erführe er nichts. „Genauso verhält es sich mit *prana*", schreibt van Lysebeth und weiter: „Die Wissenschaft der Kontrolle des *prana* heißt *pranayama* (*ayama* = beschränken, unter Kontrolle bringen)", [21].

Im allgemeinen ist uns der Atem nicht einmal bewußt – unbewußt geben wir uns dem eigenen Atemrhythmus hin. Daß der natürliche Atem oftmals durch die Lebensumstände ungünstig verändert ist, sich manchmal sogar ein ausgesprochener Fehlatem eingestellt hat, muß im Hinblick auf das ägyptische Yoga erwähnt werden, das durch die Koordination von Bewegung und Atem zum natürlichen Atmen zurückführen kann. -

Wird *pranayama* geübt, so nehmen wir den Atemrhythmus durch die Kraft des Gedankens selbst in die Hand und verändern ihn beispielsweise durch Verlängerung des Ein- und Ausatmens oder durch Atempausen mit gefüllter oder leerer Lunge. Mit dieser veränderten Atmung wirken wir auch auf das Energiesystem des Körpers ein. Die Energie wird in Organen oder der Wirbelsäule zentriert.

Eine veränderte Atmung können wir auch bei der Ausübung von *asanas* beobachten – der Körper atmet zu ganz bestimmten Stellen des Körpers hin. Die Atmung verläuft anders als gewohnt. Atemübungen des uralten indischen Yoga heilen bei maßvoller Anwendung auf natürliche und doch modernste Weise. Dieses Wissen war auch bei den Ägyptern vorhanden. In den Übungen des ägyptischen Yoga werden die Bewegungen mit der Atmung verbunden.

Verbindung von Atem und Bewegung

Mit Hilfe des Atems kann unser ganzes Wesen erreicht werden, er wird gewissermaßen als Seil benutzt, um in seelische und geistige Bereiche einzusteigen. Annamaria Wadulla schreibt, daß eine bewußte Einstellung zum Atmen geeignet ist, Kräfte freizumachen, die bis dahin verlorengingen. „Jeder Atemzug schenkt uns neue Lebenskraft und jedes Ausatmen befreit uns von unnötigen Lasten. In dem Maße, wie wir unseren Atemrhythmus ordnend zurückgewinnen, fügen wir uns auch wieder in den kosmischen Rhythmus ein, aus dem wir selbstherrlich und selbstbewußt herausgefallen sind", [33].

Bei jeder Ausübung von *pranayama* muß unbedingt *ahimsha* beachtet werden, um einen Fehlatem zu vermeiden. Ebenso wie Feuer reinigen oder zerstören kann, darf nur dann mit (Atem-) Energie umgegangen werden, wenn sie beherrscht wird. Die Folgen eines falschen Gebrauchs sollten nicht unterschätzt werden – auch wenn dies für westliche Ohren seltsam klingen mag. Es gibt Richtungen und Schulen, die zugunsten der eigenen

Kasse in unverantwortlicher Weise Versprechungen machen und Übungen lehren, deren Folgeschäden nur sehr mühselig und langfristig wieder gutzumachen sind.[18]

Hauptsächlich aus den Bereichen *asana* und *pranayama* ist die im Westen bekannte Schule des **Hatha-Yoga** hervorgegangen. Mit ihren Stellungen und Übungen zur Atemkontrolle kann die Gesundheit gestärkt und Freiheit von Krankheit angestrebt werden. Durch Hatha-Yoga kann das Bewußtsein die Herrschaft über sein „Ausdrucksgefährt", den physischen Körper, erlangen.

Pratyahara

Der nächste Aspekt des achtfachen Pfades wird *pratyahara* genannt und ist eine Form des Abschaltens durch Kontrolle der Sinne. Mit dieser Technik gelangen wir an die Grenze zwischen eher körperlichen und geistigen Übungen. Von hier aus können wir in beide Richtungen blicken. Wie die Schildkröte mit ihren fünf nach außen gerichteten Gliedmaßen sind wir mit unseren fünf Sinnen nach außen gerichtet und doch mit der Möglichkeit ausgestattet, unsere Sinne einzuziehen (wie die Schildkröte ihre Glieder), um uns nach innen zu wenden. Besonders bei der Ausführung von *asana* und *pranayama* ist Verinnerlichung notwendig, damit der Gewinn aus den Übungen nicht an der Oberfläche bleibt. Aus diesem Grunde empfiehlt sich vor Übungsbeginn ein äußeres und inneres Zur-Ruhe-kommen, damit wir uns bei Übungsbeginn in einem Zustand der Quasi-Meditation befinden.

Die Sinnesorgane stellen die Verbindung mit der Außenwelt in zwei Richtungen dar: von außen nach innen und von innen nach außen. In der heutigen Zeit mit ihrer enormen Reizüberflu-

Verinnerlichung – die Sinne zurückziehen

---

[18] Bei den Übungen muß die Harmonisierung der positiven (*ha*) und negativen (*tha*) Kräfte oder Energien berücksichtigt werden, das Übergewicht eines Poles stört das Gleichgewicht. *Prana* fließt in uns durch besondere Energiebahnen, den *nadis* (Strom, Fluß), deren wichtigste *ida* und *pingala* sind.

tung ist die Kontrolle unserer Sinnestore mehr denn je von Bedeutung. Vielleicht wurde *pratyahara* in der Vergangenheit weniger geübt, weil die übermäßige Beanspruchung durch die Außenwelt geringer war.

Eine hohe Sensibilität, die ungeschützt alles eindringen läßt, kann zur Qual werden. Entsprechend der Blume, die sich der Sonne öffnet und sich bei Regen oder Dunkelheit schließt, soll gelernt werden, nur fruchtbare Einflüsse einströmen zu lassen. Das Zurückziehen von der Außenwelt geschieht ganz bewußt, sodaß wir zwar alles um uns herum wahrnehmen, wir uns aber – und das ist entscheidend – nicht stören lassen. „Wir sitzen gleichsam unter einer großen Glasglocke und beobachten genau, sind aber durch die Glasglocke geschützt. (...) Kommen hingegen Dinge an uns heran, die uns beeinträchtigen und uns vielleicht sogar leidend machen, dann lassen wir den geistigen Vorhang wieder herunter und sind geschützt. Es hängt also von uns selbst ab, was wir in uns einfallen und was wir draußen lassen", [33].

Pratyahara kann herbeigeführt werden, indem man die Aufmerksamkeit derart intensiv auf ein geistiges Bild konzentriert, daß bewußtes Erkennen der Impulse von den fünf Sinnestoren ausgeschlossen oder eingeschränkt ist. Bei der praktischen Ausführung des ägyptischen Yoga ist dies häufig der Fall. Durch die entsprechenden Übungen findet keine Abstumpfung statt, im Gegenteil: Die Sinne werden verfeinert und sensibler. Anstatt sich nur den Außenreizen zu öffnen, kann die Sensibilität nach innen gerichtet werden, wo eine Quelle der Erkenntnis liegt. Die Beherrschung der Sinneswahrnehmungen und ihr Zurücknehmen von der Außenwelt ist daher unerläßliche Vorbedingung für die tiefe Meditation.

Sinneswahrnehmungen bewußt kontrollieren

Sensibilisierung für innen und außen

Dharana

Hier beginnen die letzten drei Bereiche des Übungsweges nach Patanjali. In diesen Zuständen wird der Geist von der Vielzahl an Gedanken, die das normale Bewußtsein charakterisieren, gereinigt.

Dharana ist die sechste Achse des Speichenrades. Es bedeutet Konzentration, ein sanftes inneres Gewahrsein, die Hinwendung von Gedanken und Gefühlen auf das Zentrum. Kann das Bewußtsein während etwa zwölf Sekunden ohne Unterbrechung ein gewähltes geistiges Bild aufrechterhalten, wurde *dharana* erreicht. Dies ist schwieriger, als es scheinen mag. Unmerklich treten Konzentrationspausen auf, wie z.B. der Gedanke „ich mache es gut" oder „ zwölf Sekunden sind vorbei".

Energieverstärkung durch Konzentration

Konzentration – ausgeübt bei der Praxis aller Yoga-Übungen – auf das, was wir zu erreichen suchen, kann den Wert der Stellungen und Übungen um ein Vielfaches erhöhen. Das übliche Durcheinander der Gedanken beunruhigt und führt zur Ermüdung, da mit jedem Gedanken auch ein kleiner Kraftstoß von uns ausgeht. Nach produktiven Gedanken kann sich Befriedigung und Ruhe einstellen, nach unproduktiven Gedanken, wie z.B. dem Nachgrübeln über unveränderliche Tatsachen, bleibt ein unbefriedigendes Gefühl zurück, das bis zur Schlaflosigkeit führen kann. Konzentrationsübungen können hier hilfreich angewandt werden.

Entsprechend der Gesetzmäßigkeit, daß zwei „Dinge" nicht gleichzeitig denselben Platz einnehmen können, sollen verwirrende, quälende und damit zumeist dunkle, negativ-zersetzende Gedanken durch einen lichten Gegenpol ersetzt werden. Dazu müssen zunächst die eigenen Gedanken beobachtet werden. „Diese Umstellung unseres Denkens vom belastenden Negativen auf erfreuliches Positives erfordert anstrengende Konzentration, die uns anfänglich viel Mühe kostet. Unermüdlich und beharrlich müssen wir die abgleitenden Gedanken zurückholen, bis sie bei dem neu gesetzten positiven Mittelpunkt bleiben und endlich zur Ruhe kommen", [33]. Ist schließlich der in uns vorhandene Raum durch mehr lichte Gedanken besetzt, so finden die dunklen Gedanken keinen Platz mehr.

Gedankenkonzentration kann bis zur geistigen Erkenntnis und Ekstase reichen, was auch im Abendland eine lange Tradition hat. Wir sind an der fließenden Grenze zur Meditation angelangt.

Dhyana

Konzentration führt die Gedanken zu einem Punkt, zum Mittelpunkt, und dies ist der Ausgangspunkt der Meditation, dem siebenten Aspekt des achtfachen Pfades. In der Mitte konzentriert, soll das Verstandesdenken losgelassen werden. Konzentration bewegte sich gewissermaßen auf einer horizontalen Ebene, Meditation auf der Vertikalen[19], in einer anderen Dimension, in der Transzendenz. Meditation läßt das tägliche Denken zurück, andere, tiefere und höhere Ebenen des eigenen Wesens werden erreicht. Echte Meditation ist ein neuer Bewußtseinszustand und kann nur schwer beschrieben werden. Auf diesem Weg bleibt jeder allein und wird seine eigenen Erfahrungen machen. Anders ausgedrückt könnte es heißen: Solange wir meditieren, sind wir noch nicht in der Meditation – sind wir aber in der Meditation, so meditieren wir nicht mehr.

Meditation überschreitet das tägliche Denken

Nichts wird vorgeschrieben, es werden nur Empfehlungen angeboten. Die Yoga-Meditation ist auf den menschlichen Wesenskern gerichtet, das höhere Selbst oder den *atman*, der – nach indischer Ausdrucksweise – zu *brahman* werden soll. Das bedeutet nicht, daß der Mensch zu Gott werden soll, sondern daß das Göttliche im Menschen aufgedeckt und entfaltet werden soll, damit es mit dem Göttlichen über ihm in Kontakt kommt. Dies ist gemeint, wenn der Inder sagt: „Yoga ist der Weg der Vereinigung mit Gott." Wir erinnern uns an die wörtliche Bedeutung von Yoga. In der Yoga-Meditation sind die

---

[19] „Le Yoga de la Verticalité" ist der Titel des Buches über ägyptisches Yoga von Geneviève und Babacar Khane. Die Vertikalität kommt in den ägyptischen äußeren und inneren Haltungen zum Ausdruck.

verschiedensten Formen und Inhalte möglich, denn Yoga läßt Raum und bindet weder an ein Dogma, noch an eine Weltanschauung oder auch nur an ein Glaubensbekenntnis.

Der Wert von *dhyana* erweist sich nicht zuletzt in den Yoga-Stellungen: Jede Übung ist mit bestimmten mentalen und spirituellen Zuständen assoziiert, die leichter erreicht werden, wenn während der Durchführung bewußt auf sie meditiert wird. Wenig fruchtbar ist es, geistesabwesend durch die Stellung zu gehen oder ausschließlich an ihren physischen Nutzen zu denken. Wird während der Übungen auf die Gesundheit meditiert, bringen sie auch vom Standpunkt des physischen Wohlbefindens her viel mehr, als wenn wir nur automatisch durch die Übungen treiben [2].

Das Fremdwort „Meditation" ist mehrdeutig: *meditari* (aus dem Lateinischen) heißt nachsinnen und exerziermäßig üben. Die indogermanische Wurzel *med* bedeutet „wandern, messen". Auch zu *medicus* (Arzt, klug ermessender Ratgeber) besteht eine Verwandtschaft. Meditation umfaßt alles: Nachsinnen, den Lebensweg wandern, Heilwerden. Meditation führt den Menschen zur Ganzheit. Das Rezept ist die Übung. Über Meditation nachdenken bringt wenig Nutzen – nur dem oder der Übenden sind Erfahrungen möglich. Es geht um Übung im Menschsein, darum, sich selbst zu entdecken. Es wird versucht, das zu werden, was wir sind. Der Verstand (Logik) kann Voraussetzungen schaffen (sammeln, ordnen, klären,...) aber der letzte Sinn (intuitives Erkennen, Spürsinn,...) wird passiv erfahren. Meditation ist Besinnung, die zur Sinnfindung wird und stellt sich ein wie der Schlaf oder die Liebe. So gesehen ist sie auch etwas ganz Einfaches.

Meditation stellt sich ein wie der Schlaf oder die Liebe

Samadhi

Dies schließlich bedeutet, auf die Yoga-Stellungen angewandt, einen Zustand, in dem wir uns bereits so in physischer und psychischer Harmonie befinden, daß in gewissem Sinn alle täglichen Bewegungen zu Yoga-Positionen werden und aus der in uns selbst liegenden, kreativen Quelle entspringen. Jedes Lächeln wird ein Yoga-Mudra[20] sein, das eine Energie erweckt, die sich selbst allen gegenüber, die uns anblicken, als Freude ausdrückt.

Das Wort selbst besteht aus „mit (*sam*) reinem Bewußtsein (*adhi*)". Die Sanskrit-Wurzel *adhi* wird auch mit dem hebräischen *adoni* (Herr) verglichen, womit man sich s*amadhi* als eine Erfahrung des Gott innewohnenden kosmischen Bewußtseins vorstellen kann. Beachtenswert ist auch hier wieder die Verwandtschaft des Fernen mit dem Nahen Osten. Mehr noch als bei *dhyana* handelt es sich bei s*amadhi* um einen Zustand, der mit Worten nicht auszudrücken ist und nur von wenigen, manchmal nur für den Bruchteil einer Sekunde, erlebt wird und das ganze Leben verändert. Im Westen symbolisiert der Heiligenschein diesen Zustand der Erleuchtung, im Yoga der tausendblättrige Lotus.

Samadhi stellt sich ein, nachdem wir gelernt haben, unser Ego-Bewußtsein in dem sanften, inneren Licht aufzulösen. Sobald dieser Zugriff des Ego wirklich durchbrochen ist und wir erkennen, daß wir dieses Licht sind, gibt es nichts mehr, was uns daran hindern könnte, unser Bewußtsein in die Unendlichkeit zu erweitern. Die Worte Christi „Ich und mein Vater sind eins" drücken dies aus. Die kleine Lichtwelle, die den Irrglauben an eine vom Lichtmeer getrennte Existenz verliert, wird selbst zum weiten Ozean.

Samadhi kann zu jeder Zeit im Leben auftreten. Allerdings kann es nicht erarbeitet werden. Man kann nur die Voraussetzungen dafür schaffen, beispielsweise durch die Übungen des 8-Stufen-Pfades. Tritt der Zustand ein, der dem ganzen Leben eine neue Richtung zu geben vermag – vielleicht nur für den Bruchteil einer Sekunde – , so ist dies ein Geschenk.

. . . .
In die Unendlichkeit erweitertes Bewußtsein

---

[20] *Mudra:* Symbol, Geste, Gebärde; wörtlich „Siegel", „Verschluß"; bestimmte, bei der Ausführung von Yoga-Übungen besonders wirkungsvolle Körperhaltungen.

Ziel des Yoga

Samadhi ist ein Bewußtseinszustand, der aus der Berührung des einzelnen Bewußtseins mit dem universellen Bewußtsein entsteht. Nach der Psychologie von C.G. Jung kann *samadhi* das „kollektive Unterbewußte" bedeuten. *Samadhi* ist die letzte „Stufe" des Ashtanga-Yoga und Ziel aller Yoga-Formen überhaupt.

Jede Yoga-Schule strebt nach Erkenntnis, nach Erlösung, Friede und Einheit. Dieses Streben, diese unendliche Sehnsucht entdecken wir in uns selbst ebenso wie in jeder Kultur und Religion.

Eine Eigenart des Yoga – ob indisch, chinesisch oder ägyptisch geprägt – besteht darin, daß es immer entwickelt werden kann und daß kein Ende erreicht wird. Die gegenwärtige Inkarnation reicht nicht aus, um den (Yoga-)Weg zu beenden; dennoch sollte er angetreten werden, denn alles Yoga-Streben ist auf die Ewigkeit hin ausgerichtet, auf die Suche nach Weisheit und Wahrheit, in Indien ebenso wie in der ägyptischen Zivilisation. Die ägyptische Kultur „… erschuf Schönheit nicht zufällig, sondern nach einem Plan, und betrachtete das Weiterleben der Seele nicht als schwache Hoffnung, sondern als absolute Gewißheit", [25]. In der christlichen Tradition wird dies so ausgedrückt: „Es wird gesät ein natürlicher Leib und wird auferstehen ein geistiger Leib", (1. Korint. 15,44).

Suche nach Unsterblichkeit

Die Wahrheit ist ewig – der Mensch kann sie aufnehmen, aber nicht erzeugen. Die Wurzeln des Yoga liegen in der Vision früher Meister. Späteren Meistern und Kulturen fällt es zu, die im jeweiligen Zeitgeist begründete Entfremdung von jener Weisheit zu berichtigen und dem Entwicklungsstand entsprechende Wahrheiten zu offenbaren.

Hier setzt die ägyptische Yoga-Methode an, indem sie einfache, klar strukturierbare Übungsweisen anbietet, die dem westlichen Verstandesmenschen entsprechen, dabei aber den Aspekt der Gesundheitsprophylaxe genauso enthalten wie das tiefe alte Wissen und das Streben nach Aufrichtung, nach Verbindung und Einheit.

Verbindungen und Einflüsse

Der Nahe Osten – Einfluß und Verbindungen

Über vier Millionen Jahre sind vergangen, seit die ersten Lebewesen eine so hohe Entwicklungsstufe erreicht hatten, daß wir sie als Menschen bezeichnen müssen. Funde in Äthiopien und Fußabdrücke in Tansania zeigen dies. Skelett und Muskulatur hatten spezifisch menschliche Formen angenommen. Die Stellung des Beckens und der unteren Gliedmaßen entsprach in etwa der des heutigen Menschen. Der aufrechte Gang hatte Veränderungen bewirkt: Der Kopf hatte seine Funktionen des Zupackens und Festhaltens an die Hände abgegeben, er war frei geworden zum Denken. Das Gehirn hatte seine Wachstumsgeschwindigkeit sprunghaft gesteigert (sein Volumen wuchs von von ca. 400 ccm auf 1200–1600 ccm). Die Hände hatten ihre Gestalt verfeinert und ihre Geschicklichkeit erhöht, sie waren fähig geworden zur Arbeit.

Aufrechter Gang

Viele Funde deuten darauf hin, daß die Wiege der Menschheit in Afrika zu suchen ist. Schon sehr früh tauchen hier Menschen und Kulturen aus dem Dunkel der Vergangenheit auf. Möglicherweise bildete sich von hier aus nach Westen (bis Europa) und nach Osten (bis Indien) eine große Kultur.

Wie alt die älteste Kultur tatsächlich ist, wissen wir nicht genau. Der ägyptische Kalender z.B. beginnt etwa 2769 v. Chr. Allerdings befand sich die ägyptische Zivilisation zu diesem Zeitpunkt schon auf einem durchaus nicht mehr primitiven Stand. Ähnlich verhält es sich mit der indischen[21] und vielen anderen Kulturen.

Wir wissen von Wanderungen der Griechen, Kelten und Germanen, während wir uns kaum mit Bevölkerungsbewegungen in Asien und Afrika (ganz zu schweigen von entfernteren Kontinenten) oder mit interkontinentalen Entwicklungen befassen. Viele große Ereignisse der Weltgeschichte stehen mit Völkerwanderungen in Zusammenhang, die hauptsächlich durch klimatische Veränderungen verursacht wurden. „Ihre vereisten Steppen verlassend beginnen ab 3000 v. Chr. Stämme der nomadischen Plünderer die indo-alpin-mediterranen Zivilisationen zu überrollen und die Besiegten zu unterwerfen. Diese Barbaren (...) waren von ihrer Rasse her weder rein noch überlegen, es sei denn in ihrer brutalen Gewalt. Überall haben sie Zivilisationen zerstört", [22]. Die blühenden matriarchalischen Zivilisationen dehnten sich vor dem Einfall der nordischen Nomaden aus Steppe und Wüste von Europa über den Nahen Osten bis nach Indien aus.[22]

Zahlreiche Symbole und Motive tauchen sowohl in Indien als auch im mediterranen und ägyptischen Raum auf. Oft hat die alte Symbolik einen Bezug zu Polarität und tantrischen Anschauungen. Beispiel dafür ist das in Ägypten und in Indien bekannte Symbol des *anch*. Auch manche Kopfbedeckungen sind hier zu erwähnen, z.B. der kelchförmige Kopfschmuck

Matriarchalische Zivilisationen werden zerstört

---

[21] Als die arischen Volksgruppen in mehreren Wellen und militärisch überlegen durch Pferd und Streitwagen von Norden her in das alte Indien einfielen (um 1500 v. Chr.), fanden sie dort eine Kultur vor, die – wie Funde bestätigen – zu diesem Zeitpunkt anderswo nicht festgestellt werden kann. Die alten Städte am Indus (Mohendscho-Daro, Harappa) zeigen luxuriöse Wohnungen sowie Vollendung in der Bautechnik, bei Handwerksgeräten und Schmuck. Die religiösen Symbole dieser Zivilisation haben sich in der späteren Hindu-Religion und im Buddhismus lebendig erhalten.
Der Untergang dieser alten indischen Kultur geht zweifellos auf den arischen Einfall zurück, wie auch das entstehende Kastensystem als ein Herrschaftsinstrument der Eroberer. Die Macht der Gemeinfreien (*waischja*) und der Krieger (*kschatrija*) wurde zunehmend beherrscht von den Priestern (*Brahmanen*). Daher wird die altindische Kultur nach den Veden (*veda* = Wissen), den Sammlungen der Hymnen, Zauberformeln und Opfersprüchen benannt. Mit der unentbehrlichen Hilfe der Unterworfenen, der rechtlosen Ansässigen (*parias*) wurde der Boden bestellt.

[22] Wanderung bedeutet Herrschaftsanspruch, Krieg, Raub, Versklavung, aber auch Blutmischung, Handel, Städtegründung, Heldensagen, politische und soziale Formung. „Wanderjahre als Lehrjahre" trifft auch auf ganze Völker zu durch neue Einflüsse auf Sprache, religiöse Kulte, Sitten und Gebräuche des Gesellschafts- und Alltagslebens. Wanderung heißt Vernichtung der Errungenschaften der Seßhaften (des weiblichen Prinzips) durch die oft kriegerisch ausgerichteten Eroberer (das männliche Prinzip).

griechischer Göttinnen (*kalathos*) und der *pschent*[23] der Pharaonen. Aber auch der Stier (das Reittier Shivas, dessen Kult man im gesamten indo-mediterranen Raum wiederfindet), die Lotusblüte (Symbol für die *yoni*[24]) und der Heroldsstab (*caduceus*) des altrömischen Gottes Merkur mit zwei sich paarenden Schlangen bestätigen die alten Verbindungen zwischen Indien und Ägypten. In Indien ist die Kobra stets mit Shiva verbunden. Im Zusammmenhang mit der Schlange steht auch der Baum der Erkenntnis in der Genesis. Das Schangensymbol begegnet uns in Indien und Ägypten immer wieder, auch in Verbindung mit der „Schangenkraft", der *kundalini*.

Abb. 3: Ausbreitung der matriarchalischen Zivilisationen.

Die frühen matriarchalisch geprägten Zivilisationen und gemeinsame Symbole zeigen deutlich die Verbindung der europäischen Kultur mit jener des Nahen und Fernen Ostens. Der ursprüngliche gegenseitige Einfluß, das Einströmen von Ge-

---

[23] Neben den Kronen Ober- und Unterägyptens gab es eine Verbindung der beiden, *pschent* genannt. Dabei war die hohe weiße Krone in die rote hineingeschoben.

[24] *Yoni* ist ein Symbol des weiblichen Genitals, verbunden mit dem *lingam* (Sinnbild des Phallus). Es zeigt die Schöpfungsenergie des mit der Shakti vereinten Shivas. Das konkreteste Zeichen dafür ist das männliche, in die *yoni* eingedrungene Glied.

bräuchen und Wissen wirkt bis in unsere Tage. Kulturelle Gemeinsamkeiten lassen auf eine Verwandtschaft von rituellen und profanen Gebräuchen schließen. Diese Gemeinsamkeiten zeigen sich deutlich in ägyptischen und indischen hieratischen (priesterlichen) Positionen und auch in vielen Tänzen.

Ägypten – Einfluß auf den Mittelmeerraum

Wie Afrika nach dem heutigen Stand der Funde die Wiege der Menschheit ist, so haben wir in Ägypten ein sehr frühes kulturelles und spirituelles Zentrum der Menschheit. Verbindungen mit Indien und Europa sind unverkennbar.

Wie sehr der ägyptische Einfluß die europäische Kultur mitprägte, ist offensichtlich, da die monotheistischen Religionen (Judentum, Christentum und Islam) von den Gedanken des Moses her ihren Ausgang nahmen.[25] Von enormer Bedeutung ist auch der Einfluß auf Griechenland. Trotz der Ausbreitung seines tiefen Wissens hatte Ägypten nie den Charakter oder gar das Bestreben zu Ausbreitung oder Propaganda. „Zwei Völker von entgegengesetztem Genius (...) hatten ihr Licht in seinen Heiligtümern entzündet, ein Licht, das verschieden ausstrahlt, von denen das eine die Tiefen des Himmels beleuchtet, das andere die Erde erhellt und verklärt: Israel und Griechenland", [27].

....
Ägyptischer Einfluß prägt das Abendland

Griechenland

Unbestritten ist die enorme Wirkung der griechischen Kultur auf Europa, und dies nicht nur wegen der Gymnastik oder der Olympischen Spiele. Die griechische Philosophie beeinflußt das gesamte abendländische Denken entscheidend und wirkt

---

[25] Der Monotheismus bestand schon in Ägypten. Allerdings blieb der ägyptische Monotheismus – abgesehen vom Aton-Kult des Echnaton – stets in den Heiligtümern.

noch bis in unsere Zeit hinein. In den alten Kulturen Mesopotamiens und Ägyptens fanden die Griechen reichhaltiges Material, das sie aufgriffen und verarbeiteten. Von Anfang an hatte sich das Christentum mit der griechischen Philosophie auseinanderzusetzen und entwickelte dabei eine systematische Theologie. Das griechische Denken befruchtete nicht nur das Christentum, es wirkte auch im jüdischen und islamischen Gedankengut weiter. Die Aufnahme ägyptischen Wissens zeigt sich in den Werken verschiedener griechischer Philosophen und Gelehrter.

Plato

Die Reise Platos nach Ägypten – wenngleich manchmal angefochten – spiegelt sich in zahlreichen Hinweisen in seinen Werken. Sie verraten den Einfluß durch ägyptisches Denken. Auch nach dem Zeugnis mehrerer Autoren der Antike war Plato in Ägypten und wurde dort Schüler der Priester von Heliopolis. Texte seiner Zeitgenossen und Schüler hierzu deuten auf die Richtigkeit dieser Tatsache.

Der in der „Republik" gebrauchte Begriff von Gerechtigkeit verbindet sich mit dem ägyptischen Begriff *maat*. Diese Gerechtigkeit besteht aus einer Harmonie der verschiedenen Bestandteile der menschlichen Seele. Hinsichtlich der von Plato genannten Komponenten der menschlichen Seele betont F. Daumas [11] die Übereinstimmung zwischen platonischen und ägyptischen Vorstellungen: Wie Plato unterschieden die Ägypter in der menschlichen Seele gewissenhaft Herz (Sitz des Wissens), Intelligenz und Willen.

Pythagoras

Dieser Denker kehrte aus Ägypten mit einer ganzheitlichen Philosophie zurück. Dazu zählt auch seine Mathematik. Weniger bekannt ist, daß er nach seinem Aufenthalt in Ägypten die Ansicht vertrat, Klang und Bewegung wirke auf subtile Weise auf emotionaler, mentaler und spiritueller Ebene.

Plutarch

Er stellte fest, daß zwischen Hieroglyphen und vielen Geboten des Pythagoras kein Unterschied besteht; Symbole seien bezeichnend für die pythagoräische Philosophie. Plutarch schrieb: „Durch Symbole... enthüllen sie (die Ägypter) bestimmte Bilder mystischer Ideen, die verborgen und unsichtbar sind." Es wird angenommen, daß er selbst ägyptischer Priester war und daher ein tiefes Veständnis für den ägyptischen Geist hatte.

Geprägt von der ägyptischen Weisheit zeigt Plutarch in „Isis und Osiris" das Band zwischen Gesundheit und Heiligkeit in allen ägyptischen religiösen Praktiken. Auch Plato mißt gymnastischen Übungen für den Erhalt der Gesundheit große Bedeutung bei.

Gesundheit und Heiligkeit

Die Verbindung von Körper, Seele und Geist ist im Yoga offenkundig. Ägyptisches Yoga stellt in körperlicher, mentaler und spiritueller Weise eine „präventive Medizin" dar.

Hippokrates von Kos

Als sicher kann gelten, daß viele medizinische Schulen Griechenlands (z.B. jene von Rhodos, Kos, Cnide, Crotone, Cyrene) mit medizinischen Zentren des Orients, besonders aber mit den ägyptischen, in Kontakt standen. Auch von Hippokrates[26] – oft als Vater der Heilkunde bezeichnet – ist bekannt, daß er sich in Ägypten (Memphis) in die medizinischen Praktiken der Ägypter einführen ließ.

Kontakt mit ägyptischen Schulen der Medizin

Die Wirbelsäulenmedizin der alten Ägypter spiegelt sich in den Schriften des Hippokrates mit genauen Beobachtungen hinsichtlich des Mechanismus von Fehlhaltungen der Wirbelsäule. Beide, sowohl die therapeutischen Techniken der ägyptischen als auch der hippokratischen Medizin, weisen große Exaktheit

---

[26] Hippokrates von Kos (ca. 460 – 377 v. Chr.), griechischer Arzt. Das Wesen der Krankheit besteht seiner Ansicht nach in einer fehlerhaften Mischung der Körpersäfte. Im Eid des Hippokrates verpflichteten sich die antiken und mittelalterlichen Ärzte u.a. zur bedingungslosen Erhaltung des menschlichen Lebens. Seinem sittlichen Gehalt nach gilt dieser Schwur bis in die Gegenwart als Grundlage der ärztlichen Berufsethik.

der Methoden und Vorschriften auf. Das hippokratische Wissen war zum großen Teil ein Abbild des ägyptischen Wissens.

....

„Wirbelsäulen-Medizin"

Ägyptisches Yoga beeinhaltet eine Vielzahl empirisch bestätigter Beobachtungen von Vorbeugemaßnahmen gegen Wirbelsäulenkrankheiten. Eine große Zahl moderner Manipulations- und Behandlungstechniken, wie Wirbelsäulen- und Heilgymnastik oder Chiropraxis, sind Erbe der ägyptischen Wirbelsäulenmedizin, deren Wert und Aktualität unverändert fortbesteht. Die Vorbeugung durch ägyptisches Yoga dient nicht nur der Selbstbehandlung, sondern wirkt zusätzlich auf subtileren Ebenen.

Israel

Die iraelische Kultur verkörpert wie keine andere den Monotheismus. Hier liegen die Wurzeln des Christentums, die das Bindeglied zwischen altem und neuem Weltzyklus, zwischen Orient und Okzident bilden.

Mose – ein ägyptischer Eingeweihter

Nach Edouard Schuré war Mose ägyptischer Eingeweihter und Priester des Osiris sowie Organisator des Monotheismus – durch ihn trat der Monotheismus hinter dem Schleier des Mysteriums hervor, aus dem Innern des Tempels in den Bereich der Geschichte. Dies bestätigt eine ägyptische Armhaltung, die Moses gebraucht (s. Abschnitt „Kerzenhalter und KA", S. 90). „Weil uns der Pentateuch[27] nur eine sagenhafte Erzählung vom Leben des Mose gibt, folgt daraus keineswegs, daß er nichts Wahres enthält. Mose wird lebendig, seine ganze ungeheure Laufbahn wird erklärlich, wenn man ihn in sein heimisches Milieu stellt: den Sonnentempel von Memphis. Endlich lassen sich die Tiefen der Genesis selbst nur enthüllen beim Schein der Fackeln, die der Einweihung der Isis und des Osiris entnommen sind", [24.]

---

[27] Pentateuch: die ersten fünf Bücher des Alten Testamentes, die fünf Mose-Bücher (Genesis, Exodus, Levitikus, Numeri und Deuteronomium).

Vieles zeigt den ägyptischen Ursprung zahlreicher jüdisch-christlicher Symbole und Geschichten. Die folgenden Beispiele belegen dies.

▶ In Ägypten gab es den Mythos vom Töpfergott Chnum, der auf einer Töpferscheibe den Menschen aus Lehm formte – Ähnliches finden wir in der Genesis.

Töpfergott

Abb. 4: Ägyptischer „Töpfergott" Chnum.

▶ Abraham huldigt Melchisedek, dem König von Salem, er „… teilt mit ihm das Mahl des Brotes und des Weines im Namen Aelohims, was im alten Ägypten ein Zeichen der Gemeinschaft unter Eingeweihten war", [27].

Mahl

▶ Zwischen der ägyptischen Göttin Isis und der Eva aus der Genesis besteht eine Verbindung; ebenso stellt die Schlange (Schlange in der Genesis: *nahash* = Kraft) eine Gemeinsamkeit dar. „Die Mysterien Indiens, Ägyptens und Griechenlands antworten einstimmig: Die im Kreis geringelte Schlange bedeutet das universelle Leben, dessen magisch wirkende Kraft das astrale Licht ist", [27].

Schlange

▶ Die magischen Kräfte des Mose haben Analogien in der Überlieferung der antiken Tempel. „Diese Kraft wird von den Brahmanen *akasha* genannt, von den chaldäischen Magiern das ursprüngliche Feuer, von den Kabbalisten des Mittelalters das große Agens", [27]. Im Zusammenspiel mit jener Kraft gibt Mose im Verlauf der Schlacht gegen die Amalekiter den Sieg an sein Volk, indem er eine typische Haltung des ägyptischen Yoga, die KA-Haltung, ausführt und sich damit zum Kanal (Empfänger und Sender) der göttlichen Energie macht (Exodus 17, 8-13).

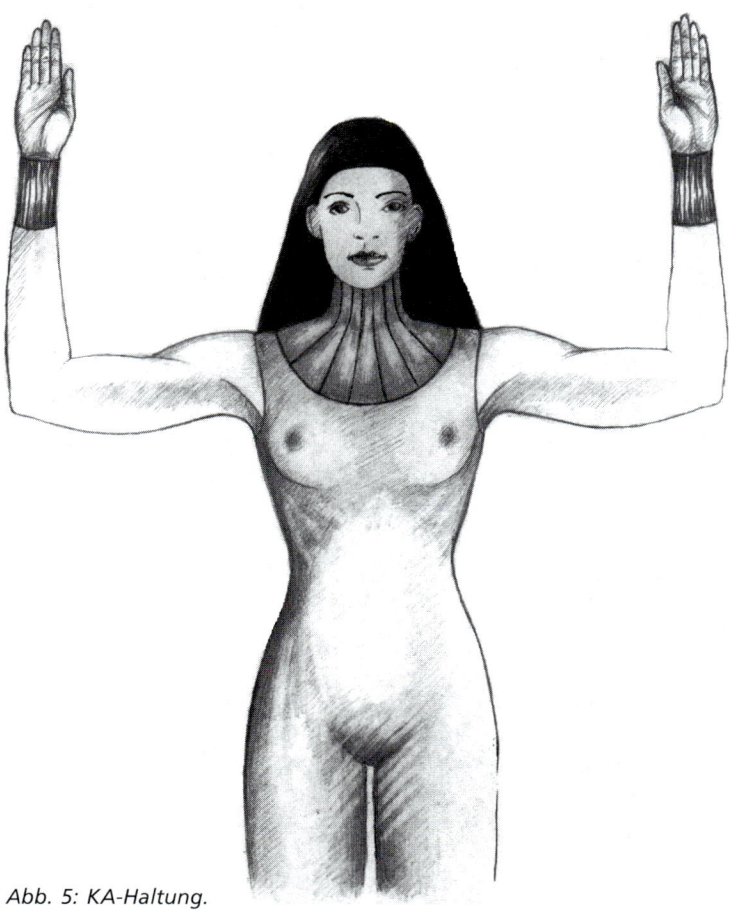

Abb. 5: KA-Haltung.

Die Bibelstelle zeigt den offenkundigen Einfluß von rituellen Vorstellungen und Praktiken ägyptischer Priester. Dies verwundert nicht sehr, wenn man bedenkt, daß Mose der Überträger der ägyptischen Tradition auf das hebräische Volk war. Edouard Schuré beschreibt Mose im Zusammenhang mit Ägypten folgendermaßen: „Diese Seele gleicht der großen Pyramide von Giseh, massiv, nackt und verschlossen nach außen, aber in ihrem Innern die großen Mysterien und in ihrer Mitte einen Sarkophag enthaltend, den die großen Eingeweihten den Sarkophag der Auferstehung nannten", [27].

Yoga in Ägypten

Yoga-Haltungen, die aus Indien bereits bekannt sind, aber auch Positionen, die dem indischen Yoga unbekannt, aber verwandt scheinen, tauchen in der ägyptischen Ikonographie, in Hieroglyphen, in bildlichen und plastischen Darstellungen auf.

Rituelle, hieratische (priesterliche) Positionen und Positionen in Verbindung mit Tanz und Spiel

Sakrale und profane Wurzeln des ägyptischen Yoga

Übungen, die sich als ägyptisches Yoga einordnen lassen, haben ihren nachweislichen Ursprung in Darstellungen von rituellen Positionen ägyptischer Priester und Priesterinnen. Damit eng verbunden lassen sie sich auch bei Götterstatuen und -bildern erkennen. Pharao und Priester als Verkörperungen Gottes oder als erleuchtete Meister erscheinen oftmals in einer hieratischen Haltung. (Yoga-)Positionen dieser Art wurden im religiösen Zusammenhang eingenommen oder ausgeführt: beim Opfer an die Götter, beim Gebet oder als Meditationsstellung. Damit einher ging auch die symbolische Bedeutung der jeweiligen Körperhaltung.

Bei ägyptischen Festen, selbst im Familienkreis, spielte die Religion eine große Rolle; sie durchdrang alle Lebensbereiche. Den Göttern wurde gedankt, und man tanzte. Oft grenzten diese Tänze an Akrobatik, z.B. wenn es darum ging, auf den Händen zu laufen oder einen Salto auszuführen.

Solche Darstellungen des ägyptischen Yoga sind seit Jahrtausenden vorhanden, allerdings blieben sie bis in unsere Tage weitestgehend unbekannt, sie wurden verkannt oder unterschätzt. Die Möglichkeit, daß sich in den Darstellungen der ägyptischen Haltungen ein Übungssystem verbirgt oder zumindest ein solches daraus abgeleitet werden kann, wurde nicht gesehen. Zu sehr war der Blick auf die indische Yoga-Tradition fixiert.

Tänze und rituelle Haltungen

Für den heutigen Menschen ist der Tanz auf Bällen, in Diskotheken oder beim Sport zu einer Profession oder einem Schauspiel geworden. Ursprünglich war er – zu allen Zeiten der Menschheit – wichtiger Ausdruck des Lebensgefühls. Ob Hochzeit, Geburt oder Todesfall, ob Besänftigung des Wettergottes oder Bitte um Jagderfolg – im Tanz fand das Anliegen seinen Ausdruck. Die Kollektivseele einer Gruppe oder eines Stammes wurde geweckt, es kam zur Ekstase, und die Rhythmen führten zu den geheimnisvollen Kräften des Kosmos. Im Tanz vereinigen sich die Menschen miteinander, im Tanz verbinden sie sich mit dem Kosmos und mit Gott.

Tanz als Ausdruck des Lebensge- fühls

Tanz ist aber auch erotisch: Deshalb verbot die Kirche einst Walzer und Tango mit der Begründung, es handle sich um eine Aufforderung zur Unzucht. Ackerbauern der Jungsteinzeit dagegen führten bei Aussaat und Ernte Fruchtbarkeitstänze auf, die nicht selten in der Hoffnung auf Nachkommen mit Paarungen einhergingen. In „Indien hat der Tanz in Gestalt der Tempeltänze eine besondere Rolle gespielt. Ursprünglich waren diese erotischen Tänze Vorspiel zu rituellen, also heiligen sexuellen Vereinigungen im Tempel: Die Tänzerinnen waren noch wahrhaftig *devadasis*, Dienerinnen Gottes. Dann kamen die Brahmanen, die rasch begriffen, daß sich durch ihre Ausbeutung Gewinn schlagen ließ. Der Tempel wurde zum Bordell!" [22].[28]

Erotischer Tanz

---

[28] „Trotzdem ist der Ursprung des Tantrismus auf Tempelbordelle zurückzuführen. Denn weshalb gab es eigentlich Sexualität im Tempel? Wir Abendländer, für die Spirituelles mit Sexuellem unvereinbar ist, begreifen das nur schwer. Dem Tantra indes ist Sexus heilig, und so waren die ersten Tempel die bevorzugte Stätte der tantrischen *pujas*", (*puja* = Verehrung, Kult mit Blumen) [19].

Erotischer Ursprung des Hatha-Yoga?

Als sicher gilt, daß die (Tanz-)Haltungen anfangs nicht nur der Askese und Gesundheitspflege auf dem Weg zur Erleuchtung dienten. Viel wahrscheinlicher wurde die Hatha-Yoga-Disziplin aus ursprünglich tief empfundenen erotischen Stellungen heraus entwickelt, aus einer erotischen Praxis, die durchaus spirituell zu verstehen war. Auch die Bedeutung des Wortes *hatha* deutet auf das Ziel einer Vereinigung des weiblichen (*tha* = Ausatmung, Mond) mit dem männlichen Prinzip (*ha* = Einatmung, Sonne), von Shiva und Shakti. Auf der materiellen Ebene drücken sich die beiden Prinzipien in Frau und Mann aus. Im Tantra sind die Liebenden Ausdruck des Göttlichen (Shiva und Shakti). Der Körper (auch der erotische Körper) ist ein Gefäß der Heiligkeit. Geist und Materie wurden im kultivierten erotischen Spiel in inniger Verbundenheit erlebt. Heimlichtuerei, Prüderie und Mystifikation gibt es nicht nur in den monotheistischen Religionen, sondern auch im buddhistischen und hinduistischen Kulturkreis. Sind die heute bekannten Übungen des Hatha-Yoga vielleicht ent-sexualisierte Übungen, die asketische Seite einer alten Tempelerotik? Einiges spricht für diese Auffassung.

Sakral-erotischer Ursprung des Orientalischen Tanzes

Niveauvolle orientalische Tanzkunst und der Schleiertanz erinnern noch heute an einen einstmals sakralen, erotischen Tempeltanz. Dies gilt sowohl für die alte ägyptische, als auch für die frühe indische Tradition des Tempeltanzes. Wenn tanzende Priesterinnen die Göttin verkörperten, bedeutete die Verschleierung Geheimnis, Ferne und Unzugänglichkeit. Wenn sie mit den Schleiern spielten, sie entfalteten, drehten, öffneten oder um einen sich geschmeidig windenden Körper wirbelten, so war dies ein Symbol für die Epiphanie, das Erscheinen der Göttin auf Erden. Schriftsteller dieser Zeit sprechen von den heiligen Körpern der Eros-Priesterinnen. Die Quelle, aus der sich der aus dem indischen Raum stammende Schleiertanz herleitet, ist aller Wahrscheinlichkeit nach sakral.

Die heutigen Priester des Westens werden als Stellvertreter Christi auf Erden bezeichnet, die Dienerinnen der Hathor z.B.

stellten dagegen die lebendige Erscheinung der Göttin selbst dar. „Heilige Tänzerinnen waren bei privaten Begräbnisriten genauso anwesend wie bei pharaonischen Staatsriten; ihr Tanz (...) sollte besonders kosmische Prinzipien wachrufen. Innerhalb unserer Religion wären Prozessionen von Frauen undenkbar, die sich reich geschmückt und duftend im perfekten Tanzschritt wiegen, um das Göttliche zu verehren. Die heilige Schönheit ist zerstört und in den Schmutz gezogen worden, genau wie die Freude und Entfaltung durch die Verneinung des Körpers ersetzt wurden", [25].

Manche Tanzfiguren aus der orientalischen Tanzkunst sind Schlangenbewegungen nachempfunden und teilweise erotische Positionen, die zum Emporströmen sexueller Energie, zur Vereinigung des Männlichen mit dem Weiblichen führen können. Diese Vereinigung ist Sinn des Äskulap-Stabes mit den beiden verschlungenen Schlangen, den die babylonische Göttin Aschtár in der Hand hält. Hier haben wir eine Parallele zur im Yoga wohlbekannten „Schlangenkraft", zur *kundalini*, einer latent vorhandenen Energie, die symbolisch und allegorisch durch eine dreieinhalbmal gewundene Schlange dargestellt wird. Die Schlangensymbolik in Verbindung mit Energie findet sich auch in Ägypten. Möglicherweise vermischten sich in der orientalischen Tanzkunst verschiedene Strömungen: Schüttelnde, vibrierende Bewegungen entstammen der afrikanischen Kultur und wecken schlummernde Energien. Sanfte Schlangenbewegungen aus Indien begünstigen das Emporsteigen der Kraft, und im Schleiertanz (aus Indien) drückt sich symbolisch der Schnittpunkt zwischen Sichtbarem und Unsichtbarem, zwischen Sehen und Erahnen, zwischen Geist und Materie aus.

Das Bestreben, körperlichen, geistigen und universellen Ausgleich zu finden, um „Vereinigung" zu erreichen, ist kennzeichnend für Yoga im allgemeinen wie auch für die einzelnen Körperhaltungen (*asanas*). Beide Aspekte finden wir sowohl in Ägypten als auch in Indien. Damit kann in beiden Fällen von Yoga gesprochen werden.

*„Schlangenkraft"
im Tanz*

Es besteht eine Übereinstimmung von erotischen, energetischen (Schlangenkraft) und spirituellen Wurzeln, von Tänzen und Positionen in beiden Kulturen. Zahlreiche ägyptische Tanzfiguren, hieratische Haltungen und selbst viele eher als alltäglich zu bezeichnende Haltungen (z.B. Sitzpositionen von Musikern und Schreibern) zeigen eine enorme Ähnlichkeit mit Yoga-Haltungen (*asanas*) aus dem indischen Hatha-Yoga.[29]

Ob es sich dabei auch schon um ein geschlossenes Übungssystem handelte, kann nicht abschließend beantwortet werden.

Praktisch anwendbare Weisheit

Diese Möglichkeit ist allerdings wahrscheinlich, da ägyptische Priester/innen, die solche Übungen ausführten, häufig gleichzeitig Experten auf mehreren Gebieten waren. So konnte ein Priester auch Richter und Arzt sein. Weisheit war kein abstrakter Begriff, sondern die Basis für praktische Anwendungen. In dieser Hinsicht und aufgrund des erstaunlichen medizinischen Wissens, kann die Möglichkeit einer eigenen ägyptischen Übungsmethode nicht ausgeschlossen werden. Da das ägyptische Wissen zum großen Teil in den Tempeln bewahrt und ver-

In Tempeln verborgenes ägyptisches Yoga?

borgen wurde, wäre es auch möglich, daß ein ägyptisches Yoga ausschließlich dort ausgeübt wurde und nur Fragmente der äußeren Stellungen über Hieroglyphen, Symbole und bildliche Darstellungen nach außen gelangten.

Obwohl einige Fragen noch nicht abschließend beantwortet werden können, zeigen Erfahrungen mit dem ägyptischen Yoga, daß es nachweislich sehr günstge Wirkungen auf die Aufrichtung des Körpers, die Atmung und auf die Psyche hat.

---

[29] Beispiele für solche, dem Yoga ähnliche, Tanzfiguren sind u.a.: Halbmond (*ardha chandrasana*), Taube (*fakthasana*), Diamantsitz (*vajrasana*), Kamel (*ustrasana*), Kobra (*bhujangasana*), Brücke (*setu bandhasana*) und Rad (*chakrasana*).

Yoga-Haltungen in Ägypten und Indien

Erste Darstellungen von Haltungen, die Yoga-Übende als Meditationshaltungen kennen, finden wir in Indien (Indus-Tal) im 2./3. Jahrtausend v. Chr. Etwa im gleichen Zeitraum tauchen in der ägyptischen Ikonographie und Symbolik Darstellungen von klassischen Yoga-Stellungen auf.

Viele dieser Haltungen wurden in Tänze und Spiele eingebunden und in einer sehr dynamischen Weise verkettet ausgeführt. Man sollte nicht vergessen, daß Yoga nicht nur statische, sondern auch dynamische Übungen, wie den bekannten Sonnengruß (*suryanasmaskar*), enthält. Es ist eine uralte Methode, in Verbindung mit einem geregelten Atemrhythmus mehrere Positionen in einem Fluß einander folgen zu lassen. Dasselbe dynamische Prinzip finden wir im Qigong und Tai Chi, genauso wie im ägyptischen Yoga (z.B. ägyptischer Adler und Variationen, ägyptischer Sonnengruß).

Dynamisches Prinzip

Daß die Stellungen zum großen Teil auch rituellen Zwecken dienten, zeigt die gehäufte Darstellung solcher Szenen an Begräbnisstätten oder in Tempeln. Es mag zunächst erstaunen, daß häufig Frauen dargestellt sind, die Übungen ausführen. Die Verbindung mit Erotik und Tanz wurde bereits erwähnt, doch sollte auch nicht übersehen werden, daß die Frau im ägyptischen Klerus, in den ägyptischen Tempeln, als Priesterin und in spirituellen Mysterien eine wichtige und gleichberechtigte Stellung einnahm. Frauen hatten Zugang zu den tiefsten spirituellen Geheimnissen der ägyptischen Religion. „Die weibliche Priesterschaft hatte einen hohen Status und besaß eigene Ämter und Machtbefugnisse. Die Hohepriesterin war häufig mit dem Hohepriester verheiratet und stand den Musikpriesterinnen vor", [25].[30] Es ist durchaus denkbar, daß sich in diesem Umfeld eine Übungskultur entwickelt hatte, in der sich sakraler und erotischer Tanz, Musik und Rhythmus, Bewegung und Statik zu

Stellung der Frau

---

[30] Der ägyptische Klerus umfaßte Frauen, wie z.B. Herouben (Priesterin von Amon Re) oder die „lockigen Jungfrauen" (Priesterinnen von Hathor).

einer Übungsweise verbunden hatten, die Bewegungsfolgen (Dynamik) mit dem Innehalten (Statik) in symbolischen oder wichtigen Positionen kombinierte.

J. Vandier klassifiziert zahlreiche ägyptische Haltungen (die den indischen *asanas* entsprechen) unter den Rubriken Tanz, akrobatischer Tanz und Spiel. Wir finden in seinem „Manuel d´archéologie égyptienne" [33] typische Yoga-Haltungen wie Brücke, Rad oder Kobra. Es werden zumeist Frauen und Mädchen gezeigt, die dabei sind, verschiedene Variationen der jeweiligen Stellung einzunehmen. Sogar einzelne Stufen sind dargestellt, die schließlich zur Endhaltung führen. Manchmal sind auch Personen anwesend, die Hilfestellung oder Anleitung geben.

Ägyptische Haltungen wie im indischen Yoga

Anhand von Bildmaterial soll nachfolgend verdeutlicht werden, wie vielfältig in Ägypten die Darstellung von Yoga-Positionen war, die bisher nur mit dem indischen Yoga in Zusammenhang gebracht wurden. Laut Babacar Khane wurden die meisten Hatha-Yoga-Stellungen im alten Ägypten in Verbindung mit den typisch ägyptischen-vertikalen Positionen gelehrt. Beide Übungsweisen ergänzen sich.

Sprünge

In manchen Szenen sind Sprünge dargestellt. In der indischen Yoga-Praxis finden wir vereinzelt Schulen, die mit Sprüngen arbeiten, wie z.B. manche Anhänger von Iyengar. Sprünge sollen anregend auf die Energiezentren wirken und das Erwachen der *kundalini* (spirituelle Energie) begünstigen. Sie scheinen in Ägypten den Kult der Göttin Hathor zu charakterisieren, die eine ägyptische Entsprechung der Kundalini-Shakti der Inder ist.

Betrachten wir die geographische Lage Ägyptens und damit den afrikanischen Einfluß, dann denken wir auch an rhythmische afrikanische Musik und Tänze. Ähnlich den ägyptischen Priestern vereinigten afrikanische Schamanen in ihrer Person den Heiler, Priester und Musiker. Die Kombination von Rhyth-

Abb. 6: Hathorischer Tanz, kombiniert mit Sprüngen. Grab von Amenemhat.

mus und Bewegung begünstigte die Freisetzung von Energien und führte bis zur Extase.[31]

Möglicherweise wurden auch manche der ägyptischen Bewegungsfolgen rhythmisch begleitet, wie die Rasseln, das Händeklatschen, Fingerschnippen oder Stampfen mit den Füßen auf manchen Bildern zeigen (Abb. 6, 7 und 11). Es wird vermutet, daß die Trommeln im Rhythmus des Herzschlags ertönten. Heutige Musiker bedienen sich ebenfalls dieser Methode. Interessant ist an der Szene von Abb. 7 außer der Beinbewegung auch die Haltung der Arme, der Hände und Finger. Vermutlich handelt es sich um symbolische Fingerstellungen, ähnlich gewissen *mudras* im indischen Yoga. *Mudras* sind Hand- und Fingerhaltungen oder Gesten zur Konzentration, die auf den Energiefluß wirken. Sie sind als eine Art stummer Sprache u.a. im indischen Tanz enthalten. Hier verbinden sich grobmotorische Bewegungsformen der Arme und Beine mit den feinmotorischen *mudras* der Hände und Finger. Die Koordination beider erfordert Konzentration und Körperwahrnehmung.

Rhythmische Begleitung und mudras

---

[31] In der afrikanischen Schamanen-Praxis wurden unter Zuhilfenahme von dynamischer Bewegung und Rhythmus Extase und das Erleben von Energien zum Gruppenerlebnis, während in Indien der individuelle Rückzug in den eigenen Körper und in das eigene Wesen als Methode im Vordergrund stand.

Die damit geförderte Kenntnis des eigenen Körpers und seiner inneren Abläufe verhilft dazu, sich darin wohlzufühlen und sich zu entwickeln.

Abb. 7: Hathorischer Tanz mit großen Schritten oder Sprüngen. Grab von Zenet, der Gemahlin des Antefoker.

Gestik und Symbolik

Beim ägyptischen Tanz und bei den vielfältigen Bewegungen des ägyptischen Yoga spielt die Gestik und Symbolik mit ihrem Einfluß auf Energien eine große Rolle. Der spirituelle Charakter solcher dynamischer Formen ist mit gewissen Sufi-Praktiken vergleichbar (Formen des *zikr* oder *dhikr*), die die momentane Individualität zerstören und den ekstatischen Zustand steigern sollen, um die Gottheit in sich zu verkörpern. Die Rezitation

Abb. 8:
Grab von Bakti.
Beni Hasan.

von mantrischen Lauten und Silben kann solche Bewegungen begleiten. Nach Yogi Khane gibt es Beweise, daß im alten Ägypten genauso wie in Indien Bewegung und Laut kombiniert wurden. Es handelt sich dabei um Laute (*mantras*), die die Sensibilität des Menschen ansprechen und sein Herz öffnen sollen.

In der ägyptischen Ikonographie gibt es viele Beispiele für koordinierte Bewegungsfolgen. Zwei Abbildungen sollen dies verdeutlichen (Abb. 8 und 9). Die Bewegungsfolge der Abb. 8 enthält auch typische *asanas* wie Baum und Brücke, die uns gewöhnlich als statische Yoga-Positionen begegnen, aber auch in Ägypten bekannt waren. Handelt es sich hier um eine Mischform von Bewegungsteilen und darin eingebetteten kurzen statischen Phasen? Übungsteile, in denen dynamische Bewegungen mit Rhythmus kombiniert werden, können dem Erwecken von Energien dienen, während die Unbeweglichkeit den Energiefluß fördert.

Möglicherweise liegen in ägyptischen Stellungen und Bewegungsfolgen die Wurzeln vieler von den Griechen übernommener Übungsweisen und damit vielleicht sogar die Ursprünge der Gymnastik. Die einst im Innern und im Umfeld der ägyptischen Tempel praktizierten Übungen dienten sakralen Zwecken. Dieser Sinngehalt nahm mit der Übernahme durch die Griechen sehr stark ab; im wesentlichen blieb nur noch die körperliche Gymnastik. Heutzutage fehlt den gymnastischen Übungen ein Aspekt, der rein körperliches Training übersteigt, vollkommen.

Ägyptische Wurzeln der Gymnastik

Abb. 9: Beim Transport der Statuen von Baki und Khety ausgeführte
Tänze (nach J. Vandier).

Baum (*vrkasana*)

Neben den erwähnten bildlichen Darstellungen zeigt das ägyp-

tische Hieroglyphensystem eine Variante
der in Indien als „Baum" bekannten Haltung. Die Beine drücken Horizontale und
Vertikale aus. Die Faust kann eine Bündelung von Energien bewirken.

Abb. 10: „Ägyptischer Baum".

Kobra (*brujangasana*)

Im Hatha-Yoga ist die Kobra ebenfalls gut bekannt. Im religiösen Umfeld der ägyptischen Ikonographie finden sich entsprechende Darstellungen.

Die Szene der Abb. 11 stellt die statische Position der Königskobra dar, die möglicherweise von den beiden stehenden Frauen mit rhythmischem Händeklatschen, mit Bewegungen von Armen und Beinen begleitet wird. Wenn die Aufmerksamkeit so beansprucht wird, kann die Position auch längere Zeit eingenommen werden. Mit rhythmischen Bewegungen (der Beine und Arme, möglicherweise auch mit Klatschen) und mit gestischen Fingerhaltungen (*mudras*) wurde höchstwahrscheinlich versucht, den Energiefluß sowohl bei den statischen Positionen (Personen in der Kobra) als auch bei den Stehenden zu steigern – ein Ausdruck für die in allem Ägyptischen enthaltene Dualität.

Abb. 11: „Königskobra". Theben, Grab von Zenet, Gemahlin des Antekofer und Priesterin der Hathor, ca. 1950 v. Chr.

Nur schlecht erhalten ist eine Szene (Abb. 12) im Grab von Ouakka II. in Antueopolis, die eine mit Symbolik angereicherte Haltung zwischen Königskobra und Heuschrecke oder Skorpion zeigt, Stellungen, die aus dem indischen Yoga wohlbekannt sind.

Abb. 12: Skorpion-Göttin Selkis. Bronzestatue, 26. Dynastie; Louvre, Paris.

Brücke (*chakrasana*) und Rad (*viparita chakrasana*)

Wie alle Dehnungen nach hinten wirken Brücke und Rad besonders auf die Energiezentren und vergrößern das Energiepotential. Oft können durch dieses Mehr an Energie selbst

Positionen eingenommen werden, die zunächst unerreichbar schienen. Jede Yoga-Übung muß unter Beachtung von *ahimsha* ausgeführt werden. Jegliche Leistungsorientierung ist auch dem ägyptischen Yoga wenig förderlich. Weder mit dem Körper noch auf mentaler Ebene darf mit Gewalt gearbeitet werden. Wird nach dem Grundsatz „Langsamer ist schneller" oder „Weicher ist stärker" (Steter Tropfen höhlt den Stein) geübt, dann werden dauerhafte Erfolge nicht ausbleiben. Diese Vorgehensweise ist bei allen Yoga-Übungen zu beachten, sowohl was indische als auch was die ägyptischen Übungen angeht.

**Yoga ohne
Leistungsdenken**

Bei den Stellungen und Bewegungen geht es nicht um Akrobatik, sondern um das innere Erwachen. Deshalb finden sich entsprechende Darstellungen besonders in Tempeln und Gräbern. Oftmals ist es schwierig, in den Darstellungen zwischen Brücke, Rad oder „Flickflack" zu unterscheiden (Abb. 13–16).

Abb. 13: Starke Rückbeuge, um danach die „Brücke" einzunehmen. Tempel von Luxor.

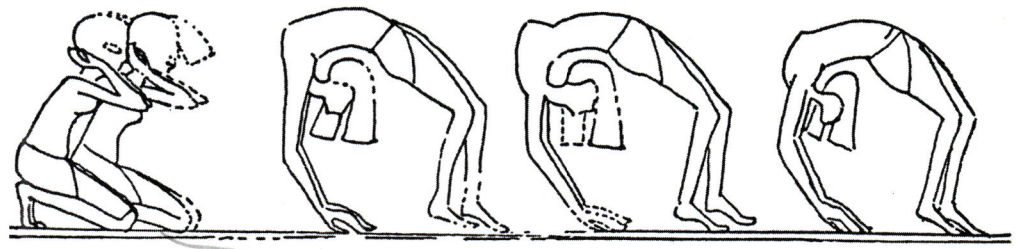

Abb. 14: Ausgehend vom Fersensitz wird die „Brücke" eingenommen. Tempel von Deir el-Bahari.

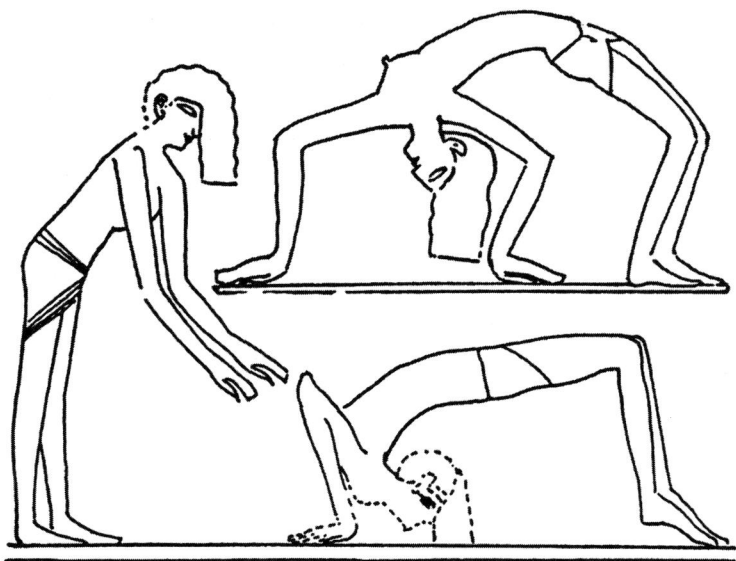

Abb. 15: *Das Mädchen oben führt die „gehende Brücke" aus, das untere ist dabei, sich in die „Brücke" zu erheben, wobei ihm das stehende Mädchen vermutlich hilft. Grab von Amenemhat.*

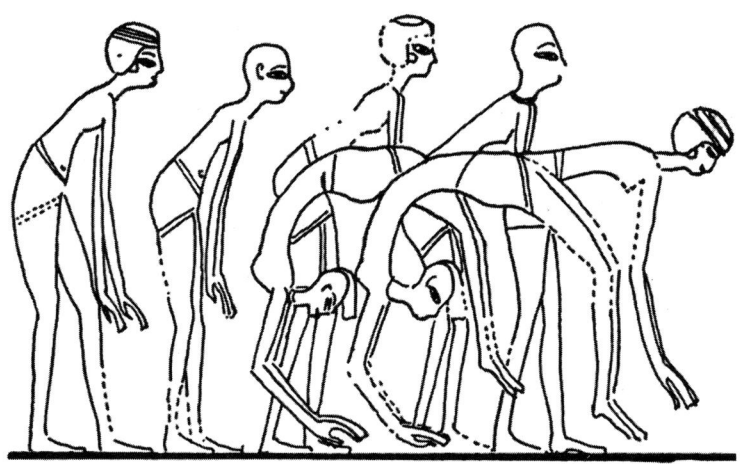

Abb. 16: *„Brücke" oder „Rad" nach hinten und als Ausgleichshaltung
die langsame Vorbeuge (stehende Personen). Zeichnung von Hay, ver-
lorenes Grab (nach J. Vandier).*

Manche Haltungen erinnern an die heute weltweit verbreitete Übung des Flickflack, eine Standardübung im Kunst-Bodenturnen, die auf eine äußere Form der Ästhetik reduziert wurde (wie die meisten heute gebräuchlichen Tanzformen) und ansonsten keinen Sinn mehr erkennen läßt. Ursprünglich enthielten die Stellungen neben der gesundheitsfördernden und energiesteigernden Wirkung auch den Aspekt der Öffnung in vielerlei Hinsicht. Vermutlich wurden die schwierigen Stellungen Brücke und Rad in langsamer, fließender Weise in einer Folge mit anderen Übungen ausgeführt und durch kurze statische Phasen ergänzt, die Wirkung und Ausdruck der jeweiligen Position besonders steigerten.

Rückendrehung

Abbildung 17 zeigt eine Rückendrehung in der Vorbeuge sowie die tiefe Vorbeuge aus dem Stand – ähnlich der Yoga-Haltung „Stehende Zange" (*padahastasana*).

Abb. 17: Drehung und Vorbeuge. Grabmal von Kherouef, Theben, Totenstadt von Assassif, 18. Dynastie.

Die Rückendrehung ist eine typische Yoga-Haltung. Neben den klassischen Drehhaltungen, wie dem Drehsitz, verdienen besonders die für den westlichen Menschen leicht auszuführenden Yoga-Übungen, wie die Krokodil-Übungen (s. S. 206), mehr Beachtung. Sie enthalten sehr oft eine doppelte Wirbelsäulendrehung, wie aus vielen ägyptischen Darstellungen ersichtlich ist: eine Drehung im Lendenbereich und eine auf der Höhe von Hals und Nacken, wo die sensibelsten Punkte der Wirbelsäule sind und oft Rheumatismus und Muskelverspannungen ihren Sitz haben. (Muskelverspannungen sind häufig durch Angst oder Stress hervorgerufen. Die Folgen sind nicht selten Schmerzen und Durchblutungsstörungen.) Drehungen der Wirbelsäule werden im ägyptischen Yoga häufig verwendet. Richtig ausgeführt wird dabei eine heilsame Form von therapeutischer Wirbelsäulen-Selbstmanipulation erreicht. Die entsprechende Übungspraxis wird im Abschnitt „Praxis des ägyptischen Yoga", S. 115 ff., dargestellt.

Wohltuende sanfte Drehbewegungen

„Winkel" im Sitzen (*upavista konasana*)

Verwandt mit der „Zange" im Sitzen ist der „Winkel" im Sitzen. Die Darstellung aus Abb. 18 zeigt die Anfangsphase der Stellung. Auch hier ist nicht auszuschließen, daß die Endhaltung allmählich eingenommen wurde, indem die zunehmende Vorbeuge mit leichten Klatschbewegungen der Hände begleitet wurde. Ein solches rhythmisches Zusammen- und

Abb. 18: „Winkel" im Sitzen. Grabbau von Mererouka, 6. Dynastie.

Auseinanderführen der Arme und Hände in Verbindung mit dem entsprechenden Atemrhythmus kann das Einnehmen der Endhaltung erheblich erleichtern.

Lotus (*padmasana*)

Die Lotus-Stellung – ob der halbe Lotus-Sitz oder die in Abb. 19 gezeigte verknüpfte Form – ist eine der wichtigsten und bekanntesten indischen *asanas* und vermutlich die am häufigsten eingenommene Meditationshaltung im Yoga überhaupt. Es ist auch die Stellung der Meditation, in der Buddha oft dargestellt wird.

    Beispiele des Lotus-Sitzes in Ägypten gibt es u.a. in den altägyptischen Grabkammern von Ptahhotep und von Mererouka (altes Reich).

Bekannte Meditationshaltung

Abb. 19: Lotus-Sitz. Grabkammer von Ptahhotep und Akhti-hotep, ca. 2600–2400 v. Chr.

Abb. 20: Sitzender Schreiber. Saqqara, Anfang der 5. Dynastie, um 2475 v. Chr.

Sehr viel häufiger als der vollkommene Lotus-Sitz (Abb. 19) findet sich bei den Darstellungen von Schreibern eine Form des Schneidersitzes (Abb. 20) und der Fersensitz (Abb. 21 bis 24). Der Status des Schreibers war im alten Ägypten bemerkenswert hoch. Neben der weltlichen Seite des Schreiberberufs brachte dieser Stand Weise und Gelehrte hervor, die in der ägyptischen Weisheitsliteratur bewandert waren.

Trotz des häufigen Vorkommens von Schreiber-Sitzhaltungen und der Lotus- oder Fersensitz-Positionen, die der Meditation und Konzentration bei aufgerichteter Wirbelsäule dienen, ist die bevorzugte ägyptische Meditationshaltung nicht der Lotus, sondern die Position auf einem Sitz.

Typisch ägyptische Yoga-Stellungen im profanen, sakralen und symbolischen Umfeld

Daß die ägyptische Religion um eine Einstellung der Demut bemüht war, zeigen die vielen Gebetshaltungen und Positionen der Niederwerfung in der ägyptischen Kunst. Manche dieser Haltungen erinnern an Gesten christlicher Priester bei der Messe (KA-Haltung, Abb. 5 und 38) und an Gebetsstellungen im Islam („Islamische Gebetshaltung", Abb. 29).

Typisch ägyptische Haltungen

Sitzende Haltungen findet man auch in Ägypten sehr häufig. Der Rücken wird dabei gerade gehalten, seitlich gedreht oder gebeugt. Sitzende Positionen dienen in Indien wie in Ägypten der Meditation, Kontemplation oder dem Gebet.

Viele der ägyptischen Betenden sitzen nicht nur auf den Fersen, sondern zusätzlich auf den Fußspitzen. Es handelt sich dabei um eine Haltung mit Auswirkung auf die Energiezirkulation in wichtigen Meridian-Enden in den Füßen. Durch die Wirkung dieser Fußreflexzonenmassage wird die Gehirn-aktivität angeregt.

Halber Diamantsitz

Der Diamantsitz ist, wie die bereits genannte Lotus-Haltung, eine im indischen Yoga gut bekannte Sitz- und Meditations-haltung, die wir gleichermaßen in Ägypten finden. Die wörtli-che Bedeutung der Sanskrit-Ausdrucks *vajrasana* („Haltung der Festigkeit") steht in Verbindung mit „Diamant" und „Blitz". Der Blitz als Waffe des vedischen Gottes Indra symbolisiert höchste göttliche Macht. Der Diamant bedeutet aufgrund seiner Härte das Allerkostbarste und Unzerstörbare. Er zerschneidet die Illusionen. Der Blitz wird bei Zen-Mönchen auch im Zu-sammenhang mit der blitzartigen Erleuchtung genannt, die Buddha auf dem diamantenen Thron (*vajrasana*) erlangte.

In einem weiteren Sinn wird das männliche Organ als *vajra* bezeichnet, an dessen Spitze eine Energiebahn (*nadi*) beginnt. Damit kommt zum Ausdruck, daß die Diamanthaltung mit der Aktivierung von männlicher Energie (im weitesten Sinn) und mit dem Manipura-Chakra[32] in Zusammenhang steht. „Wir fin-den diese Konzeption von 'männliches Organ = Edelstein' in einem wohlbekannten *mantram* wieder (...). Es handelt sich um das berühmte '*OM Mani Padme Hum*'. (...) 'Das Juwel im Lotus' lautet die wörtliche Übersetzung", [23]. Die Lotusblume ist Symbol für das weibliche Geschlechtsorgan. Damit stoßen wir wieder auf die große Bedeutung, die Yoga (Yoga im wört-lichen Sinn) der Vereinigung der Geschlechter und aller gegen-sätzlichen Kräfte des Kosmos beimißt. „Die Vereinigung der männlichen und weiblichen Kräfte im Kosmos gebiert sämtli-che Formen und zwar von Urbeginn an", [23]. Auch im ägyp-tischen Mythos von Isis und Osiris spiegelt sich außer dem

Vereinte Gegensätze

---

[32] Chakra: „Rad, Platte, Wirbel". Ausdruck für die sieben in Yoga und Tantra be-schriebenen psychischen und energetischen Zentren, die jeweils einen „wirbeln-den" Sog psychischer Kraft an den Verbindungspunkten zwischen Geist und Kör-per darstellen.

Prozeß von Wandlung durch Tod und Wiedergeburt das Streben nach Vereinigung auf den verschiedenen Ebenen.[33]

Sitzende Stellung und Ein-Sicht

Geeignete Sitzhaltungen dienen besonders der Meditation und damit dem Streben nach Ein-Sicht. Daraus wird verständlich, daß im indischen Yoga manchmal gesagt wird, alle *asanas* dienten dem Ziel, eine Sitzhaltung wie beispielsweise den „Lotus" oder „Diamant" einnehmen zu können. Betrachten wir die Positionierung von ägyptischen Gottheiten, Pharaonen und Priestern in ganz bestimmten Sitzhaltungen, so zeigt sich auch hier die spirituelle Bedeutung dieser Positionen in Ägypten.

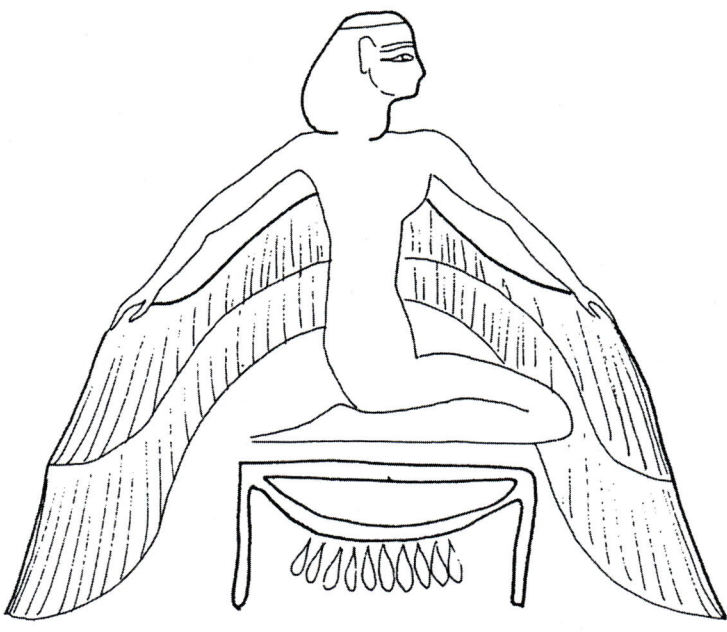

Abb. 21: Isis im Diamantsitz mit Drehung. Begräbnisstätte von Ramses III., 20. Dynastie.

---

[33] Im Mythos wird Osiris von seinem Bruder Seth ermordet und zerstückelt. Die Liebe seiner Schwester und Gemahlin Isis fügt nach langer Suche nach den verstreuten Gliedern seinen Körper wieder zusammen. Seinem Sohn Horus fällt es zu, ihn zu rächen und die zerbrochene (kosmische) Ordnung wieder herzustellen, indem er auf dem Thron des Vaters regiert.

Der Polarität und dem Streben nach Vereinigung begegnen wir überall in Ägypten, sowohl im Hinblick auf die Vereinigung auf der horizontalen Ebene (z.B. Ober- und Unterägypten) als auch bezüglich der vertikalen Verbindung (z.B. Himmel und Erde, Gott und Mensch).

Polaritäten

Halb-Diamant in der Drehung

Sehr viel häufiger als den allgemein bekannten Fersensitz finden wir in Ägypten den charakteristischen halben Diamantsitz, der große Biegsamkeit im Kniebereich erfordert: auf nur einer Ferse sitzend, das andere Bein gebeugt mit einem Knie nach oben gerichtet. Das Bein am Boden stellt den Kontakt mit der Erde her wie die große Basisfläche einer Pyramide. Das angewinkelte Knie bildet den zum Himmel strebenden Pol, vergleichbar den Seitenflächen der Pyramide. Eine Fußsohle ist nach unten, die andere nach oben gerichtet. Die Haltung wird eingenommen in alltäglichen und betenden, in sakralen und profanen Situationen. Die zweifache Bedeutungsebene ist in Ägypten allgegenwärtig.

Auf bildlichen Darstellungen, in der Bildhauerkunst und im Hieroglyphensystem werden viele Personen bei alltäglichen Verrichtungen (rudern, tragen, sitzen, essen, sprechen usw.) in der Sitzposition gezeigt. Sowohl die Darstellungweise von rituellen Szenen als auch von alltäglichen Handlungen und Tätigkeiten geschieht mit einem Ausdruck von Feierlichkeit. Es entspricht der ägyptischen Denkweise, aus jeder Geste ein Gebet und eine erfüllte Handlung zu machen. Heiliges durchdringt das profane Leben, Profanes wird zur heiligen Dimension erhoben – dies ist eine der großen Lektionen, die ägyptische Kunst ausdrückt. Babacar Khane sieht darin einen Einstieg in das ägyptische Yoga. Auch hier wird die Gegenwärtigkeit in der Gegenwart gesucht. Der Weg des Yogis mündet in der andauernden Kontemplation und Anbetung im Innersten der Übung und in den alltäglichen Aktivitäten.

Verbindung von profan und sakral

Abb. 22: Schreiber, Musiker, Sänger und Spieler im halben Diamantsitz.
Grab von Kaiemankh.

Musiker und Schreiber nehmen zum größten Teil die Position des halben Diamantsitzes ein, aber auch ägyptische Götter- oder Kultbilder im Tempelhauptraum zeigen diese Position. Mit Hilfe der Sitzstellung soll die Energie im Innern des Körpers gebündelt werden. Bei gleichzeitig sehr wachem Tagesbewußtsein werden Konzentration, Meditation und Kontemplation begünstigt. Dadurch sammelt sich der Betende und kann leichter mit der göttlichen Gegenwart im Kontakt treten.

Göttliche Gegenwart

Die Szene der Abb. 23 mit Frauen im halben Diamantsitz und mit einer für das ägyptische Yoga typischen und symbolischen

---

[34] Auch in der frühchristlichen Kunst finden sich Gestalten in antiker Gebetshaltung mit erhobenen Armen und nach oben gewendeten Handflächen (Orante). Wie in Ägypten stehen solche Darstellungen (auf Sarkophagen, in der Wandmalerei der Katakomben) oftmals in Verbindung mit dem Totenkult.

Arm- und Handhaltung (Geben und Empfangen)[34] läßt auf das Vorhandensein von Ausbildungen und Schulen – vermutlich im Innern der Tempel – schließen, wo die ägyptische Übungsweise, das ägyptische Yoga praktiziert und gelehrt wurde. Indizien hierfür finden sich in zahlreichen Darstellungen.

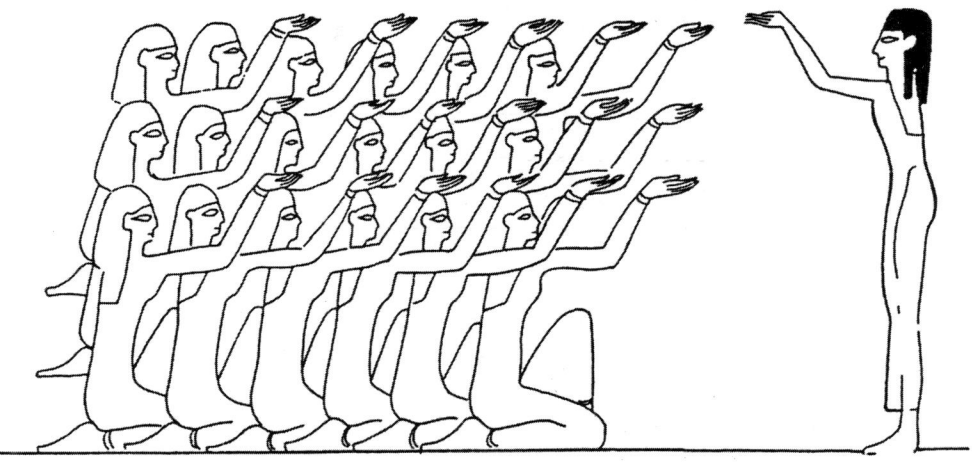

Abb. 23: Im „halben Diamant" sitzende Frauen mit einer Adlervariante der Arme. Grab von Oukhotep, um 2000 v. Chr.

Neben der bildlichen und plastischen Darstellung finden sich die verschiedenen Diamantsitz-Varianten (oft mit Kerzenhalter oder Drehung) im ägyptischen Hieroglyphensystem. Die Aufnahme von derartigen Haltungen in das Hieroglyphensystem enthüllt das hohe Alter und die große Bedeutung dieser Stellungen für die ägyptische Zivilisation.

Abb. 24: Hieroglyphe „Mann in Anbetung".

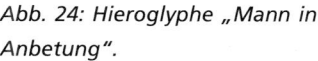

Daß diese typisch ägyptische Sitzposition über die rein körperliche Übung hinausreicht, wird auch durch die Arm- und Handhaltung deutlich – diese Sitzstellungen finden sich im Hieroglyphensystem oft in einem sakralen Zusammenhang.

Abb. 25: Hieroglyphe „Priester", hat auch die Bedeutung „rein".

Die Hieroglyphe „Priester, rein" (Abb. 25) wird auch als Bezeichnung für eine Priesterklasse gebraucht. „Der Begriff von Reinheit und Reinigung bezog sich im alten Ägypten vor allem auf das religiöse Umfeld. Der Mann, auf den sich der reinigende Wasserschwall aus dem rituellen Gefäß ergießt, ist in anbetender Haltung dargestellt. Wie ein Rebus bedeutet die Hieroglyphe in dem Nebeneinander von Gebet und Wasser, das jegliche Unreinheit mit sich fortnimmt, den Idealzustand von Reinheit und Hygiene, der mehr als alles andere dem Priester eigen ist", [4].

Reinigung und Reinheit

Die Verknüpfung von Wasser und Reinigung finden wir in sehr vielen Religionen und spirituellen Traditionen, die mit Ägypten in Beziehung stehen: bei den Essenern (als rituelle Waschungen), im Christentum (bei der Taufe), im Islam (vor dem Gebet) und in zahlreichen Varianten in Indien und Asien.

Diamantsitz und halber Diamantsitz mit Drehung und Vorbeuge

Eine weitere Hieroglyphe zeigt einen Mann mit einem erhobenen Arm, die andere Hand auf der Brust. Es ist mehr als nur eine körperliche Haltung; es ist gewissermaßen ein starker symbolischer Ausdruck einer inneren Haltung. Dieser Eindruck wird durch die Fäuste und die Drehung noch verstärkt. [35]

Abb. 26: Hieroglyphe „Mann, der sich auf die Brust schlägt".

In Zusammenhang mit dem geistigen Gehalt vieler Positionen erstaunt es nicht, wenn man häufig der Darstellung von Gottheiten im Diamantsitz begegnet. Dazu gehört das in Abb. 27 gezeigte Bild. Die Position – mit halber Kerzenhalterstellung der Arme, mit Fäusten und Drehung – steht im ägyptischen Hieroglyphensystem für das Wort „Jubel". Besondere Beachtung verdient die Fußstellung mit aufgestellten Zehen. Diese Position im (halben oder ganzen) Fersensitz ist typisch für Ägypten, im indisch geprägten Yoga aber weniger üblich. Unsere Füße, die uns ein Leben lang tragen, die uns helfen, standfest zu sein und zu ver-*stehen*, werden im allgemeinen zu wenig

Positionen mit geistigem Gehalt

---

[35] Die zu Fäusten geschlossenen Hände haben im (inneren) Kung-Fu die Funktion der Energiebündelung. Ähnlich ist es im ägyptischen Yoga.

beachtet. Die ägyptische Fußposition wirkt über Meridiane und Fußreflexzonen auf unseren ganzen Organismus (s. Abschnitt „Ägyptisches Yoga im Fersensitz", S. 251 f.).

Abb. 27: „Westliche Götter" mit Schakalkopf und Jubelgeste. Der el-Medina, Grab des Inherka, 20. Dynastie.

Die Drehung der Figuren auf den Abb. 21 und 27 wirkt besonders auf den Bereich von Lenden- und Halswirbelsäule. Drehungen tragen dazu bei, die verschiedenen Stockwerke der Wirbelsäule gewissermaßen zu entriegeln und Blockaden aufzuheben. Sie fördern dadurch besonders das Aufsteigen spiritueller Energie von der Wurzel der Wirbelsäule aus. Darauf beruht der Eindruck von Befreiung und erneuerter Energie, die man bei der Ausführung der Übung verspürt. Die Verknüpfung von körperlicher und energetisch/spiritueller Wirkung wird bei den verschiedenen Sitzhaltungen deutlich, die sehr oft auch im sakralen Kontext gebraucht werden. Dies veranschaulicht Abb. 28.

Blockaden lösen

Die dargestellte Person im halben Diamantsitz mit gedrehtem Rücken und zur Kerzenhalterstellung erhobenen Armen, symbolisiert die Ewigkeit. Sie ist umgeben vom Auge des Horus, vom Knoten der Isis und von den beiden Uräus-Schlangen.

Darüber stehen die Sonnenscheiben. Die Haltung drückt das Streben des Menschen nach Transzendenz aus, nach dem ewigen Königreich[36], das er mit unbewegtem Körper und Geist,

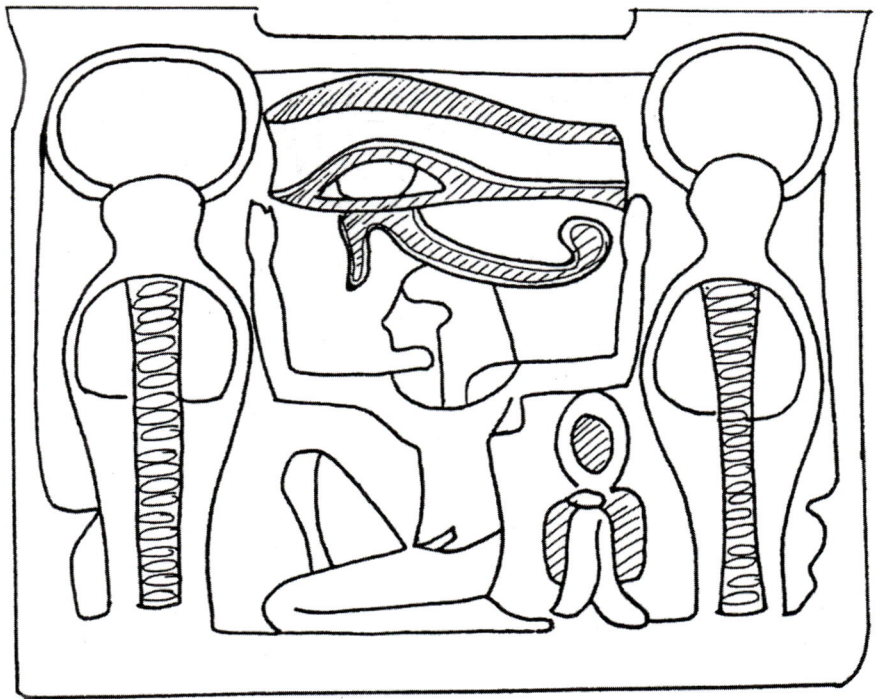

Abb. 28: Halb-Diamant. Schatzkammer von Tutanchamun, 18. Dynastie.

versunken in die Betrachtung seiner selbst, zu erreichen sucht. In der Verknüpfung von Körper und Geist, von profan und sakral, im Streben nach Erleuchtung haben wir Übereinstimmungen der ägyptischen mit der indischen Yoga-Methode und der grundlegenden Zielsetzung von beiden.

Streben nach Erleuchtung

---

[36] Die Suche nach dem inneren Königreich erinnert an *Shambhala*. Die Tibeter übersetzen *Shambhala* mit „Quelle des Glücks". Es ist ein verborgenes, reines Land, eine Art Paradies für jene, die sich auf dem geistigen Weg befinden. Laut den alten Texten bietet dieses Königreich alle Voraussetzungen für das Erreichen der Erleuchtung.

Gebetshaltungen mit Vorbeuge und Variationen

Diese Haltung, die auch als „Gefaltetes Blatt" (*supta vajrasana*) oder „Islamische Gebetshaltung" bezeichnet und zumeist mit der Stirn am Boden ausgeführt wird, drückt sowohl Demut als auch Verinnerlichung aus. Wir finden sie als Anbetungsgeste in Ägypten häufig mit aufgestellten Zehen, was eine zusätzliche Wirkung auf Energiefluß und Gehirnaktivität mit sich bringt. Diese Vorbeuge eignet sich in Verbindung mit sehr vielen mentalen Übungen und als Meditationsposition.

Abb. 29: Ägyptischer Fersensitz mit Vorbeuge. Grab von Merire I.

Die Atmung ist bei dieser Haltung von besonderer Bedeutung: Die Ausdehnung der Rippen nach außen fördert die Zwerchfellatmung. Da der Bauch sich nicht vorwölben kann, wird sich der Atem in Flanken und Rücken ausdehnen. Die Beweglichkeit der Rippen wird dadurch gefördert, die Rückenmuskulatur gelockert, die Eingeweide werden durch den erhöhten Druck massiert und damit zusätzlich die Peristaltik (Muskeltätigkeit) des Darms angeregt. Durch die Stimulierung des Rückens und der gedehnten Wirbelsäule können verstärkt Atemübungen ausgeführt werden. Dazu ein praktisches Beispiel: Mit der Einatmung wird das Bewußtsein entlang der Wirbelsäule nach oben bis zu den Halswirbeln oder bis zur Schädeldecke geführt, mir der Ausatmung von hier wieder nach unten bis zum Kreuzbein. Mit dem Ende der Ausatmung wird die innere und äußere Anus-(After-)Muskulatur angespannt, mit einsetzender Einatmung und Wanderung nach oben wird die Anspannung aufgelöst.

Günstige Wirkung auch für den Körper

Beachtenswert beim Fersensitz – auch ohne Vorbeuge – ist die Tatsache, daß diese Sitzhaltung mit aufgestellten Zehen für Frauen mit Beckenbodenbeschwerden empfohlen wird, da in dieser Stellung eine gewisse Spannung im Beckenboden erhalten bleibt.

Eine andere Variante der Gebetshaltung mit Vorbeuge erinnert an indische Vorstufen von Taube (*faktasana*) oder Kobra, auch hier wieder mit den ägyptisch aufgestellten Zehen des einen Fußes. Eine Statue Pharaos Ramses IX. zeigt ihn sowie auch die Priesterin Herouben in dieser Stellung.

*Abb. 30: Taube (**a**) und Kerzenhalterstellung (**b**) der ägyptischen Priesterin Herouben. Grabpapyrus der Herouben, ca. 1140–1090 v. Chr.*

a
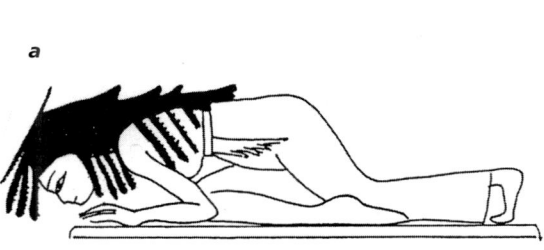

b

Bei der Gebetshaltung (Abb. 30b) sind beide Füße aufgestellt, die Arme sind erhoben zu einer Variante der Kerzenhalterstellung. Die Haltung mit doppelter Drehung der Wirbelsäule erfordert eine gewisse Anstrengung. Die körperliche und energetische Wirkung ist ähnlich wie bei den Drehhaltungen im halben Diamantsitz – allerdings noch verstärkt. Der Eindruck einer sakralen Haltung ist unübersehbar: Wieder zeigt sich die vertikale und die horizontale Daseinsebene, sowohl hinsichtlich der Position der Beine (horizontal) und Füße (vertikal) als auch in bezug auf die Arme und Hände (Oberarme horizontal, Unterarme und Hände vertikal). Zu der intensiven Verbindung mit der Erde aus der vorherigen Stellung (Abb. 30a) ist das Streben

······················

**Symbolik der
Handfläche**

nach oben hinzugekommen, aus der zunächst vorwiegend de-
mütigen Haltung ist eine erhebende Position geworden. Die
nach außen gerichteten Handinnenflächen können, symbolisch
betrachtet, Bedrohliches fernhalten und gleichzeitig Liebe empfangen oder aussenden.

Auf einem Sitz aufgerichtet

Jegliche Meditation erfordert den geraden Rücken. So wird das
Aufsteigen spiritueller Energie erleichtert. Auch manche fern-
östliche Yogis, wie Yogananda, empfehlen den an Stühle ge-
wöhnten Menschen eine Sitzposition auf einem Stuhl.

Sehr viele ägyptische Yoga-Übungen lassen sich auf einem
Stuhl ausführen. Das kommt unseren Gewohnheiten entgegen.
Damit ist auch äteren oder wenig beweglichen Menschen das
Üben möglich. Bei regelmäßiger Übung ist ein Erfolg sicher.

*Abb. 31: „Sitz", königlicher
Schreiber May und seine
Frau Meryt, Sängerin von
Amun. 19. Dynastie.*

Sitzhaltungen am Boden – wie „Lotus" und besonders der (halbe) Diamantsitz – waren in Ägypten wohlbekannt und wurden häufig und bei den verschiedensten Gelegenheiten eingenommen.

Dennoch ist die bevorzugte ägyptische Meditationshaltung die auf einem Sitz (Abb. 31, 42 und 43). Dabei wird der Rücken ganz gerade gehalten, die Hände liegen geöffnet oder als Fäuste auf den Knien. Die perfekte aufrechte Haltung ist charakteristisch für ägyptische Bilder und Statuen.

Bevorzugte ägyptische Meditationshaltung

Die Gesichter der Sitzenden in Abb. 31 erinnern an die lächelnden Gesichtszüge von Buddha. Sie drücken eine ruhige Verinnerlichung aus, eine heitere Gelassenheit und Ruhe, die vielleicht eine Begegnung mit dem Jenseits einschließt.

Gerade die aufrechte Haltung fehlt dem heutigen Menschen. Deformationen aufgrund schlechter Gewohnheiten in Verbindung mit einseitigen Belastungen und Berufen hinterlassen ihre Spuren im Körper. Doch sollte nicht vergessen werden, daß die „aufrechte Haltung" auch im übertragenen Sinn zu verstehen ist. Aufrecht und aufrichtig sind Einstellungen, die in der heutigen Zivilisation selten sind. Haben wir nicht einen Entwicklungsstand erreicht, der zwar äußerlich vieles bietet, doch zu innerer Verarmung geführt hat – ganz abgesehen von der schlechten körperlichen Haltung. Noch nie gab es dermaßen viele Krankheiten von Körper und Geist, noch nie war die Zahl der Ärzte und Psychiater so groß.

Es lohnt, darüber nachzusinnen, in welchem Ausmaß die äußere und die innere Aufrichtung miteinander in Wechselwirkung stehen. Gehen wir von einer solchen Beziehung aus und betrachten die aufrechte Haltung der Ägypter, dann kann von einer hohen Ethik im alten Ägypten ausgegangen werden. Der aufrechten Haltung begegnen wir nicht nur bei den Sitzpositionen, sondern genauso bei allen Übungen des ägyptischen Yoga. Unsere Zeit krankt an mangelnder innerer und äußerer Aufrichtung. Die Übungen des ägyptischen Yoga setzen gerade hier an: Sie helfen, unseren Körper wieder auf- und unseren Geist neu auszurichten.

Aufrichtung – ein Kennzeichen des ägyptischen Yoga

Kerzenhalter und KA

....
***Bewegung –
Konzentration –
Ruhe***

Ägyptisches Yoga enthält Haltungen mit unbewegtem Körper und konzentriertem Geist, die Ruhe und Frieden in der Meditation verschaffen – dazu zählen besonders manche der sitzenden Stellungen, aber auch einige der bereits dargestellten und auch im indischen Yoga bekannten Positionen. Außer den statischen Stellungen verdienen die ganzen Übungsfolgen, in denen sich bewegte und unbewegte Elemente abwechseln, besondere Beachtung. Auch hier sind Gegenwärtigkeit und Konzentration gefordert.

Bedenken wir das afrikanische Umfeld mit seiner Rhythmik und Symbolik[37] sowie die große Wahrscheinlichkeit, daß sich ägyptisches Yoga aus sakralen Bewegungs- und Tanzelementen heraus entwickelte, so erklärt dies die zentrale Bedeutung der Bewegung im ägyptischen Yoga.[38] Bewegungsfolgen wirken auf die Energiezirkulation und schulen die Konzentration in der Handlung (Bewegung). Babacar Khane betont besonders diesen Aspekt des ägyptischen Yoga.

Kerzenhalterstellung

Die charakteristische Haltung des ägyptischen Yoga ist die Kerzenhalterstellung und ihre KA-Variante. Kerzenhalter und KA sind nachweislich sehr alte Stellungen.

Das Alte Testament liefert uns ein indirektes Zeugnis zur Kerzenhalterstellung und zeigt, daß dieser Haltung eine sehr kraftvolle Wirkung zugeschrieben wurde. Im Verlauf der Schlacht gegen die Amalekiter erhebt Mose seine Arme (ver-

---

[37] Die Zivilisation der Dogons ist symbolisch geprägt: In jedem Gegenstand, jedem Ritus, jeder Geste, im sozialen und wirtschaftlichen Bereich, in der Spiritualität – in allem gilt weniger die Sache selbst, wesentlich ist das Symbol.

[38] Neben vielen anderen Beispielen verdeutlicht auch ein Relief aus dem Grab des Nenchefetka (Altes Reich, 5. Dynastie, um 2400 v. Chr., Ägyptisches Museum Kairo) solche Zusammenhänge (ohne Abbildung): Unter einer Gruppe von Musikanten tanzen junge Mädchen mit schlanken Körpern. Sie haben bauschige Röcke, die von zwei gekreuzten Trägern gehalten werden. Neben ihnen stehen zwei Frauen und schlagen den Takt.

mutlich zum Kerzenhalter) und macht sich damit zum Empfänger und Sender der göttlichen Energie.[39] Der Einfluß ritueller Vorstellungen und Praktiken ägyptischer Priester ist hier zu

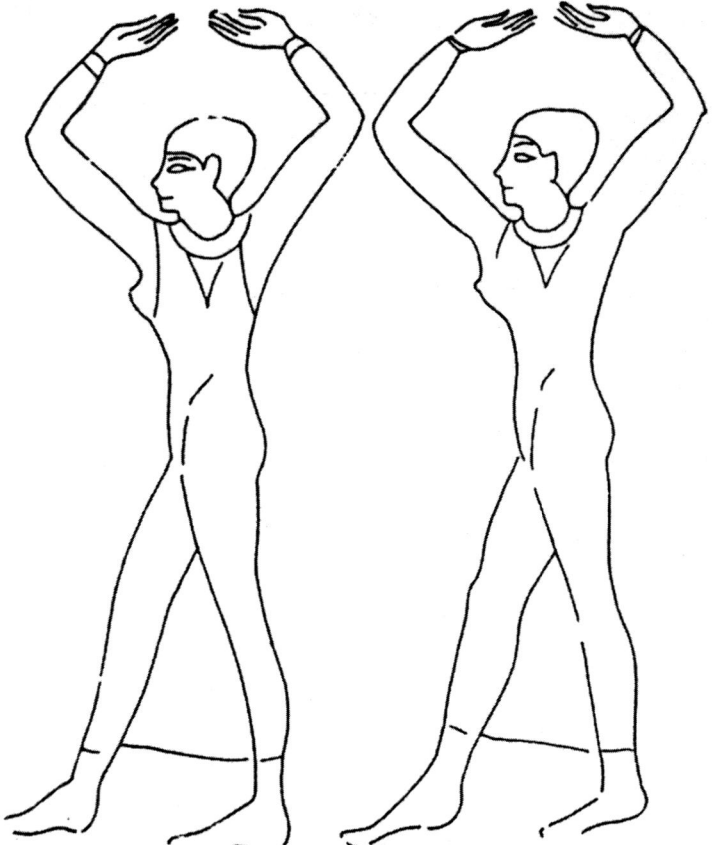

Abb. 32: „Rhythmischer Gang". Mastaba von Akhtihetep, Saqqara, ca. 2320 v. Chr.

---

[39] „Josua tat, wie ihm Mose aufgetragen hatte, und kämpfte gegen Amalek, während Mose, Aaron und Hur auf den Gipfel des Hügel stiegen. Solange Mose seine Hand erhoben hielt, war Israel stärker; sooft er aber die Hand sinken ließ, war Amalek stärker. Als dem Mose die Hände schwer wurden, holten sie einen Steinbrocken, schoben ihn unter Mose, und er setzte sich darauf. Aaron und Hur stützten seine Arme, der eine rechts, der andere links, sodaß seine Hände erhoben blieben, bis die Sonne unterging. So besiegte Josua mit scharfem Schwert Amalek und sein Heer", (AT, Exodus 17, 10–13).

erkennen. Mose war höchstwahrscheinlich ein in die ägyptischen Mysterien eingeweihter Ägypter und damit Überträger der ägyptischen Tradition auf das hebräische Volk. Noch bis heute lassen sich Elemente dieser ursprünglich ägyptischen Tradition im Juden- und Christentum erkennen.

Die Oberarme werden im Kerzenhalter waagrecht, die Unterarme senkrecht, die Hände auf verschiedene Weise gehalten. Die Dynamik der Haltung wird auch durch die Kombination mit der Schrittstellung der Beine ausgedrückt. Zahlreiche Szenen zeigen den „ägyptischen Gang".

Oft findet sich der Kerzenhalter im Zusammenhang mit Begräbnisstätten in der ägyptischen Ikonographie. Aber auch zahlreiche Hieroglyphen enthalten diese Armhaltung.

Abb. 33: Hieroglyphe „Mann mit erhobenen Armen" im „ägyptischen Gang".

Abb. 34: Triumphierender General Haremhab. Sein Grab in Sakkara, 18. Dynastie.

Auf physischer Ebene weitet die Kerzenhalterstellung den Brustraum und bewirkt damit eine Vertiefung und Ausdehnung des Atems. Der Rücken richtet sich auf und in Verbindung mit der Drehung können Wirbelsäulenprobleme gelindert oder sogar beseitigt werden. Auf dieser Grundlage der körperlichen Aufrichtung baut die Ausrichtung und Orientierung des Bewußtseins zu höheren Sphären auf. Deshalb wird der Kerzenhalter bei Ritualen und bei der Darstellung von ägyptischen Gottheiten verwendet.

Körperliche Aufrichtung – Grundlage zur Ausrichtung des Bewußtseins

Die von der Hieroglyphe dargestellte Haltung (Abb. 33) hat mehrere Bedeutungen: Die erhobenen Arme weisen auf Höhe hin, auf einen Punkt über dem eigenen Kopf in Richtung Himmel. Die Haltung drückt auch Freude und Triumph aus, wenn

Abb. 35: Anubis und zwei Verstorbene im ägyptischen Gang mit Kerzenhalterstellung. Osiris-Krypta; Louvre, Paris.

wir die Darstellung des Generals Haremhab (Abb. 34) betrachten oder an das Hochwerfen der Arme heutzutage nach einem Sieg im Sport denken.

....

Geste des Sieges und der Freude

Die Geste beinhaltete ursprünglich die Verbindung der Freude mit dem Gefühl von Leichtigkeit und der Sehnsucht nach dem Himmel. Daher findet sich diese Haltung in Szenen nach einem vorteilhaften Orakelspruch und besonders in Bildern, welche die Aufnahme ins Reich der Seligen nach dem göttlichen Gericht darstellen. Eine solche Szene zeigt den göttlichen Anubis mit dem Lebenssymbol, dem *anch* (Henkelkreuz, Abb. 35). Er begleitet die Verstorbenen in die Halle mit der Waage, auf der ihr Herz abgewogen wird. Es darf nicht schwerer sein als die Feder auf der anderen Waagschale. Danach führt Anubis die Toten durch die Tore der Unterwelt in die Zukunft.

Interessant ist bezüglich des Übergangs ins Jenseits mit der Kerzenhalterstellung, daß auch umgekehrt nach der Geburt (dem Wieder-Eintritt aus dem Jenseits ins Diesseits) kleine Kinder ihre Ärmchen nicht nach unten, sondern mit Fäusten in einer Art Kerzenhalter nach oben halten.

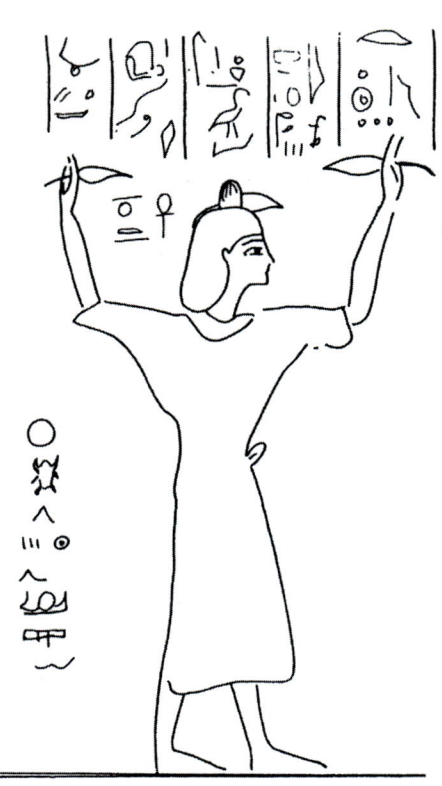

Abb. 36: Göttin Maat im „ägyptischen Gang", Arme in Kerzenhalterstellung. Begräbnispapyrus.

Maat ist ebenfalls im Hieroglyphensystem enthalten. Maat, die Herrin der Gerichtshalle, steht symbolisch für Gerechtigkeit und Wahrheit. Wie viele ägyptische Gottheiten ist sie eher eine Abstraktion, als eine richtige Göttin. Sie ist das Idealbild kosmischer Harmonie. Die Feder drückt die Leichtigkeit aus, die mit gerechtem Handeln und der Wahrheit verbunden ist. Dargestellt mit zum Kerzenhalter erhobenen Armen und zwei Federn (Abb. 36) drückt dies eine Harmonisierung der himmlischen und irdischen Energieströme aus (Vertikale, oben-unten) sowie das Gleichgewicht der beiden anderen großen Richtungen (Horizontale, rechts-links). Werden die beiden Hauptachsen miteinander verbunden, so erhalten wir das wohlbekannte Symbol des Kreuzes. Die Finger Maats sind zum Himmel gerichtet, während die Füße fest am Boden stehen – beide Pole sind miteinander verbunden. Maat sorgt für Ausgleich und Gleichgewicht. Wieder erkennen wir die Polaritäten des Ägyptischen, die sich durchaus mit dem fernöstlichen *yin / yang* vergleichen lassen. Darstellungen des Buddha weisen ebenfalls auf die Ausrichtung zum Himmel und zur Erde hin – dort wird dies beispielsweise durch die Fuß- und Handstellungen symbolisiert, die nach oben und unten weisen.

Kerzenhaltergeste der Harmonisierung

Abb. 37:
Hieroglyphe „Heh".

Heh, die Personifizierung der unzählbaren Menge (oft als Symbol für die ungezählten Jahre der Königsherrschaft zu verstehen), stellt eine göttliche Gestalt im halben Diamantsitz dar, die Arme sind zur Kerzenhalterstellung erhoben (Abb. 37). Die Position entspricht einer praktischen Übung im ägyptischen Yoga, der „Stellung der Millionen Jahre" (s. Abschnitt „Ägyptisches Yoga und halber Fersensitz", S. 255).

Die Kerzenhalterstellungen sind äußerst hilfreich bei der Aufrichtung des Rückens, und sie beeinflussen in günstiger Weise den natürlichen Atem. Diese Wirkungen werden noch verstärkt, wenn die Übungen dynamisch ausgeführt werden. Es handelt sich aber auch um Haltungen des Ausgleiches auf mentaler Ebene. Die Verbindung beider Aspekte – des physischen und des psychischen – ist sehr ägyptisch und kommt unserem Bedürfnis nach körperlichem und geistigem Wohlbefinden entgegen. Wie vielfältig sich die Stellung des Kerzenhalters und seiner Varianten praktisch anwenden läßt, zeigt seine Darstellung im Stehen (Abb. 32–36), in verschiedenen Sitzpositionen (Abb. 37) und anderen Haltungen, die im praktischen Teil behandelt werden.

Ausgleich und Wohlbefinden

KA-Haltung

Betrachtet man bei den verschiedenen Bildern außer der Gesamthaltung des Körpers auch die Armhaltung, so findet man verschiedene Varianten. Unterschiedliche Stellungen der Hände sind ebenfalls zu sehen. Die Hände sind wichtig für den energetischen Austausch zwischen dem Menschen und seiner Umgebung. In Fingern und Zehen liegen Endpunkte energetischer Bahnen (*nadis*). Manche Bewegungen oder Stellungen der Finger öffnen oder schließen diese Bahnen in Verbindung mit der Ein- und Ausatmung. Dieses Wissen der Ägypter kommt in den diversen Hand- und Fingerstellungen zum Ausdruck (zur Seite, nach oben oder nach vorn geöffnete Hände finden sich ebenso wie Fäuste und andere Gesten). Die sehr oft aufgestellten Zehen in Sitzhaltungen deuten in dieselbe Richtung. Verschiedene

Handhaltungen sind ein wesentlicher Teil der Praxis des ägyptischen Yoga.

Eine dieser Handstellungen, das KA-Zeichen, ist wie der Kerzenhalter ein bedeutendes ägyptisches Symbol. Sie stehen in engem Zusammenhang. Die beiden aufgerichteten Unterarme mit nach vorne geöffneten Händen bilden das KA-Zeichen. Bei den gezeigten Szenen begegneten wir schon mehrmals genau dieser Haltung.

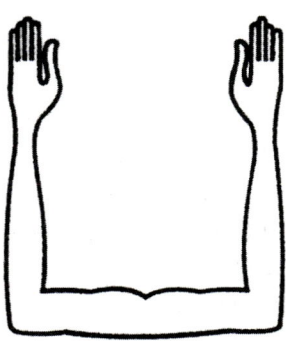

Abb. 38: Hieroglyphe für „Geist" – KA.

Schon sehr früh erscheint das Zeichen im Hieroglyphensystem. Es deutet auf eine besondere Geste hin, die vorwiegend in religiösem Zusammenhang verwendet wird. Die Arm- und Handhaltung des KA ist uns zum Teil noch aus der jüdisch-christlichen Tradition bekannt. In früheren Zeiten wurde das Evangelium in dieser Stellung verlesen; während der Segnung wird teilweise noch heute diese Geste eingenommen.

Die KA-Position ist auch unter den Bezeichnungen „Kreuz des Sieges", „Kreuz der Auferstehung" und „Kreuz des Friedens" bekannt. Es ist eine Geste der göttlichen Integration. In der frühen koptischen[40] Kunst und auf Bildern von Matthias Grünewald (geb. zwischen 1460 und 1480, gest. 1528) erscheint Christus in dieser Stellung der göttlichen Gegenwart. Im

Kreuz des Sieges

---

[40] Kopten: christliche Nachkommen der alten Ägypter mit arabischer Sprache und eigener Religion.

Gegensatz dazu finden wir die Mehrzahl aller Christusbilder mit seitlich ausgebreiteten Armen, dem Ausdruck von Leiden und Dualität. Die horizontal ausgestreckten Arme symbolisieren die irdische Daseinsform, in der alles polar ist und zwei Aspekte aufweist, von denen der eine nicht ohne den anderen existieren könnte. Die Türe ist gleichzeitig Ein- und Ausgang, wir kennen Dur und Moll, Mann und Frau, Ein- und Ausatmung. Wird eine Seite entfernt, so entfällt auch die andere. Ohne Einatmen, kann kein Ausatmen erfolgen und umgekehrt. Das Fehlen eines Poles macht das Ganze unmöglich. Diese Polarität auf der horizontalen, irdischen Ebene drückt sich in Ägypten z.B. durch die beiden Gebiete Ober- und Unterägypten aus.

In Ägypten verwendeten Priester und Priesterinnen verschiedene Haltungen (wie auch das KA), Bewegungen und heilige Tänze, um die göttliche Gegenwart auszudrücken. Sie selbst wurden als lebendige Erscheinungen der Götter angesehen. „Wir leben (heute) in einer Begriffswelt, die von Trennung beherrscht wird, in einer Welt der Spezialisten und Spezialisierungen. (...) Die Ägypter haben nie den Fehler gemacht, das rationale Denken über alles andere zu erheben. Das Schöne war ebenso wichtig wie das Rationale; das KA wurde von Schönheit genährt, die durch Klang und Bewegung zum Ausdruck gebracht wurde. Bewegung und Klang besaßen selbst eine geheime Kraft und waren Ausdruck der göttlichen Prinzipien", [25]. Im Praxisteil werden wir sehen, wie sehr Bewegung und Ausdruck das ägyptische Yoga prägen.

Zurück zum KA: Für das heutige Denken ist der Begriff des KA schwer zu fassen. Im alten Ägypten ordnete man der menschlichen Persönlichkeit mehrere verschiedene Aspekte zu wie die *ba* (Seele), den *chet* (Körper), den *schut* (Schatten), das *ib* (Herz), den *ren* (Namen), den *ach* (Geist) und den *ka*, den Doppelgänger oder die Lebenskraft einer Person. Gerade diese letzte Erscheinungsform wurde als unabhängiges Wesen verstanden, das dem Menschen innewohnte und ihm Schutz, Gesundheit und Reinheit verlieh. Der KA blieb auch nach seinem Tode mit dem Menschen verbunden.

B. Khane nennt Beispiele dafür, was KA alles bedeutete: Auf der individuellen Ebene heißt „zu seinem KA gehen" sterben, in ihrem Grab eingeschlossene Statuen waren „Statuen des KA", Begräbnisformeln richteten sich „ans KA des Verstorbenen." KA wurde als Reservoir vitaler Lebenskraft verstanden, von dem alles Leben kam, das es fortbestehen ließ und zu dem es nach dem Tod zurückkehrte.[41] Menschen und Götter besaßen dieses KA. In diesem Sinn ist KA nach B. Khane vergleichbar mit vitalen Kräften vieler schwarzafrikanischer Zivilisationen.[42]

KA – Reservoir vitaler Lebenskraft

Abb. 39: „KA des Pharao Auibra Hor". Holzstatue, Dahschur, Begräbniskomplex Amenemhets III., 13. Dynastie, um 1700 v. Chr.; Ägyptisches Museum Kairo.

---

[41] Die Ähnlichkeit mit dem ebenfalls schwer zu fassenden Begriff *prana* ist nicht zu übersehen.

[42] Die Vitalenergie spielt eine große Rolle in vielen schwarzafrikanischen Zivilisationen: als *muntu* der Bantus, *menebe* der Oule oder *nommo* der Dogons. Das *nommo* wird durch eine Person mit zum Kerzenhalter erhobenen Armen dargestellt. Die Nommo-Geste bezeichnet die Erlangung der für Menschen nötigen Vitalenergie.

Himmel und Erde verbinden

Die KA-Stellung bietet dem Menschen die Möglichkeit, vitale Energie zu bündeln und zu fassen, sich mit ihr zu verbinden. Die Haltung symbolisiert die Orientierung des Bewußtseins zu den höheren Sphären des Universums, sie diente den Ägyptern als Katalysator und Vermittler zwischen göttlicher und irdischer Welt. Indem der Priester die KA-Geste beim alljährlichen Erneuerungsritual der göttlichen Gegenwart ausführte, rief er das göttliche KA an und brachte es zum Niedersteigen auf die Statuen Gottes – in denen nach ägyptischer Auffassung die göttliche Präsenz (*neter*) weilte. „Während die gegenwärtige Priesterschaft in unserem Kulturkreis eine recht begrenzte Vorstellung über den möglichen Dialog zwischen dem Menschen und Gott hat, (...) hatten die Ägypter ein sehr großes Interesse am vollen Umfang des menschlichen Wesens und glaubten an zahlreiche Verständigungsmöglichkeiten zwischen Mensch und *neter*", [25].

Betrachtet man die Statue des Pharaos Auibra-Hor auf dem Hintergrund der Bedeutungen des KA, so wird die Symbolik eher verständlich. Der Pharao wurde nicht als König nach unseren Vorstellungen betrachtet, vielmehr galt er als Verkörperung eines Gottes. „Die Staatszeremonien sind nicht nur von politischer Relevanz, sondern haben auch eine esoterische Komponente. Es handelt sich um ein Ermächtigungsritual, durch das die Kraft des Horus auf den Pharao übertragen wurde", [25]. Das KA-Zeichen auf dem Kopf des Pharaos symbolisiert das Streben nach oben, das Ersehnen des Einströmens der höheren Energien. Bemerkenswert ist dabei die Tatsache, daß das KA-Zeichen den Kopf dort berührt, wo nach Yoga-Anschauung das siebente und höchste Chakra liegt, bekannt als *sahasrara* oder tausendblättriger Lotus.

Öffnung und Unterwerfung

KA, eine Gebetshaltung, die in vielen Kuluren und Epochen erscheint, ist eine Geste der Unterwerfung des Menschen unter das Prinzip der Ewigkeit einerseits und Geste der Öffnung für höhere Sphären des Universums andererseits. Wird diese Bedeutung der Kerzenhalter- und KA-Stellung bei der praktischen

Übung bedacht, so gewinnt sie einen Aspekt, der weit über rein körperliches Üben hinausreicht. Allerdings dürfen die Körperübungen keinesfalls unterschätzt werden, da gerade sie – als irdischer Pol – Basis und Auslöser zur Ausrichtung auf geistige Aspekte sind. Häufig wird bei körperlicher Übung und Haltung durch die Aufrichtung der Wirbelsäule zugleich das Innere aufgerichtet und die Haltung nicht nur des Körpers verbessert.

Jede (Yoga-)Position bringt auch eine psychische Haltung zum Ausdruck und transportiert auf diese Weise eine Symbolik, die sich auf das Innere auswirkt. Es besteht somit die Möglichkeit, über eine Änderung der Körperhaltung dem Inneren einen Anstoß zur Veränderung zu geben. (Beispiel: Mit eingezogenem Genick und nach vorn gerichteten Schultern sind Offenheit und Zuversicht nahezu unmöglich – gegen diese Fehlhaltung hilft die aufgerichtete Körperhaltung). Eine andere Vorgehensweise arbeitet primär mit dem Inneren. Der Ausdruck nach außen wird sich dann als Folge der inneren Veränderung wandeln.

Zusammenhang von äußerer und innerer Haltung

Symbolische Verbindungen
Sema-taui

Nachfolgend wird ein Blick auf die ägyptische Symbolik geworfen, die eindeutig mit Yoga in Zusammenhang steht. Viele Verbindungen können hier nur angedeutet werden, da eine ausführliche Behandlung der Symbolik den Rahmen dieses Buches sprengen würde, das lediglich einen ersten Eindruck von ägyptischem Yoga und seinen Hintergründen geben soll.

Die zweifache Bedeutungsebene ist typisch für alles Ägyptische. Dieses Kapitel steht daher zwischen den Teilen über Theorie und Praxis des ägyptischen Yoga und soll beide miteinander verbinden.

Im Indus-Tal und in Ägypten erscheinen im 2./3. Jahrtausend v. Chr. Haltungen und viele Symbole, die aus dem späterem Tantrismus und aus der Alchemie bekannt sind.

In Ägypten treffen die drei Kontinente Afrika, Asien und Europa aufeinander. So wie das alte Wissen der Menschheit heute oft nur noch unvollständig oder lückenhaft in Religionen oder in verschiedenen Lehren zerstreut vorhanden ist, wurden nach der Ermordung des Osiris seine Körperteile über Ägypten verteilt. Isis sucht die Teile und setzt sie zu einem neuen Osiris zusammen. In ähnlicher Weise können die ägyptischen Symbole und die Betrachtung Ägyptens mit all seinen Bauwerken, Schriften und Lehren zu einem Vereinen des Menschheitswissens beitragen. Allein schon die geographische Lage Ägyptens drückt dies aus.

Zerteilen, reinigen und wieder zusammensetzen erinnern an die Verfahren der Alchemie, deren Ursprung in Ägypten liegt. Alchimistisches Wissen wurde von Priestern und Pharaonen bewahrt und durfte nicht nach außen getragen werden. Entgegen weit verbreiteten banalen Vorstellungen geht es bei der alchimistischen Arbeit in erster Linie um Reinigung und Verwandlung des Menschen selbst und erst an zweiter Stelle um die Veränderung materieller Stoffe.

Bedenkt man das historische Zusammentreffen von den Anfängen der Alchemie und den Abbildungen von Yoga-Stellungen, drängt sich der Schluß auf, daß beide die Verwandlung des Menschen, die Entwicklung zum Geistigen, zum „ganzen Menschen" anstreben. Dies ist auch das Ziel der indisch geprägten Yoga-Methode.

Es wurde bereits darauf hingewiesen, daß Yoga im wörtlichen Sinn „vereinigen, verbinden" bedeutet. Im Osiris-Mythos[43], in der Alchemie und auch im tantrischen Verständnis geht es um die Vereinigung des Getrennten und um das Zusammenführen der Pole zur Einheit. Vor einem solchen Schritt muß das Alte sterben, ein Weg nach unten beschritten werden. Erst

Getrenntes Vereinigen

---

[43] Osiris wird auch der „große Schwarze" genannt. Schwarz geht in der Alchemie den anderen Farben voran und kann Verwesung oder Fäulnis bedeuten, die Auslöser für neues Leben und für neue Farben darstellen. Der alte Mensch muß sterben, um Wiedergeburt und Verwandlung zu ermöglichen.

danach kann der Aufstieg, die Wieder-Aufrichtung erfolgen. Das Herstellen von Einheit zwischen oben und unten, zwischen Himmel und Erde ist wesentlich in allem Ägyptischen. Die klare Aufrichtung bildet die Verbindung von oben und unten. Das erklärt die zentrale Stellung der Aufrichtung in Symbolen, Bauwerken und bildlichen Darstellungen in der ägyptischen Kultur. Wenn wir Statuen, Kolosse, Bilder oder Reliefs betrachten, so erstaunt uns überall die aufrechte Position der dargestellten Menschen oder Gottheiten. Auch bei Bauwerken und Symbolen, wie Obelisk, Pylon und Säule, bei Djed-Pfeiler und Pyramide sucht alles in exakter Aufrichtung die Verbindung zwischen oben und unten. Daß Aufrichtung daher auch ein wesentlicher Aspekt des ägyptischen Yoga sein muß, ist offensichtlich. Dabei geht es um physische und psychische Aufrichtung und um die Verbindung der entgegengesetzten (vertikalen und horizontalen) Pole.

Aufrichtung stellt Verbindung her

Betrachtet man Isis und Osiris als Repräsentanten des weiblichen und männlichen Prinzips (im Tantra entsprechen ihnen in vielerlei Hinsicht Shiva und Shakti), die Gegenpole von Sonne und Mond, aktiv und passiv, Himmel und Erde – fortwährend stößt man auf die Zweipoligkeit in der pharaonischen wie in der alchemistischen Symbolik. Wie die Alchemie und die spirituelle Macht des Pharao, beruht auch Yoga auf Harmonisierung dieser beiden Kräfte. Die Rückkehr zur Einheit (1-heit) geschieht durch die Vereinigung und Auflösung der Gegensätze, der Zweiheit (2-heit, 2-fel).

Ein-heit und Zwei-heit

Sehr deutlich wird dieses Prinzip in der Genesis, deren Wurzeln zum Teil auch im alten Ägypten zu finden sind. Im Garten Eden herrscht Frieden und Ganzheit, bis sich durch die Erkenntnis – nicht Erschaffung! – von Gut und Böse die Einheit in die Zweiheit aufspaltet. Die Einheit oder Verschmelzung der Gegensätze hat sich aufgelöst. Das Paradies wurde verlassen und der Mensch ist sündig im Sinne von polar. Von diesem Zeitpunkt an geht alles Streben des Menschen zurück zur Vereinigung der Gegensätze.

In der ägyptischen Symbolik zeigt sich dieses Yoga-Streben, das Streben nach Vereinigung sehr deutlich. „Der Pharao als oberster Träger des Bewußtseins hat sich mit solchen Gegen-Kräften auseinanderzusetzen und sie letztlich auszuhalten, in sich zu vereinigen. Der König, das Urbild des ganzheitlichen („individualisierten") Menschen, ist Horus und Seth zugleich. In der Sprache der analytischen Psychologie würde das heute bedeuten: Er hat seinen Schatten, seine dunkle Hälfte integriert", [10].

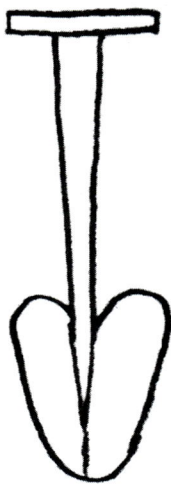

Abb. 40: Hieroglyphe sma („Lunge mit Luftröhre").

Hieroglyphen und Sanskrit

Die Hieroglyphe *sma* (Abb. 40) bedeutet nichts anderes wie die Yoga-Sanskrit-Wurzel *yug*, nämlich „vereinigen, verbinden". Der in westlichen Yoga-Schulen sehr oft verwendete Ausdruck Hatha-Yoga (der fälschlicherweise zumeist nur für eine auf das Körperliche reduzierte Übungsweise gebraucht wird) hat ebenfalls eine grundsätzliche Entsprechung im Ägyptischen. Sie besteht zwischen dem indischen Begriff *hatha* (Einheit von Sonne = *ha* und Mond = *tha*) und dem ägyptischen *sema-taui* (sma = vereinigen, *taui* = beide Erden).

Historisch und geographisch wird die Vereinigung der beiden Länder und Kronen Ober- und Unterägyptens zu einem gemeinsamen Staat dem Menes zugeschrieben (um 2900 v. Chr.), der zugleich als erster König der ersten Dynastie gilt. Bei der Inthronisation jedes Pharaos wurde dieser Vereinigung gedacht.

Symbolisch ist die Vereinigung der „beiden Erden" ebenfalls von Bedeutung. Die Hieroglyphe *sma* bezeichnet die Lungen mit der Luftröhre, steht also in engem Zusammenhang mit dem Atem. Bemerkenswerterweise begegnet sie uns bei vielen Statuen der Pharaonen auf dem Thron als Flachrelief des *sema-taui*, der „Vereinigung der beiden Länder" (Abb. 42–44). Es sind entweder die Wappenpflanzen mit der Hieroglyphe *sma* (Abb. 40) oder aber zwittergestaltige Nil-Götter (Abb. 43–44) dargestellt, von denen jeder Teil die Gaben einer Hälfte des ägyptischen Landes verkörpert. Um die Hieroglyphe der Vereinigung schlingen sie die Wappenpflanzen der beiden Länder: Papyrus für den Nil im Norden (Unterägypten) und Lotus oder Lilie für den Nil im Süden (Oberägypten).[44]

> **Vereinigung der beiden Länder**

Auf jeder Seite des Thronsessels der Chephren-Statue (Abb. 42) ist das Motiv *sema-taui* als Relief vorhanden, eine kunstvolle Verbindung des Zeichens *sema* (Vereinigung) mit den heraldischen Pflanzen Ober- und Unterägyptens. Von vorn betrachtet schweift der Blick des Königs weit über den Betrachter hinweg. Von der Seite gesehen entdeckt man hinter dem Kopfschmuck des Gottkönigs den Horus-Falken, das Bild des Himmelsgottes, dessen Schwingen das Haupt des Königs schützend umschließen. Der Kopf des Falken überragt den der Statue leicht, bleibt aber von vorn unsichtbar. Dies zeigt die Beziehung zwischen Gott und König: Der König ist irdischer, sichtbarer Vertreter, Bild Gottes, der sich in der Person des Königs mani-

---

[44] Anstelle von Nil-Göttern finden sich auch Seth und Horus (Abb. 43–44). Über dem Symbol findet sich eine Königskartusche mit den Namen des Königs und den Beinamen der Gottheiten.

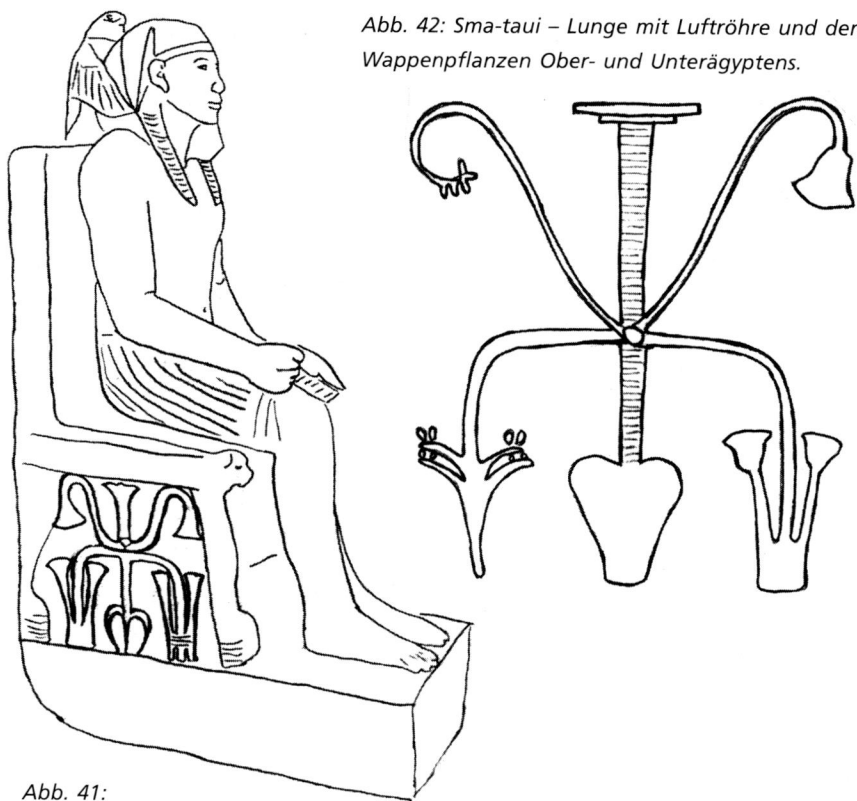

Abb. 42: Sma-taui – Lunge mit Luftröhre und den Wappenpflanzen Ober- und Unterägyptens.

Abb. 41:
Statue des Königs Chefren mit Sema-taui-Relief. Altes Reich, 4. Dynastie, ca. 2540–2505 v. Chr.; Ägyptisches Museum Kairo.

festiert.[45] Die symbolische Verknüpfung von Falke und Pharao, von Gott und Mensch kommt auch in den Adlerübungen zum Ausdruck. Der Blick des Pharaos deutet über die weltliche Macht hinaus. Er ist nicht nur der Herrscher über die beiden Länder, sondern hat über die Meisterschaft des Atems auch das innere Königreich erreicht.

---

[45] Im Grab des Tutanchamun (Theben, Tal der Könige, Neues Reich, 18. Dynastie, 1347-1337 v. Chr., Ägyptisches Museum Kairo) wurde ein 70cm hoher Parfümbehälter aus Alabaster, Elfenbein und Gold entdeckt, der in Form des Vereinigungssymbols gestaltet ist.

Die Bedeutung des Atems war den Ägyptern bekannt, was zahlreiche weitere Atemsymbole belegen. Höchstwahrscheinlich enthielten die ägyptischen Einweihungsriten Atemtechniken. Der Atem ist ein Abbild der Dualität, über dessen Meisterung auch der indische Yogi mit seinen Pranayama-Techniken (s. Abschnitt „Yoga im klassischen Sinn", S. 31 f.) die Einheit zu erreichen sucht. Im Einatmen ist schon die Ausatmung bedingt und umgekehrt, so die Bhagavadgita. Das Yin-Yang-Symbol drückt dasselbe aus.

Atem und Einheit

Das *sema-taui* findet sich auf dem Thron vieler Statuen, so beispielsweise auch bei den Kalksteinstatuen von Sesostris I. (Abb. 43). Hier finden wir das *sema-taui* mit der Hieroglyphe *sma* wieder umgeben von den Wappenpflanzen Ober- und Unterägyptens. Hinzu kommen, wie es bei anderen Statuen ebenfalls häufig der Fall ist, zwittergestaltige Nil-Götter, die die Wappenpflanzen um die Hieroglyphe der Vereinigung schlingen.

Die Vereinigung der Gegensätze spiegelt sich in der gemeinsamen Darstellung der gegensätzlichen Gestalten Seth und Horus. Horus ist der Sohn des Osiris. Osiris wurde von Seth ermordet. Weiteres Symbol für die Verbindung der Gegenpole ist die Androgynie (Zweigeschlechtlichkeit) der Nil-Götter, Symbol für die innere Einheit, für die mystische Hochzeit, die auch in der Alchemie und im Tantrismus angestrebt wird.[46]

Androgyne Nil-götter

Die Einheit zeigt sich auch in der Verbindung der beiden unterschiedlichen Länder, Oberägypten (Wappenpflanze Lotus, trocken, rote Erde, Wüste, Sonne) und Unterägypten (Wappenpflanze Papyrus, feucht, fruchtbar, weiß, Mond). Die beiden gegensätzlichen Länder und Ströme, Ober- und Unterlauf des Nils, sind in der Symbolik vereint. Sie stehen in Verbindung mit der Atmung (*pranayama*), mit aufrechter Haltung, mit dem Schlangensymbol an der Stirn der Pharaonen, mit den negativen

---

[46] In der Genesis begegnet uns Adam vor der Trennung in die Zweiheit ebenfalls als androgynes Wesen.

und positiven Energieströmen in der Wirbelsäule (*ida* und *pingala*), also mit der „Schlangenkraft" (*kundalini*).

In ähnlicher Weise drückt auch die Doppelkrone in umgekehrter Symbolik die Vereinigung der Gegensätze aus: „Der

Abb. 43: Statue des Sesostris I. Mittleres Reich, 12. Dynastie, 1971-1929 v. Chr.; Ägyptisches Museum Kairo.

Weise folgt dem vom Kosmos gezeigten Weg und muß in sich
den Widerspruch der beiden entgegengesetzten Kräfte bezwin-
gen, die durch Horus und Seth oder durch Osiris und Seth symbolisiert werden. Im Hinzufügen der Feuerkrone (Oberägyptens) zu den feuchten Erden (Unterägyptens) und der
Mondkrone (Unterägyptens) zu den Feuererden (Oberägyptens)
bedeutet das alte Ägypten, daß der Pharao jenseits des Dualis-
mus stand. (...) Er hatte die Kräfte der Trennung überschritten
und die innere Einheit verwirklicht", [18].

Innere Einheit

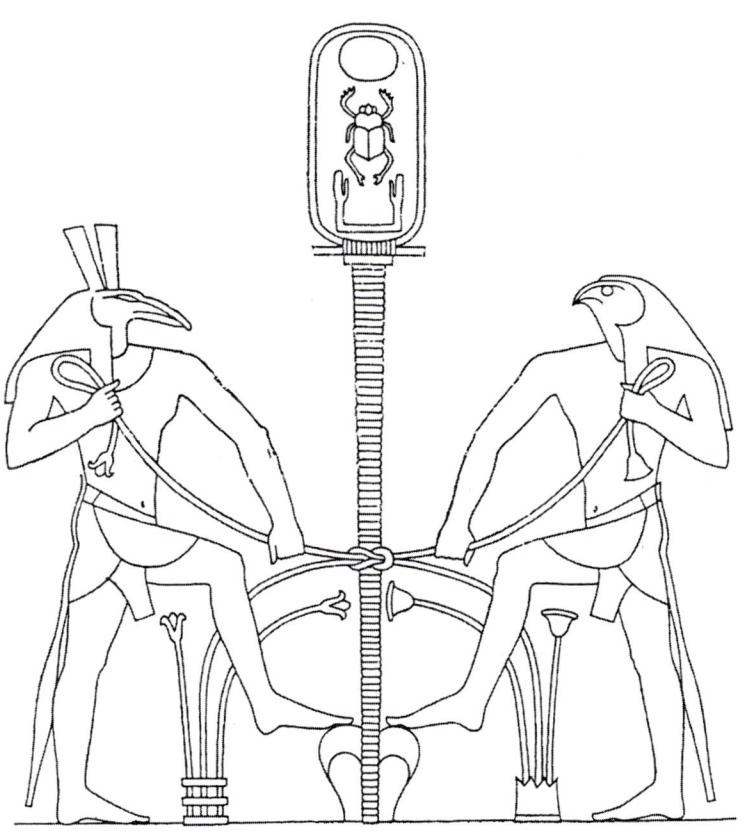

*Abb. 44: Seth und Horus verknüpfen die Wappenpflanzen Ober- und
Unterägyptens.*

Auch die Haltung der „Himmelshebung" (Stellung „Himmel-Tragen", S. 157) wird manchmal mit dem Symbol der Einheit der beiden Erden im Zusammenhang gebracht. Wir finden solche Stellungen z.B. auf dem Tierkreis von Dendera. Die Haltung drückt die Dualität des Menschen aus und seine Rolle als Mittler und Vereiniger zwischen den Polen Himmel und Erde. Wie der Pharao unter der Doppelkrone die beiden Pole von Ägypten und die beiden Pole des inneren Königreichs vereint, vereint und harmonisiert auch der Yogi die beiden Pole seines inneren Wesens.

Djed-Pfeiler

Im Zusammenhang mit den genannten Energieströmen der Schlangenkraft ist ein weiteres Symbol von Bedeutung, das auch zu den Hieroglyphen gehört: der Djed-Pfeiler. Seine ursprüngliche Bedeutung als prähistorischer Fetisch ist nicht restlos geklärt. Vermutlich spielte er bei ländlichen Fruchtbarkeitsriten eine Rolle als Machtzeichen. Der Mensch hatte die Dimension des Aufrechten entdeckt und errichtete entsprechende Kultmale, zu denen Djed-Pfeiler und Obelisk zählen, genauso wie phallische Gegenstände oder Kulte vieler archaischer Kulturen diese vertikale Dimension ausdrücken. Bei manchen Festen wurde der Djed-Pfeiler aufgerichtet. Dies symbolisierte die Wiedergeburt des Osiris und die Erneuerung seiner Kräfte, die auf den Pharao als Verkörperung des Göttlichen überging.

Vertikalität – das Aufrechte

Seit dem Beginn des Neuen Reiches wurde der Djed-Pfeiler als Rückgrat des Osiris gedeutet. Nicht zu übersehen ist seine Ähnlichkeit mit der Hieroglyphe „Rückseite, Rücken" (Abb. 47).

Der Djed-Pfeiler ist ein Ausdruck für das Aufrechte, für Unvergänglichkeit und Macht. Das Aufrechte hat mit der Wirbelsäule und dem Bewußtsein des Menschen zu tun. Damit ist auch die Verbindung mit aufsteigenden Energien gegeben. In Einklang mit den geistigen Gesetzen gebracht, kann diese vertikale aufsteigende (Kundalini-)Kraft gemeistert und gelenkt eingesetzt werden.

Daß eine Parallele zu der (besonders aus dem indischen Yoga bekannten) *kundalini* besteht, zeigen das Schlangensymbol an der Stirn des Pharaos (Abb. 51, S. 151) und die Hände des Osiris-Djed-Pfeilers auf Herzhöhe. Auch die Anordnung des KA am Scheitelpunkt des Königs Auibra Hor (Abb. 39) oder der Sonnenscheibe auf dem Scheitel von Götterdarstellungen (z.B. bei Tefnut, Sachmet, Hathor oder der Skorpiongöttin – Abb. 12) weisen in diese Richtung. Alle drei Punkte sind als Chakras bekannte Energiezentren (*anahata* auf Herzhöhe, *ajna* an der Stirn, *sahasrara* am Scheitel). Außerdem steht das Aufsteigen der Schlangenkraft in Beziehung zur Aufrichtung der Wirbelsäule.

Betrachten wir beides gleichzeitig, Aufrichtung und die Einheit beider Länder, so haben wir mit den zwei Ländern die horizontale Ebene, mit der Aufrichtung die vertikale. Beides sind Polaritäten, die gemeinsam dargestellt ein Kreuz ergeben,

Kundalini

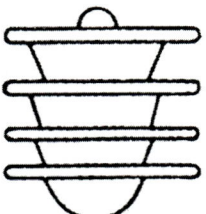

Abb. 47: Hieroglyphe „Rückseite, Rücken, Rückenwirbel".

Abb. 45: Djed-Pfeiler und Hieroglyphe „Djed".

Abb. 46: Djed-Pfeiler als Wirbelsäule des Osiris.

an dessen Schnittpunkt (der beiden Linien Vertikale und Horizontale) der Mensch steht. „Der Mensch muß sein Kreuz tragen." Er ist Mittler, sowohl zwischen den irdischen Gegensätzen, als auch zwischen dem geistig-göttlichen und dem irdischen Pol. Gelingt ihm diese doppelte Verbindung, erreicht er die Einheit, so ist er in die Fußstapfen des wahren Pharao getreten. Oder im christlichen Sinne ausgedrückt: Er hat die „Nachfolge Christi" angetreten.[47]

In diesen Zusammenhang gehört noch ein weiteres Symbol: das Dreieck. „Das Dreieck ist die erste geometrisch mögliche Fläche. Gleichzeitig versinnbildlicht es die Dreifaltigkeit, Ausdruck der höchsten Intelligenz. Der alchimistischen Bildschrift zufolge ist das Dreieck mit nach oben weisender Spitze das Symbol des Feuers. Das Feuer versinnbildlicht den Geist, der alles Lebende beseelt. Das Feuer des Himmels erschreckt, das Feuer des Geistes erhebt, das Feuer des Herzens erquickt, das Feuer des Rituals leitet", [24].

Damit sind wir schon sehr nahe bei einem weiteren ägyptischen Symbol, bei der Pyramide. „Der Knotenpunkt, in dem sich die vier dreieckigen Flächen der Pyramide einen, versinn-

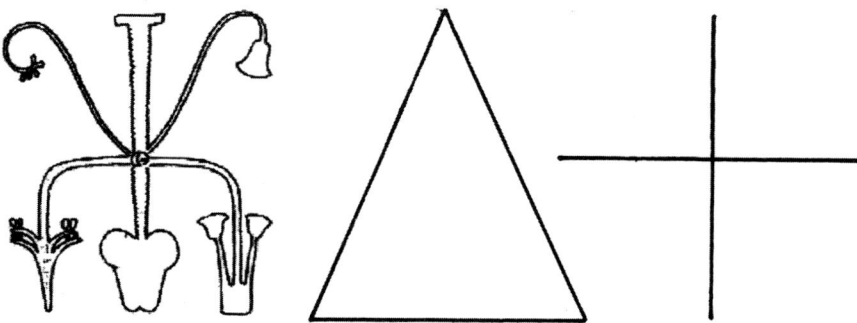

Abb. 48: Sema-taui – Dreieck – Kreuz

---

[47] Wir erinnern uns an das Kreuz des Leidens (s. S. 98, Ü8b, S. 154) und an das Kreuz des Sieges (s. S. 97, KA, Ü8a, S. 145).

bildlicht den Aufstieg zur Vollkommenheit, der nur über die Erforschung der raumzeitlichen Welt unternommen werden kann, eine Welt der vier Himmelsrichtungen, in welcher die Dualität wirkt, die sich in der Harmonie, symbolisch der Spitze, auflöst", [24]. An der Spitze des Dreiecks liegt die Einheit (1-heit), die sich mit dem Abstieg in die Polarität (2-heit) spaltet. Die Basis des Dreiecks stellt unsere Welt der irdischen Polaritäten dar, die den beiden Ländern Unter- und Oberägypten entspricht.

Je mehr wir uns nach dem verlorenen Paradies der Ein-heit zurücksehnen, desto mehr werden wir uns aufrichten und erkennen, daß beide Pole dieser Ein-heit entstammen. Wir müssen beide Seiten annehmen, uns aufrichten und wieder durchatmen. Im Atem, so wußten die alten Ägypter, liegt eine Möglichkeit, sich zu erheben, denn der Atem ist nicht nur ein Gemisch aus diversen Gasen, sondern der lebensspendende Odem, wie uns die Genesis erzählt. Nehmen wir diese Zusammenhänge und betrachten nochmals den aufrecht sitzenden Pharao auf dem Symbol des Atems und der Einheit, so wird Streben und Ziel des ägyptischen Yoga auf symbolische Weise verständlich.

Atem – Aufrichtung – Einheit

Praxis des ägyptischen Yoga

**Gesundheit
und spirituelles
Erwachen**

Ägyptisches Yoga ist eine Technik, deren Ziele Gesundheit und spirituelles Erwachen sind. Dieser Zusammenhang wird in Ägypten sehr häufig symbolisch ausgedrückt. Die allgegenwärtige Durchdringung mit Symbolen zeigt beispielsweise der Tempel von Luxor. R.A. Schwaller de Lubicz „(…) folgerte, 'daß der Tempel von Luxor unbestritten dem menschlichen Mikrokosmos gewidmet ist. Diese Widmung ist nicht nur eine einfache beigelegte Eigenschaft; der ganze Tempel wird zu einem Buch, das die geheimen Funktionen der Organe und Nervenzentren erläutert'", [25].

Überall begegnen wir der ägyptischen Symbolik. Sie erscheint uns auch in den praktischen Übungen. Symbolische Stellungen wirken auf den emotionalen Bereich und auf den des Denkens – und das bedeutet Wachstum.

Yoga-Übungen werden im Westen hauptsächlich wegen ihrer ausgezeichneten gesundheitlichen Wirkungen durchgeführt. Körperliche Gesundheit ist aber nur ein Teilziel des Yoga-Weges, gewissermaßen ein sehr wichtiges Nebenprodukt. Körperübungen des Yoga schaffen Selbsterfahrung und erhellen jene Bereiche, die noch nicht bewußt sind. So kann es durchaus geschehen, daß bei oder nach bestimmten Übungen, an bestimmten Körperstellen ein unangenehmes Gefühl oder gar Schmerz auftritt. Man vermutet dann meist, der Auslöser sei eine „unbekömmliche Übung". Dies ist bei unsachgemäßem, leistungsorientierten Vorgehen zwar möglich, doch gibt es auch noch eine andere Erklärung: Durch die Beschäftigung mit einer bestimmten Körperregion, ist eine verborgene Disharmonie, eine Krankheit oder eine Schwachstelle an die Oberfläche getreten und bewußt wahrgenommen worden. Es kann sogar sein, daß mit dieser Stelle ein psychisches Problem in Verbindung steht – denken wir z.B. an kindliche Erfahrungen mit gewaltsamer Sexualität, die bei der Beckenbodengymnastik in unser Bewußtsein gehoben werden können. Wir sehen, daß die Beschäftigung mit dem Körper sehr wohl auf unsere Psyche einwirken kann, daß wir mit körperlichen Übungen durchaus unserem

**Selbsterfahrung
duch Yoga**

Wesen näherkommen können. Es geht um einen Ganzwer-
dungsprozeß des Menschen.

Der Wirkungsgrad der Übungen hängt von der Weise ihrer
Durchführung ab. Yoga kann nicht schnell oder rein körperlich
ausgeübt werden. Körperliche, gefühlsmäßige und gedankliche
Konzentration sind nötig. Jede Heilung im Sinne von Ganzwerdung setzt die Änderung der Bewußtseinshaltung voraus. Je
stärker der Wunsch nach Heilung und Besserung, je mehr die
Übung auf Leistung zielt, um so vergeblicher wird sie sein.
Willensanstrengung ist die häufigste Ursache von Verspannungen und verhindert damit den „Erfolg" der Übung. Das rechte
Üben besteht im Lernen des Zulassens und Werden-Lassens des
natürlichen Atems, der rechten Muskelspannung, der Körper-
und Bewußtseinshaltung ohne vorbestimmte Absicht.[48]

Lassen statt leisten

Das eigene Bewußtsein ist pausenlos mit Fremdeindrücken
von der Außenwelt oder mit Zwängen aus dem eigenen Unbewußten beschäftigt, sodaß kein freier Raum entstehen kann, um
selbst und bewußt zu sein. Durch das Üben kann bewußt werden, daß jeder Augenblick des Lebens wertvoll ist. Leben bedeutet Chance. Je größer die Schwierigkeiten, umso bedeuten-
der sind auch die Gelegenheiten zu reifen, bewußter und
schließlich selbst-bewußter zu werden. Genauso wie wir uns
zwar ein Bett kaufen können, nicht aber den Schlaf, ist es sehr
wohl möglich, die Übungsabläufe zu erlernen, doch die inneren
Erkenntnisse können wir nicht trainieren, sie werden uns ge-
schenkt – denn wer sucht, der wird finden. Weisheit ist auf
Wissen gegründet und entspringt unmittelbarem Erleben und
Verständnis.

Schwierigkeit als Chance

---

[48] Absicht bedeutet, wörtlich genommen, das Absehen von der erwarteten Sicht.
Absichtslosigkeit ist das Zulassen der Sicht und gewährt damit Ein-Sicht. Einsicht
ist die Sicht in innere Zusammenhänge.

Hinweise zu Übung und Wirkung des ägyptischen Yoga

Zusammengesunken im Sessel suchen wir westliche Menschen des 20. Jahrhunderts Entspannung, die aufgerichtete und feste Haltung ist uns zu anstrengend. Im Innern nehmen wir dieselbe Haltung ein. Infolge einer lange gewohnten schlechten (Fehl-) Haltung entstehen Dauer-Muskelkontraktionen, die den früheren Schwung bremsen. Der Rücken rundet sich, der Brustkorb wird zusammengedrückt – es entsteht Angst, ausreichend Luft zu bekommen. Zur schlechten Haltung kommt eine Fehlatmung hinzu. Die Energiezirkulation wird beeinträchtigt, die Vitalität ist vermindert – wir fühlen uns nicht mehr wohl in unserer Haut, werden ruhelos und sind gleichzeitig müde. Depressiven Zuständen sind Tür und Tor geöffnet.

······················
Probleme mit der Haltung

Mehr als in anderen Epochen, besteht in der heutigen hektischen Zeit ein großes Bedürfnis nach Ruhe, nach Entspannung und innerer Sammlung (Konzentration). Inmitten einer veräußerlichten Welt wächst das Bedürfnis nach Sinnfindung. In uns ist die Sehnsucht nach der Meisterschaft über uns selbst und nach einem neuen Bewußtsein. Einen Weg, der für den heutigen Menschen gangbar ist, können wir in der ägyptischen Yoga-Methode finden.

Suche nach Sinn

Vorgehensweise – Zeit – Rhythmus – Ort

Die vorgestellten praktischen Übungen sind ein kleiner Teil der möglichen ägyptischen Yoga-Übungen. Ist das Grundprinzip der Übungsweise – insbesonders des Adlers – erst einmal klar, so ist es nicht mehr unbedingt erforderlich, die Übungen in der dargestellten Reihenfolge zu üben. Die in diesem Buch angebotenen Übungen des ägyptischen Yoga sind nicht als Übungsreihe angeordnet, vielmehr handelt es sich um eine mehr systematische Gliederung der Übungen.

Für die Praxis des ägyptischen Yoga eignen sich der frühe Morgen und der frühe Abend am besten. Wenn dies nicht möglich ist, kann auch zu jeder anderen Zeit des Tages geübt werden, allerdings nicht direkt nach Mahlzeiten, mit vollem Magen oder sofort nach starken sportlichen Anstrengungen. Sehr günstig sind auch kurze Übungspausen während der Arbeit zur Aufrichtung von Rücken und Schultern. Die investierte Zeit wird bei weitem durch die Beseitigung von Ermüdungserscheinungen, durch Wohlbefinden und neue Aktivität wettgemacht.

Übungszeit

Am besten wird täglich geübt. Der Schwerpunkt liegt auf der Regelmäßigkeit. Eine zeitlich begrenzte aber regelmäßige Übungspraxis ist weitaus fruchtbarer als große Übungsblöcke in langen oder unregelmäßigen Abständen. Die Bedeutung des Rhythmus sei am Beispiel einer Schaukel verdeutlicht: Wenn immer zum richtigen Zeitpunkt gehandelt wird, so ist es möglich, eine Person auf der Schaukel mit nur geringer Anstrengung „aufzuschaukeln". Erfolgt die Aktion unrhythmisch ist große Anstrengung nötig und der Erfolg gering, da immer wieder gebremst oder ein ungünstiger Moment für den Energieeinsatz gewählt wird. Auch beim Erlernen eines Instrumentes bringt regelmäßiges Üben mehr als das Absolvieren großer Übungseinheiten in unregelmäßigen Abständen. Eine Vielzahl weiterer Beispiele läßt sich finden.

Regelmäßigkeit

Ägyptisches Yoga kann überall ausgeführt werden. Ideal ist allerdings, wenn immer im gleichen Raum oder wenigstens immer auf der gleichen Matte geübt wird. Erinnern wir uns in diesem Zusammenhang an den Gebetsteppich. Durch den Gebrauch desselben Ortes oder derselben Matte können wir uns gewissermaßen selbst konditionieren. Wir stimmen uns dann sehr viel schneller auf die Übungen ein. Auch der Übungsrhythmus stellt eine Art der Konditionierung dar.

Ort

Wie soll geübt werden?

Machmal wird gefragt, ob zuerst auf der linken oder rechten Seite geübt werden soll. Im Hatha-Yoga geschieht das häufig zuerst auf der linken Seite. Im Ägyptischen sind oben und unten (Vertikale, Himmel-Erde) gleich wichtig. Von gleicher Bedeutung sind auch rechts und links (Horizontale, z.B. Ober- und Unterägypten). Somit kann mit dem Üben auf einer beliebigen Seite begonnen werden. Nur sollte auf beiden Seiten gleichermaßen geübt werden. Wenn als Ausnahme hiervon, z.B. wegen einer Skoliose (seitliche Verkrümmung der Wirbelsäule), mehr Übungsbedarf in eine bestimmte Richtung besteht, so sollte dies unter Anleitung eines kompetenten Lehrers oder Therapeuten erfolgen.

Yoga hat das Ziel, Bewußtheit und Meisterschaft über sich selbst zu erlangen. Das erfordert große Gegenwärtigkeit und Körperbewußtsein. Der Weg dorthin kann über den physischen Körper führen. Der zentrale Punkt dabei ist, auf seinen Körper zu hören und ohne Anwendung von Gewalt vorzugehen. Diese Regel *ahimsha* wurde bereits im Abschnitt „Yoga im klassischen (indischen) Sinn", S. 31, dargestellt. Alles Streben nach schnellem Erfolg und zu einer Endhaltung bewirkt das Gegenteil: Blockaden oder Krämpfe können die Folge von leistungsorientierter Einstellung und übermäßiger Anstrengung sein. Es ist nicht erforderlich, schwierige Yoga-Stellungen auszuführen. Die einfachste Haltung kann zur perfektesten werden, wenn sie mit vollem Bewußtsein und ganz gegenwärtig ausgeführt wird. Jeder sollte nach seinen eigenen Möglichkeiten handeln.

Ägyptische Yoga-Übungen zeichnen sich durch große Präzision und Perfektion der Haltungen aus, dennoch verlangen sie keine besonderen Voraussetzungen – sie eignen sich für alle Menschen. Die Übungen können liegend, sitzend oder auch stehend ausgeführt werden. Es ist keineswegs erforderlich, sofort die exakten Stellungen zu erreichen. Die ällmähliche Annäherung an die Stellungen und Bewegungen (den eigenen Möglich-

Üben:
– ohne Gewalt
– nach eigenen
  Möglichkeiten

keiten entsprechend) ist sehr viel sinnvoller, als zu früh mit komplizierten Übungsabläufen zu beginnen. Dieser langsamere Weg wird sich langfristig als der schnellere erweisen. Die fortschreitende Annäherung an die exakten Stellungen fördert nicht nur Gesundheit und Beweglichkeit, sondern auch das Körperbewußtsein. Sehr hilfreich ist es, sich die angestrebte Idealstellung während der Übung vorzustellen.

Langsamer ist schneller

Vertikale Stellungen des ägytischen Yoga sind im allgemeinen für westliche Menschen sehr viel leichter erreichbar als Stellungen des Hatha-Yoga. Sie erfordern zunächst keine besondere Biegsamkeit und gehen oft von Haltungen aus, die auch aus dem täglichen Leben bekannt sind (z.B. auf einem Stuhl sitzend). Im Umgang mit dem eigenen Körper sind Vorsicht und Respekt unerläßlich. Anstrengungen sind wohl zu dosieren und beim geringsten Unbehagen muß angehalten werden.

Diese Regel gilt in verstärktem Maß bei körperlichen Problemen. Manche Krankheiten oder körperliche Probleme verlangen besondere Wachsamkeit, sowohl des Schülers als auch des Lehrers. Wie bei der Anwendung von Medikamenten ist auch bei Übungen die Dosierung wesentlich. Es gibt kein Gift – alles ist eine Frage der Dosierung oder Verdünnung. Bei Ischias oder Rheuma muß man sanft vorgehen; in der Regel sollte nicht bis zur Endhaltung fortgeschritten werden. Dasselbe gilt auch bei Gelenk- und Wirbelproblemen, wo ägyptisches Yoga eine große Hilfe sein kann.

Wesentlich ist die richtige Dosierung

Die eigenen Grenzen sind unbedingt zu beachten, besonders von älteren Menschen, von Schwangeren, von in der Genesung Befindlichen, von Personen, die zu Schwindel neigen, herzkrank sind oder sich in einem Zustand großer Müdigkeit befinden. All jene sollten den Kerzenhalter (oder KA) nicht allzu lange einnehmen, keine Übungen des Atem-Verhaltens machen oder irgendwelche für sie anstrengenden Übungen ausführen.

Die Übungen sind sofort zu unterbrechen, wenn sich irgendeine Form des Unbehagens einstellen sollte. Die Yoga-Methode ist für den Menschen da, nicht der Mensch für die Methode.

Haltung

Ägyptische Statuen und Kolosse beeindrucken zunächst durch ihre Größe. Bei genauer Betrachtung fällt auch die exakt aufgerichtete Körperposition auf. Sowohl Körper als auch Gesicht bringen eine feste (nicht starre) und aufrechte Haltung zum Ausdruck. Babacar Khane beschreibt diesen Ausdruck als ein Sich-Gehen-Lassen bei gleichzeitiger Festigkeit der Haltung.

Gelassene Festig-keit

Beide Punkte sind ein erster Schritt zur physischen und psychischen Selbstkorrektur. Der Körper ist Spiegel und Verstärker mentaler Zustände. Eine feste (Körper-)Haltung bedeutet freie Zirkulation von Energieströmen und beeinflußt die Pyche in

Abb. 49:
Kolosse des Thuthmosis III.
Karnak, Amun-Tempel,
18. Dynastie.

positiver Weise. Pharaonische Übungen zur körperlichen Aufrichtung bewirken größere Erfahrung mit und mehr Wissen vom eigenen Körper, insbesondere von den verschiedenen Teilen des Bewegungsapparates. Eine aufgerichtete körperliche und geistige Haltung läßt sich nicht durch Willensanstrengung erzwingen, aber sie kann durch methodische Arbeit mit den klar strukturierbaren Übungen des ägyptischen Yoga erreicht werden.

Die frühe ägyptische Medizin war weit entwickelt. Priester-Mediziner verfügten über ein großes Wissen – besonders auf dem Gebiet der Behandlung von Wirbelsäulenproblemen.[49] Sie kannten die Ursachen von Rückgratschädigungen und deren Auswirkungen auf andere Körperteile. In ihre Therapie bezogen sie das energetische Umfeld und subtile Zentren (Chakras) mit ein. Dieses Wissen vom Doppelaspekt (physisch und energetisch) erklärt die Exaktheit der ägyptischen Haltungen. Unterstützt durch Kenntnisse vom Aufbau des Bewegungsapparates sowie durch Wissen über die Atmung und mit der Hilfe ägyptischer Yoga-Übungen können auch heute Fehlhaltungen und schlechte Gewohnheiten korrigiert werden. In das ägyptische Yoga-System sind sowohl anatomisch-funktionelle Kenntnisse eingeflossen, als auch das Wissen von Energien im Körper (Reflexzonen, Meridiane, Chakras) und das Streben nach einer Verbindung von Erde und Himmel.

---

[49] Auch das Wissen über die Anwendung von Pilzen war weit fortgeschritten. Leider erfahren wir darüber nur in negativem Zusammenhang, z. B. beim sog. „Fluch der Pharaonen" und beim Bericht über Giftpilze in Begräbniskammern. Wie bereits angedeutet, kann die heutige Zeit in mancher Hinsicht als Spiegelbild der ägyptischen Periode angesehen werden. Auch heute spielen Pilze wieder eine große Rolle: Inhaltsstoffe aus Pilzen werden in der Medizin verwendet. Halluzinogene, die man zur Gruppe der Psychopharmaka rechnen kann, werden in einigen Kulturen rituell gebraucht (Meskalin, Psilocybin, LSD/Mutterkornalkaloide, Fliegenpilze). Die heutige Medizin hat sich mit einer Unzahl von Mykosen zu befassen (Candida-Erkrankungen u.a.). Pilzbefunde im Blut erfordern eine sofortige Therapie. Die Herstellung von Pilzprodukten als Kampfstoff ist ebenfalls nicht auszuschließen. Andererseits gibt es die aus Schimmelpilzen gewonnenen Penizilline, die der Heilung dienen. Die Erforschung der Pilze und ihrer Heilwirkungen könnte dem heutigen Menschen in mancher Hinsicht helfen.

Ägyptisches Yoga: fest – präzise – einfach

Kennzeichen der Haltungen des ägyptischen Yoga sind Festigkeit, Präzision und Einfachheit. Sie wirken auf den physischen, energetischen und mentalen Körper und sind ein Weg zur spirituellen Verwirklichung. Als Ziel haben sie auch eine Art Wirbelsäulentherapie, welche die Beseitigung energetischer Störungen mit einschließt. Die Haltungen wirken auf allen Ebenen.

▶ Physisch wirken sie auf die Wirbelsäule und auf die anderen Teile des Bewegungsapparates. Dabei wird auch die Ausstrahlung (über Nervenverbindungen von der Wirbelsäule zu den Organen) auf die Funktion der Organe berücksichtigt.

▶ Physiologisch wird über die tiefe Atmung sowie den Wechsel von wohldosierter An- und Entspannung der Muskulatur die Durchblutung verbessert.

▶ Energetisch: Die Unordnung im energetischen Umfeld ist verantwortlich für Krankheiten. In der Akupunktur geht man davon aus. Die Übungen wirken auch auf dieser Ebene.

▶ Mental: Die Konzentrations- und Koordinationsfähigkeit wird gefördert und entwickelt. (Damit werden günstige Bedingungen für die spirituelle Entwicklung geschaffen).

Senkrechte Stellung

„Der Baum kann seine Zweige nur nach oben erheben, wenn seine Wurzeln in der Erde verankert sind."

Erdung und Aufstieg

Ägyptisches Yoga ist nach B. Khane besonders ein Yoga der senkrechten Stellung. Das drückt auch sein Buchtitel „Le yoga de la verticalité" [19] aus. Die ägyptische Kunst ist eine Kunst des Senkrechten (Pyramiden, Obeliske, Kolosse, Pylone usw.). Beide, ägyptisches Yoga und ägyptische Kunst, sind Ausdruck des Aufstiegs, eines Dialogs zwischen den beiden Polen des Universums.

Die Pyramide veranschaulicht mit ihrer Festigkeit und großen Basis, daß der Mensch die Füße fest auf der Erde haben muß. Ägyptische Stellungen sind Haltungen der Festigkeit, durch die dem Menschen sein Unterbau bewußt werden kann – körperlich und geistig. Es ist unmöglich den zweiten Schritt vor dem ersten zu tun. Auch daraus geht die Bedeutung der Übung mit dem physischen Körper hervor, der nicht ignoriert oder mißachtet werden darf. Gleichgewicht und Beherrschung des physischen Körpers bedingen Gleichgewicht und Beherrschung des Geistes.

Der Mensch unterscheidet sich vom Tier nicht zuletzt durch die aufrechte Haltung. Bereits vor sehr langer Zeit (s. Abschnitt „Verbindungen und Einflüsse", S. 48) erhob sich der Mensch auf seine Beine. In der Ontogenese des Menschen (in seiner individuellen Entwicklung bis hin zur vertikalen Stellung) ist die gesamte Phylogenese enthalten.[50] Das spiegelt sich in den Entwicklungsstufen vom Embryo bis zum Erwachsenen, der auf zwei Beinen geht[51]. Mit der senkrechten Lebensweise wurden die Kiefer von Belastungen (Nahrungssammlung, Kampf) befreit; verstärktes Gehirnwachstum konnte einsetzen. Ebenso wurden die Hände frei für den Gebrauch von Werkzeug, und das bedeutete intellektuelle Entwicklung.

Senkrechte Lebensweise

Das menschliche Skelett ist dem von vierfüßigen Säugetieren ähnlich. Die unterschiedliche Stakik durch den aufrechten Gang bedingt Veränderungen der Wirbelsäule, besonders auch auf Beckenhöhe. Sich aufrecht zu halten, erfordert mehr Energie (Aufrichtung erfordert eine Arbeit der gesamten Muskulatur) und bedeutet beschleunigte Abnutzung des Fortbewegungsapparats. Ein Verlust der Muskeln an Spannkraft erzeugt Fehlhaltungen, die auf Dauer Mißbildungen und eine falsche Benutzung des Bewegungsapparates nach sich ziehen können. Ursachen für solche Haltungsfehler liegen nicht nur in der aufrech-

Verstärkte Abnutzung durch den aufrechten Gang

---

[50] Phylogenese: Stammesgeschichte der Lebewesen; Ontogenese: Entwicklung des Individuums von der Eizelle zum geschlechtsreifen Zustand.

[51] Die Entwicklung des Menschen von der Eizelle in flüssiger Umgebung bis zur Geburt entspricht der Entwicklung der ersten Einzeller im Wasser. Mit der Geburt wird das (Frucht-)Wasser verlassen. In beiden Fällen folgt die kriechende Fortbewegung, dann die auf vier Gliedmaßen und schließlich die Aufrichtung auf zwei Beine.

ten Stellung; mögliche Ursachen können sein: äußere Verletzung, Muskelkontraktionen durch Kälte, Fehlfunktionen von Organen (z.B. Zusammenhang von Leberbeschwerden mit Funktionsstörungen in den Haupttrapezmuskeln) oder psychische Ursachen (Sorge, Angst, Depression usw. bewirken muskuläre Verspannungen, z.B. im Nackenbereich). Infolge von Fehlhaltungen wird die Achse der Wirbelsäule verlassen, der Kopf verschiebt sich, die Schultern hängen nach vorn und der Rücken rundet sich.

....
Fehlhaltungen

Damit wir uns in der aufrechten Haltung wohl fühlen, müssen wir etwas tun: Lebensweise und Bewegungen müssen den aufgerichteten Körper unterstützen. Den Tieren ist richtige Haltung, Entspannung, Bewegung und Streckung von Muskeln und Sehnen angeboren. Eine große Zahl der Übungen des Hatha-Yoga beruht auf Beobachtungen der Tiere und trägt daher Tiernamen (Schildkröte, Fisch, Heuschrecke, Kamel, Kobra u.a.).

Ergänzung von äyptischem und indischem Yoga

Die Übungen des ägyptischen Yoga dagegen befassen sich in erster Linie mit der Aufrichtung, also mit dem letzten, dem typisch menschlichen Schritt in der Entwicklung. Auch aus diesem Grund lassen sich beide Übungsmethoden sehr gut mieinander verbinden und können sich gegenseitig ausgezeichnet ergänzen.

Atmung

„Da formte Gott den Menschen aus Erde vom Ackerboden und blies in seine Nase den Lebensatem. So wurde der Mensch zu einem lebendigen Wesen" (Genesis).

Aufgrund der enormen Wichtigkeit des Atems und seiner Bedeutung im ägyptischen Übungssystem sollen zunächst einige Aspekte zu Funktion und Bedeutung der Atmung genauer betrachtet werden.

Ohne feste Nahrung kann der Mensch mehrere Wochen überleben, ohne Flüssigkeit nur einige Tage. Ohne zu atmen überleben wir nur wenige Minuten. Wenn wir unseren Atmen verbessern, verbessern wir damit das physische und psychische Wohlbefinden. Ohne richtiges Atmen ist wahre Gesundheit unmöglich. Der bedeutende symbolische und spirituelle Aspekt des Atems wurde im Abschnitt „Pranayama", S. 37, angesprochen und soll hier nur am Rande erwähnt werden.

Die Atmung beeinflußt den ganzen Körper und setzt sich bis in die kleinste Zelle fort (Zellatmung). Nur wenn einer Zelle genügend Sauerstoff zugeführt wird, kann sie sich regenerieren. Jede menschliche Zelle kann durch intensive Atmung positiv beeinflußt werden. Doch bedeutet Atmung noch sehr viel mehr: Beim Einatmen schöpfen wir nicht nur Luft, sondern auch Vitalität, Kraft und Mut. Dies entspricht ganz dem Yoga-Verständnis (in Indien wie in Ägypten). Beim Ausatmen stoßen wir aus unserem System nicht nur das Abfallprodukt Kohlendioxid aus, sondern auch mentale und emotionale Verunreinigungen: Entmutigung, Schwäche, Verzweiflung. Ist jemand krank oder unglücklich, so seufzt er, um die Last aus seinem Körper oder dem Gemüt herauszuschleudern. In der Natur atmen wir die umgebende Luft und Schwingung tief und bewußt ein. Der Atem ist ein Transportmittel, sowohl für Aufbauendes als auch für Verbrauchtes.

....
Vitalisieren und reinigen

Der Atemvorgang

Wenn wir überlegen, wie wichtig das Zwerchfell für den Atemmechanismus ist, ist es erschreckend, wie klein der Prozentsatz der Leute ist, die es überhaupt einsetzen. Gründe für eine Fehlfunktion des Zwerchfells sind schlechte Haltung (z.B. die ständige nach vorne gebeugte Haltung) oder mentale Spannungszustände. Das Zwerchfell ist der wichtigste Atemmuskel, der „Dirigent" des Atemvorgangs. Nach alter chinesischer Lehre ist das Zwerchfell das „Meer des Atems", das Lebenskraft, Energie und Gesundheit schenkt. Durch die Auf- und Abbewegung des Zwerchfells bei der Aus- und Einatmung werden im Wechsel die über ihm liegenden Organe (Herz und Lunge) und die unter

Zwerchfell

ihm liegenden Organe (Darm, Leber, Fortpflanzungsorgane) massiert, zur Arbeit angeregt, besser durchblutet und gereinigt.

Beim Einatmen vergrößert sich der Brustkorb durch Heben und Weiterstellen der Rippen sowie durch Senken des Zwerchfells. Die Lungen weiten sich in ihrem Volumen, und in ihnen entsteht ein Unterdruck. Die Luft wird in die Lungenbläschen (Alveolen) wie in einem Schwamm gesaugt. Das Zwerchfell dehnt sich in den Bauchraum aus und drängt die Baucheingeweide nach unten. Der Beckenboden weitet sich nach außen.

Beim Ausatmen senken sich die Rippen und der Brustraum verkleinert sich. Dabei reduziert sich das Lungenvolumen. Durch den entstehenden Überdruck wird die Luft aus der Lunge herausgepresst. Die Bauchmuskeln ziehen sich zusammen, der Bauchinhalt wird nach oben zum Zwerchfell gedrängt. Die Zwerchfellwölbung breitet sich nach oben hin aus in seine ursprüngliche entspannte Form. Herz und Lunge werden durch leichtes Zusammendrücken in ihrer Pumpwirkung unterstützt, dabei wird der Blutkreislauf angeregt sowie vermehrt Sauerstoff ins Blut aufgenommen. Im Bauchraum entsteht ein Unterdruck, der Beckenboden hebt sich leicht (wenn er nicht verkrampft ist). Außerdem wird vermehrt Blut aus den Beinen angesaugt (wichtig bei Krampfadern und Gefäßerkrankungen).

Atemvorgang

Schon diese kurze Beschreibung des Atemvorgangs zeigt, daß eine gute Atmung auf alle Teile und Organe des Körpers sehr günstig wirkt. Das ägyptische Yoga legt größten Wert auf ausgeglichenes Atmen.

Streßatmung

Unter Streß reagiert der Körper mit einer eingeschränkten Atmung. Der Atem wird kürzer und flacher, er geht mehr in die Brust als in den Bauchraum. Es handelt sich hierbei um eine Reaktion, die sich dem Menschen während einer jahrtausendelangen Entwicklung eingeprägt hat. Dabei laufen im Körper folgende Vorgänge ab: Bei einer Bedrohung im weitesten Sinn spannt sich die Bauchmuskulatur an, der Atem verlagert sich nach oben und wird beschleunigt. Der Sympathikus[52] schickt Adrenalin[53] in den Blutstrom, die Verdauung wird verlangsamt. Damit steht mehr Energie für die Skelettmuskulatur zur Verfügung (die bei einem möglichen Angriff oder zur Flucht einsatzbereit und leistungsfähig sein muß). Nach dem Alarmzustand übernimmt wieder der Parasympathikus die Kontrolle. Bei länger andauernden Streß- oder Angstzuständen kann die eingeschränkte Atmung zur Gewohnheit werden und sich sehr ungünstig auf den Gesundheitszustand auswirken.

Die moderne Lebensweise zehrt an unserer Energie. Man braucht nur an all die Haltungsschäden infolge beruflicher Situationen und infolge fragwürdigen Freizeitverhaltens und leistungsorientierten Sportes zu denken. Immer häufiger wird chronische Müdigkeit oder das Burn-Out-Syndrom diagnostiziert. Hier kann ägyptisches Yoga mit seinen mit bewußter Atmung verbundenen Übungen zur Aufrichtung hilfreich sein und das Energiepotential wieder stärken.

Die moderne Lebensweise ist problematisch

Weder in der Schule noch in der Familie lernten wir den rechten Umgang mit Gefühlen, vielmehr wurde uns vermittelt, wie man mit seinen Gefühlen nicht umzugehen hat, nämlich daß man sie unterdrücken soll. Wenn man sich genau beobachtet, stellt man fest, daß sich die Atmung verändert, sobald sich eine Emotion regt. Bei sehr intensiven Gefühlen wie Angst, Zorn, bei Trauer und großer Spannung „halten wir den Atem an". Nicht nur der Atem wird zurückgehalten, gleichzeitig werden auch Gefühle unterdrückt. Bewußtes Wahrnehmen des Atems verweist auf diese Gefühle und verschafft somit einen besseren Zugang zu ihnen. Die Beobachtung des Atems ist gewissermaßen ein Werkzeug für den Umgang mit Gefühlen.

Zusammenhang von Atem und Gefühl

---

[52] Kurzbezeichnung für Truncus sympathicus: Stammstrang des sog. sympathischen Teils des autonomen Nervensystems. Er verläuft rechts und links der Wirbelsäule und entsendet Äste in alle Teile des Körpers.
[53] Ein Hormon des Nebennierenmarks, das bei Streß vermehrt ausgeschüttet wird und hauptsächlich gefäßverengend wirkt.

Emotionale und physische Störungen können durch eine Veränderung der Atemgewohnheiten beeinflußt werden. Manchmal liegt einem etwas schwer im Magen, im Bauch sitzt ein seltsames Gefühl (der Bauch ist ein Sitz der Gefühle). Was hat das aber mit der Atmung zu tun?

Durch den oberen Teil der Lunge fließt pro Minute nur 0,1 Liter Blut, durch die Mitte dagegen über 0,6 Liter. Den unteren Bereich der Lunge durchströmt sogar mehr als 1 Liter Blut pro Minute. Wer lernt, seinen Atem auch in den Bauchraum strömen zu lassen, stärkt seinen Organismus und findet mehr Ausgeglichenheit und Ruhe. Emotionen sind dann am unerfreulichsten, wenn man sie festhält und nicht mit ihnen atmet.

Atemräume

Bewußte Atempflege enthält eine Vielzahl gesundheitsfördernder und wohltuender Wirkungen. Einige davon werden nachfolgend erläutert.

▶ Bewußtes Atmen pflegt die Brust-, Flanken- und Bauchatmung und berücksichtigt dabei alle Atemräume. Bei der Ausübung des ägyptischen Adlers werden durch die Verbindung von Bewegung und Atmung sämtliche Atemräume beatmet. Lungenvolumen und -durchblutung werden gesteigert (Brust- oder Schlüsselbeinatmung: 0,1 l Blut/min, Flankenatmung: 0,6 l Blut/min, Bauch- oder Zwerchfellatmung: über 1 l Blut/min).

▶ Bewußtes Atmen verbessert die Blutqualität durch die Regulation des Gleichgewichts zwischen Kohlendioxid- und Sauerstoffgehalt des Blutes. Dabei wird günstig auf den Blutdruck eingewirkt.

▶ Mit dem aufgenommenen Sauerstoff werden in den Körperzellen die Nährstoffe verbrannt, d.h. für den Körper nutzbar gemacht. Verbesserte Atmung bedeutet verbesserten Stoffwechsel.

▶ Je intensiver die Ausatmung, desto wirkungsvoller ist die Entgiftung und Reinigung des Körpers (Entlastung von Nieren und Leber).

▶ Bewußtes Beatmen von Körperstellen, die Probleme machen oder schmerzen, kann Linderung bewirken, da die Durchblutung an diesen Stellen intensiviert wird (durch bessere Sauerstoffversorgung und durch den Abtransport von Schadstoffen sowie durch das Nachlassen von Muskelverspannungen). Diese Wirkung bezieht sich auf die Skelettmuskulatur, auf Gelenke und auf innere Organe.

▶ Bewußtes Atmen wirkt Haltungsschäden und Organsenkungsbeschwerden entgegen, da tiefes Atmen die Wirbelsäule aufrichtet. So wird Rückenschmerzen vorgebeugt und der Beckenboden entlastet, dessen Erschlaffung zu Organsenkungen führen kann.

▶ Bewußtes Atmen steigert die Konzentrationsfähigkeit und beugt schneller Ermüdbarkeit vor. (Das Gehirn ist der größte Sauerstoffverbraucher).

▶ Bewußtes Atmen regt die Tätigkeit der Drüsen an, die ebenfalls viel Sauerstoff benötigen.

▶ Bewußte Atmung kann bei psychischen Problemen hilfreich sein. Sie bringt uns näher an die Gefühle, an Widerstände, beschränkende Programme (tief verwurzelte Einstellungen, alte schmerzhafte Erfahrungen usw.). Die Konfrontation mit den unbewußten Seiten der eigenen Persönlichkeit ist von großer therapeutischer Bedeutung und kann helfen, ein sinnerfüllteres und bewußteres Leben zu führen. „Tief Luft holen" befreit von Druck, Angst, Verspannung, Schmerz, Jähzorn und ähnlichem. Man gewinnt einen „langen Atem", ist schwierigen Situationen eher gewachsen und kann auf Zorn und Enttäuschung gelassener reagieren.

▶ Die Atmung fördert das spirituelle Wachstum Sie läßt uns die Einheit mit uns selbst, mit anderen und mit dem Kosmos erfahren.

Atmung im ägyptischen Yoga

Gelegentlich hört man von Yogis, dem Menschen sei eine gewisse Anzahl von Atemzügen zugeteilt. Danach ist es logisch, daß die Lebensspanne eines schnell Atmenden kürzer ist und daß derjenige, der lernt, langsam zu atmen, länger leben wird. Langlebige Tiere, wie Elefant und Schildkröte, atmen ganz ruhig – etwa viermal in der Minute. Daß mit der langsamen Atmung auch Ruhe und Gelassenheit einhergehen, während wir bei Aufregungen sehr hastig atmen, ist uns aus eigener Erfahrung bekannt.

Atem – ein Schlüssel zum Yoga

Die Atmung ist der Schlüssel zu allen Yoga-Formen. In Ägypten hatte sie ebenso große Bedeutung wie in Indien. Als Bild der Dualität war der Atem für die alten Ägypter das Symbol des Lebens und die Pforte zur spirituellen Verwirklichung. Die Verknüpfung von Wirbelsäule, Atem, Energieströmen und Spiritualität wird aus verschiedenen Darstellungen und Symbolen deutlich. Hier seien nur der Djed-Pfeiler, Schlange, Feder, *anch* und *sema-taui* genannt. Auf einige dieser Zusammenhänge wird in den Abschnitten „Pranayama", S. 37, und „Symbolische Verbindungen", S. 101, hingewiesen.

Fälschlicherweise wird der Atem häufig als rein mechanischer Ablauf betrachtet (Luft strömt von der Nase in die Lungen, dann von den Lungen durch die wieder Nase aus), der nur darauf abzielt, die Körperzellen mit Sauerstoff zu versorgen. Dieser Aspekt des Gasaustauschs ist gewiß für Gesundheit und körperliches Gleichgewicht fundamental, doch geht die tiefe Yoga-Atmung (*pranayama*) darüber hinaus: Es geht um Energieströme und um die Auslösung einer „inneren Atmung".

Innere Atmung

Diese innere Atmung ist für den feinstofflichen Körper das, was der Sauerstoff für den physischen Körper bedeutet.

Die Konzentration auf den Atem ermöglicht, den Geist zu beruhigen und ihn auf die Meditation vorzubereiten. Darum betrachten alle großen spirituellen Traditionen, wie auch das Yoga, den Atem als Hilfsmittel zur Annäherung an das Geistige. Daß die Atmung nicht richtig ausgeführt werden kann, wenn der Bewegungsapparat Deformationen, Fehlhaltungen oder Fehlspannungen aufweist, ist offensichtlich. Deformationen der Wirbelsäule können Druck auf den Thorax (Brustkorb) und verschiedene Organe ausüben. Dieser kann sogar Störungen an weiter entfernten Organen hervorrufen. Eine gute Atmung ermöglicht die Beseitigung von Giftstoffen, sie erleichtert die Assimilation (Aufnahme und Verwertung) nährender Elemente aus der Nahrung. Gesundheit und Vitalität sind nur mit richtiger Atmung möglich, und eine korrekte Atmung setzt die normale Architektur des Brustkorbes voraus.

Dem trägt das ägyptische Yoga Rechnung, indem der Atem mit körperweitenden Bewegungen koordiniert wird. Jede Bewegung des ägyptischen Yoga wird mit einer der Phasen der Atembewegungen zusammen ausgeführt. Dabei erhöhen sich Beweglichkeit und Aufrichtung des Körpers, gleichzeitig wird die Atemkapazität vergrößert. Ägyptisches Yoga ist eine Methode der Erziehung des Atemapparates und der gleichzeitigen Bewußtwerdung des Atems, wodurch der Atem weiter, tiefer und ruhiger wird. Jede Bewegung des ägyptischen Yoga soll langsam ausgeführt werden, begleitet von einer Atmung, die genauso langsam und möglichst tief ist.[54] Diese Technik regt die Alveolen (Lungenbläschen) an, begünstigt die Regeneration des Blutes und seine Anreicherung mit Sauerstoff. Gleichzeitig ist eine günstige Wirkung auf die Energieströme des feinstofflichen Körpers vorhanden.

Am besten ist es, sich während der Übung die vier Atemphasen bewußt zu machen: Einatmung – kurzes Verharren in der Atemfülle – Ausatmung – kurzes Verharren in der Atemleere. Dabei steht das spontane Atem-Empfinden an oberster Stelle.[55]

Verschiedene Schulen des Hatha-Yoga empfehlen unterschiedliche Atemübungen (*pranayama*) zu den oberen und unteren Atemräumen. Im ägyptischen Yoga ist das nicht nötig, da

....
Atemschule des ägyptischen Yoga

---

[54] Im fortgeschrittenen Stadium können gewisse Phasen mit angehaltenem Atem (mit vollen Lungen) ausgeführt werden. Darauf soll in diesem einführenden Buch nicht näher eingegangen werden.

[55] Besonders in den Atempausen ist auf den eigenen Körper zu hören – keinerlei Zwang oder Unbehagen darf sich einstellen. Anstatt des Atemhaltens kann tief geatmet werden. Auch ein gewisser Rhythmus der Ein- und Ausatmungen mit Zählen ist möglich, doch soll an dieser Stelle darauf nicht weiter eingegangen werden.

die Adlerbewegungen – als grundlegende Bewegungsform des ägyptischen Yoga – die verschiedenen Atemräume auf natürliche und spontane Weise ansprechen.

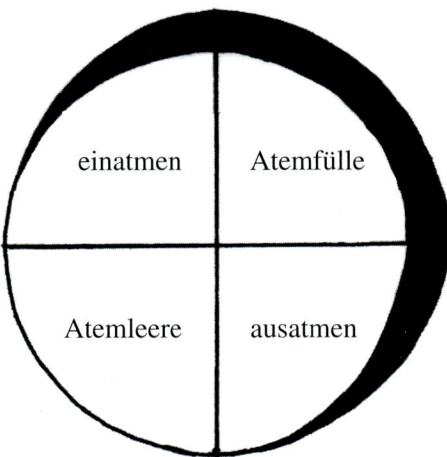

einatmen   Atemfülle

Atemleere   ausatmen

Abb. 50: Die Atemphasen.

Ein weiterer Aspekt der Atmung ist ihr Rhythmus. Durch die Adlerbewegungen der ägyptischen Yoga-Methode (s. Abschnitt „Ägyptischer Adler" mit KA, Adler-Basisübung, S. 136) ist zwar der Synchronismus (Gleichlauf) von Bewegung und Atem gegeben aber noch kein bestimmter Rhythmus. Wie im Yoga ganz allgemein bieten sich zunächst zwei Methoden an:

Atemrhythmus

▶ Man kann den Atem nach dem eigenen Rhythmus fließen lassen und die entsprechenden Bewegungen dem Atemtempo anpassen.

▶ Man gleicht die Dauer von Ein- und Ausatmung genau aneinander an.

Wird die Dauer der Bewegungen der Atmung angeglichen (erste Möglichkeit), so bleibt die Aufmerksamkeit dabei ständig auf den Atem gerichtet. Diese Methode hat den großen Vorzug, daß sie eine Vertiefung und Verlangsamung der Atmung bewirkt. „Schritt für Schritt entwickelt sich derart ein gemächlicher Atem, beweglich, ausgeglichen und kraftvoll, der dem Organismus Lebenskraft und Schwung einflößt. Verlangsamt und vertieft gewinnt die Atmung an Wirkungskraft", [23].

Ägyptisches und indisches Yoga

Die Verbindung von ägyptischem Yoga mit Hatha-Yoga oder auch mit Elementen aus der Wirbelsäulengymnastik kommt der westlichen, eher auf Dynamik ausgerichteten Mentalität entgegen. Die dynamische ägyptische Übungsweise kann so die statischen Phasen des indisch geprägten Yoga vorbereiten und erleichtern.

Beide Übungswege verzichten auf jegliches Leistungsstreben, bei beiden geht es um Ganzwerdung, um Erkenntnis und Aufrichtung. Ziel ist es, die Polarität zunächst anzunehmen, um sie schließlich zu überwinden und zur Einheit zu gelangen. Das gilt ganz konkret hinsichtlich des Ausgleichs unserer beiden Körperhälften ebenso wie für unsere verschiedenen inneren Seiten.

Ganzwerdung durch Ausgleich

Befassen wir uns also auch mit dem Körper, unserem Fahrzeug, das uns hilft, Gesetzmäßigkeiten zu erkennen. Nur wer mit beiden Füßen fest auf dem Boden steht, kann ver-stehen und sich zum Himmel aufrichten. Die Übungen der Yoga-Systeme sind große Hilfen auf diesem Weg. Ägyptisches Yoga verbindet einen klaren Übungsaufbau – was dem westlichen Menschen entgegenkommt – mit gesundheitlichen und energetisch-geistigen Aspekten. Diese Struktur findet sich in den folgenden praktischen Übungen. Die Beschreibung von *asanas* des Hatha-Yoga erfolgt weniger ausführlich, da dazu bereits eine sehr umfangreiche Literatur existiert.

Gesundheit – Energie – Geist

Ausführung der ägyptischen Yoga-Übungen

Ägyptischer Adler mit KA (Adler-Basisübung)

Als Säugling haben wir angefangen zu greifen. Mit unseren Händen be-greifen wir die Welt. Über das Be-greifen mit den Händen kamen wir zu Begriffen. Über das Bewußtsein der Hände machen wir einen Schritt zum allgemeinen Bewußt-sein.

Ägyptische Statuen und Bilder zeigen unterschiedliche Stellungen der Hände. Geöffnete und in verschiedene Richtungen weisende Hände wirken wie Antennen zum Senden und Empfangen von Energien und subtilen Kräften. Fäuste dagegen bündeln Energien. Die Stellung der Hände beeinflußt auch unsere ganze Körperhaltung: Stehend oder auch sitzend lassen wir Arme und Hände längs des Körpers entspannt hängen. Die Finger sind dabei nicht gestreckt, die Handinnenseiten zu den Oberschenkeln gerichtet. Werden die Hände weit geöffnet und gleichzeitig die Innenflächen nach vorne gedreht, so können wir feststellen, daß wir uns dabei aufrichten und den Brustkorb ein wenig weiten. Anzumerken ist an dieser Stelle, daß der Ausdruck „mit offenen Händen" auch eine gebende innere Haltung ausdrückt, die heutzutage weitaus seltener ist als das Nehmen und Festhalten am Besitz (den wir lediglich be-sitzen können). Ändert sich auf Dauer die äußere Haltung, so wird sich auch die innere wandeln.

Die ägyptische Adlerübung ist ein Schlüssel zum ägyptischen Yoga. Im Unterschied zur indischen Adlerstellung *garudasana* (*garuda* bedeutet Adler) handelt es sich um eine dynamische Bewegungsfolge, die von jedermann ausgeführt werden kann.

Der Gebrauch von Händen und Armen geschieht bei den ägyptischen Yoga-Übungen in Verbindung mit dem Atem. Trotzdem ist zu empfehlen, sich zunächst mit dem Bewegungsablauf vertraut zu machen, ohne auf den Atem zu achten bzw. den Atem nach seinem eigenen Rhythmus fließen zu lassen. Wenn der Bewegungsablauf keine Schwierigkeiten mehr bereitet, soll der langsame und gezielte Atem hinzugenommen werden.

Ausführung der Adlerübung (Basisübung)

Die Übungsfolge kann stehend oder auf einem Stuhl (evtl. auch auf dem Boden) sitzend ausgeführt werden. Der Rücken ist aufgerichtet.

Atem und Bewegungen werden gleichzeitig ausgeführt: Während der Dauer der Ein- bzw. Ausatmung findet die Bewegung statt. Die Bewegung beginnt mit dem Atem und endet mit ihm. Die Dauer der Bewegung richtet sich nach der Dauer der Atmung – nicht umgekehrt!

Aufsteigender Teil

1. Phase (Ü1): Wir sitzen oder stehen mit aufgerichtetem Rük-ken, die Arme sind seitlich längs des Körpers, die Hände nach vorn geöffnet – ausatmen.

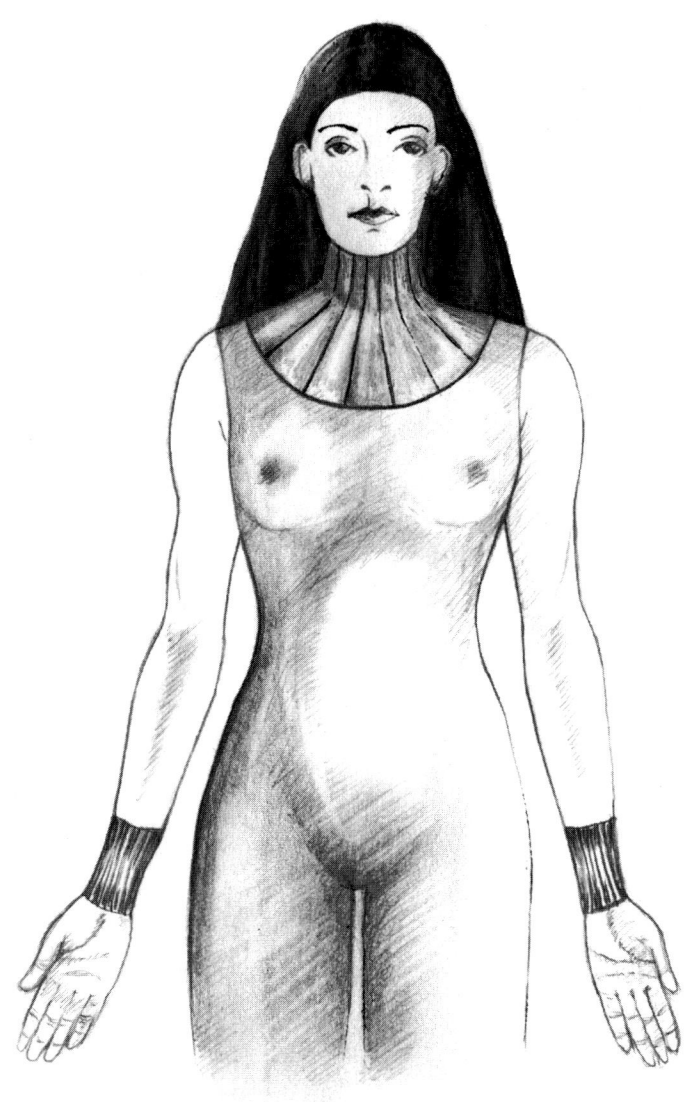

Ü1: Handinnenflächen nach vorne geöffnet – ausatmen.

2. Phase (Ü2): Mit gleichzeitigem langsamem Schließen der Hände – einatmen. (Langsame Einatmung während des Schließens der Hände. Die Hände werden dabei nicht gedreht, die Fäuste brauchen nicht angespannt werden.)

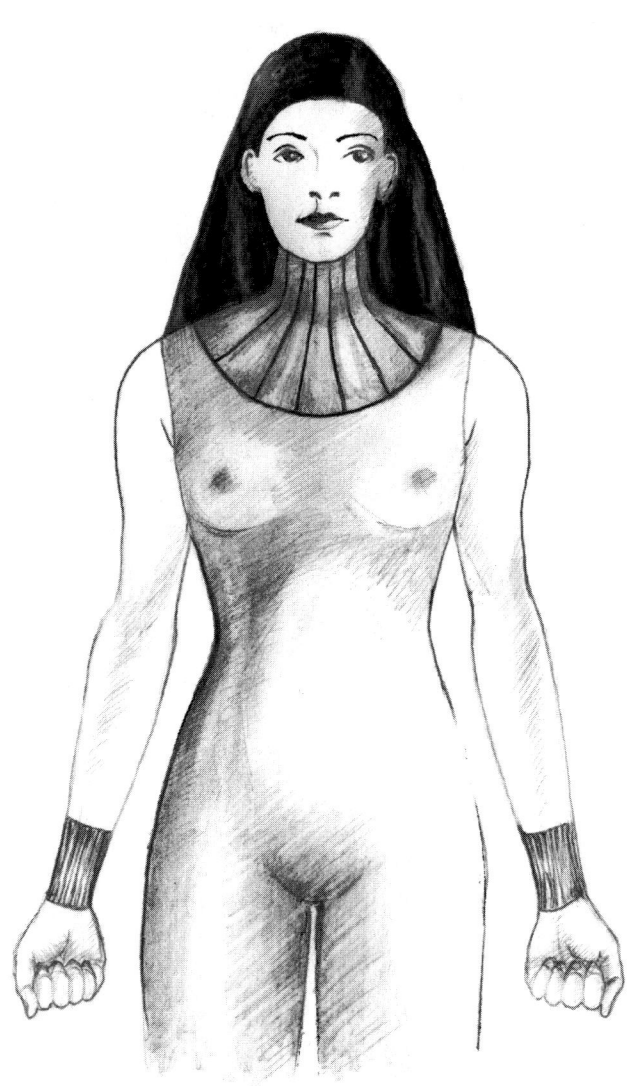

Ü2: Einatmend die Hände zu Fäusten schließen.

3. Phase (Ü3): Die Unterarme langsam nach oben nehmen, die Fäuste an die Schultern – ausatmen. (Langsame Ausatmung während der Armbewegung. Die Oberarme bleiben unbewegt, Bewegung aus den Ellbogengelenken. Die Stellung der Fäuste bleibt erhalten.)

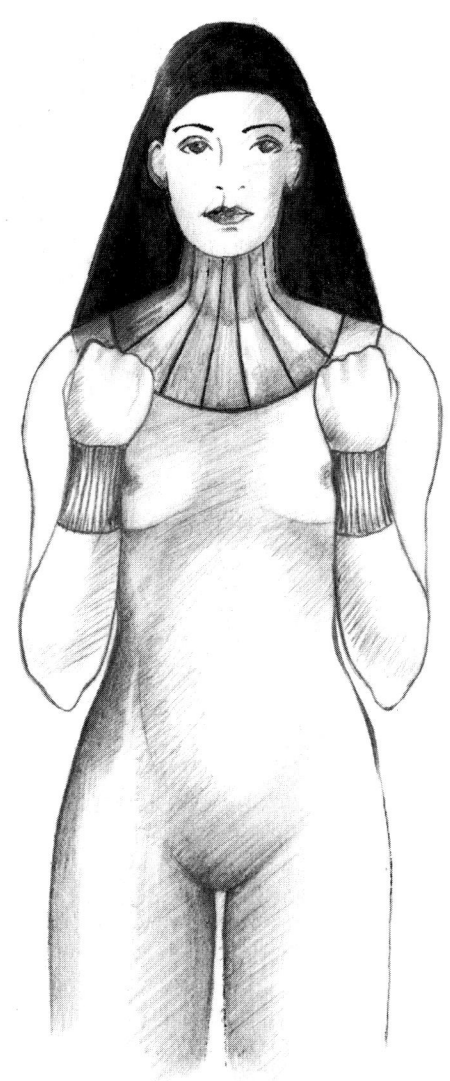

Ü3: Ausatmend Fäuste zu den Schultern.

4. Phase (Ü4): Ober- und Unterarme seitlich bis zur Horizontalen heben – einatmen. (Langsame Einatmung während der Armbewegung. Die Hände bleiben an den Schultern; Bewegung aus den Schultergelenken, bis die Arme einen rechten Winkel zum Rumpf bilden. Die Stellung der Fäuste bleibt erhalten.)

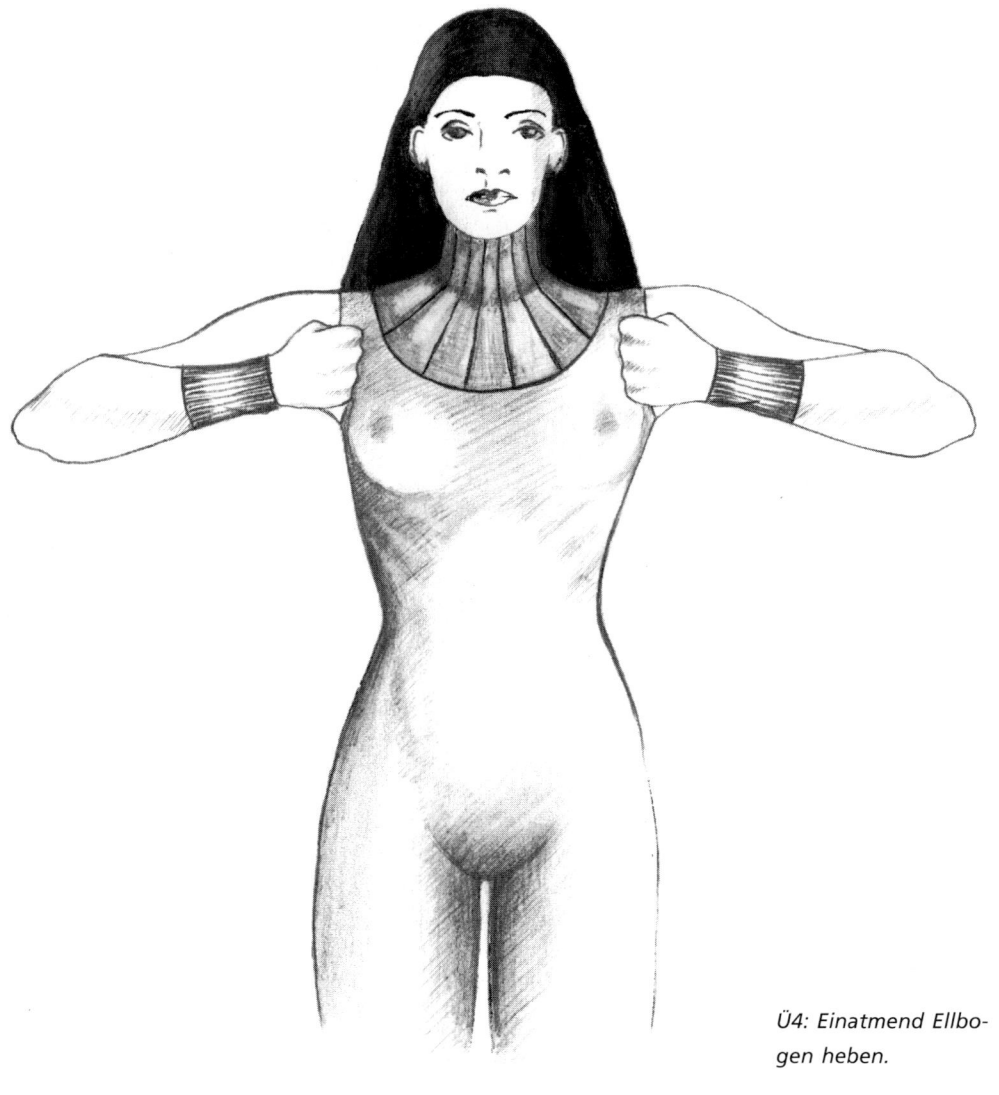

Ü4: Einatmend Ellbogen heben.

5. Phase (Ü5): Unterarme mit Fäusten nach vorn bewegen, bis sie einen rechten Winkel mit den Oberarmen bilden – ausatmen. (Langsame Ausatmung während der Armbewegung. Die Oberarme bleiben unbewegt, Bewegung aus den Ellbogengelenken. Ellbogen etwas nach hinten ziehen. Schultern, Ober- und Unterarme und Fäuste bleiben auf Schulterhöhe; das entspricht der horizontalen Kerzenhalterstellung.[56] Die Stellung der Fäuste bleibt erhalten.)

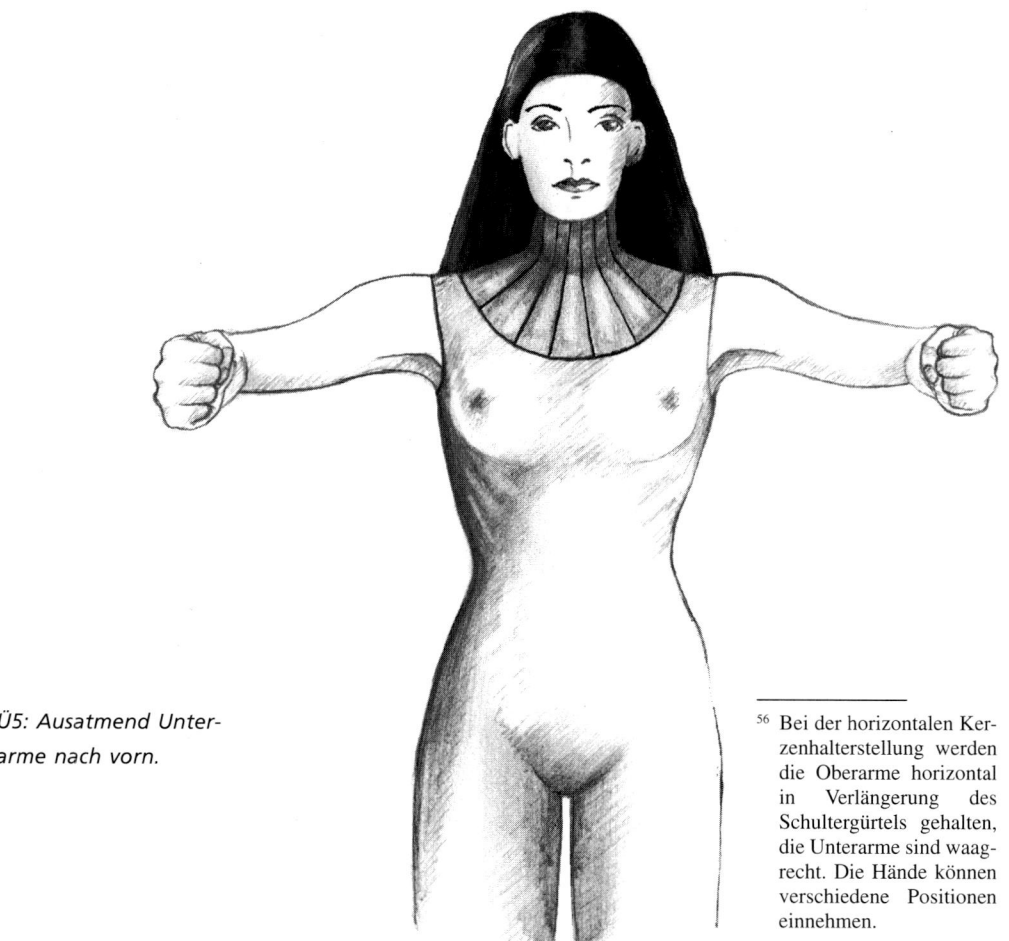

Ü5: Ausatmend Unterarme nach vorn.

[56] Bei der horizontalen Kerzenhalterstellung werden die Oberarme horizontal in Verlängerung des Schultergürtels gehalten, die Unterarme sind waagrecht. Die Hände können verschiedene Positionen einnehmen.

6. Phase (Ü6): Die Unterarme mit Fäusten nach oben bewegen, bis sie senkrecht sind – einatmen. (Langsame Einatmung während der Armbewegung. Die Oberarme bleiben unbewegt. Der rechte Winkel zwischen Unter- und Oberarmen bleibt erhalten, Bewegung aus den Schultergelenken. Die Ellbogen sind etwas nach hinten gezogen. Die Oberarme sind horizontal, die Unterarme senkrecht; das entspricht der senkrechten Kerzenhalterstellung.[57] Die Stellung der Fäuste bleibt erhalten.)

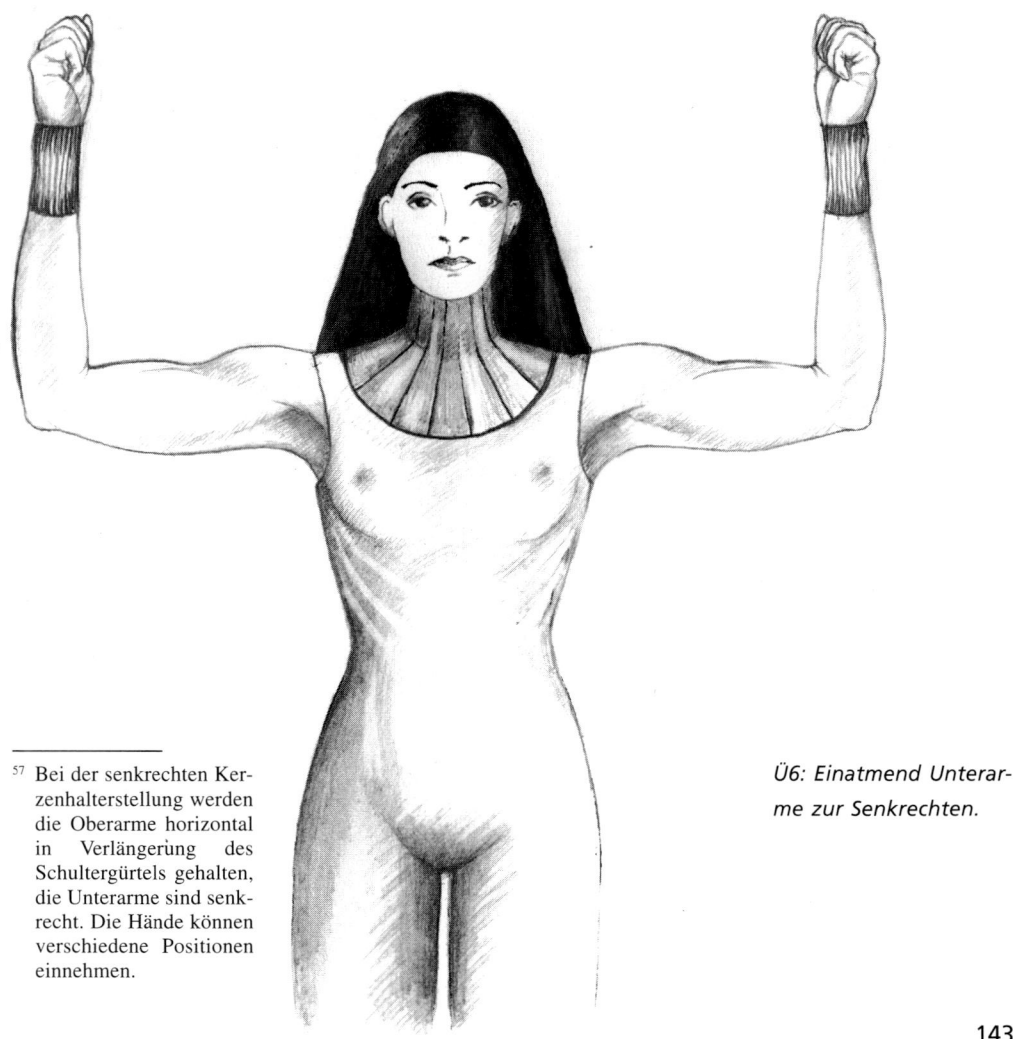

[57] Bei der senkrechten Kerzenhalterstellung werden die Oberarme horizontal in Verlängerung des Schultergürtels gehalten, die Unterarme sind senkrecht. Die Hände können verschiedene Positionen einnehmen.

Ü6: Einatmend Unterarme zur Senkrechten.

143

7. Phase (Ü7): Die Hände öffnen – ausatmen. (Langsame Ausatmung während der Handbewegung, Handinnenflächen einander zugewendet. Ober- und Unterarme bleiben unbewegt. Die Ellbogen sind etwas nach hinten gezogen; das entspricht einer Variante des senkrechten Kerzenhalters.)

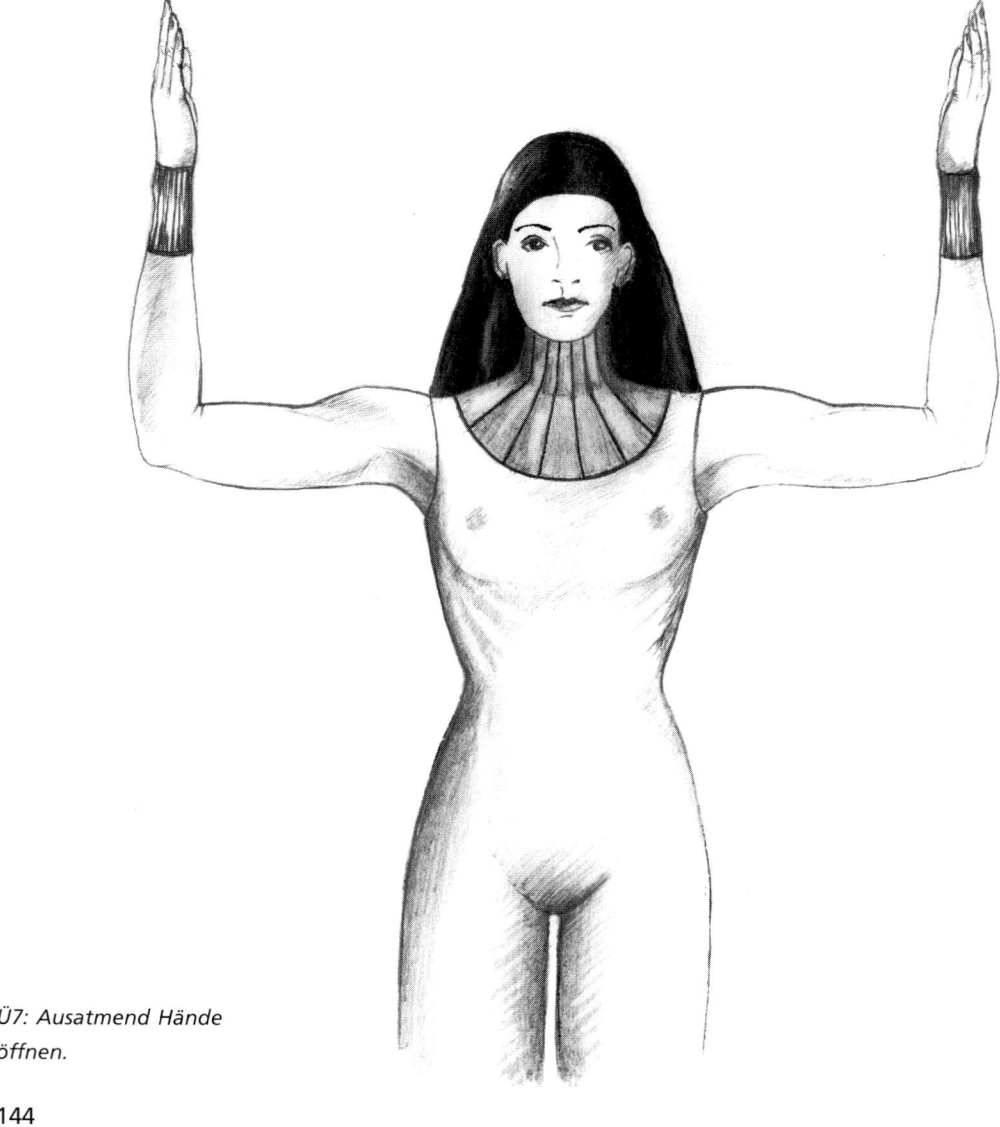

Ü7: Ausatmend Hände öffnen.

8. Phase (Ü8a): Geöffnete Handinnenflächen nach vorn drehen – einatmen. (Langsame Einatmung während der Handbewegung. Ober- und Unterarme bleiben in der gleichen Stellung. Die Ellbogen sind etwas nach hinten gezogen. Dies ist eine weitere Variante des senkrechten Kerzenhalters, die KA-Haltung.)

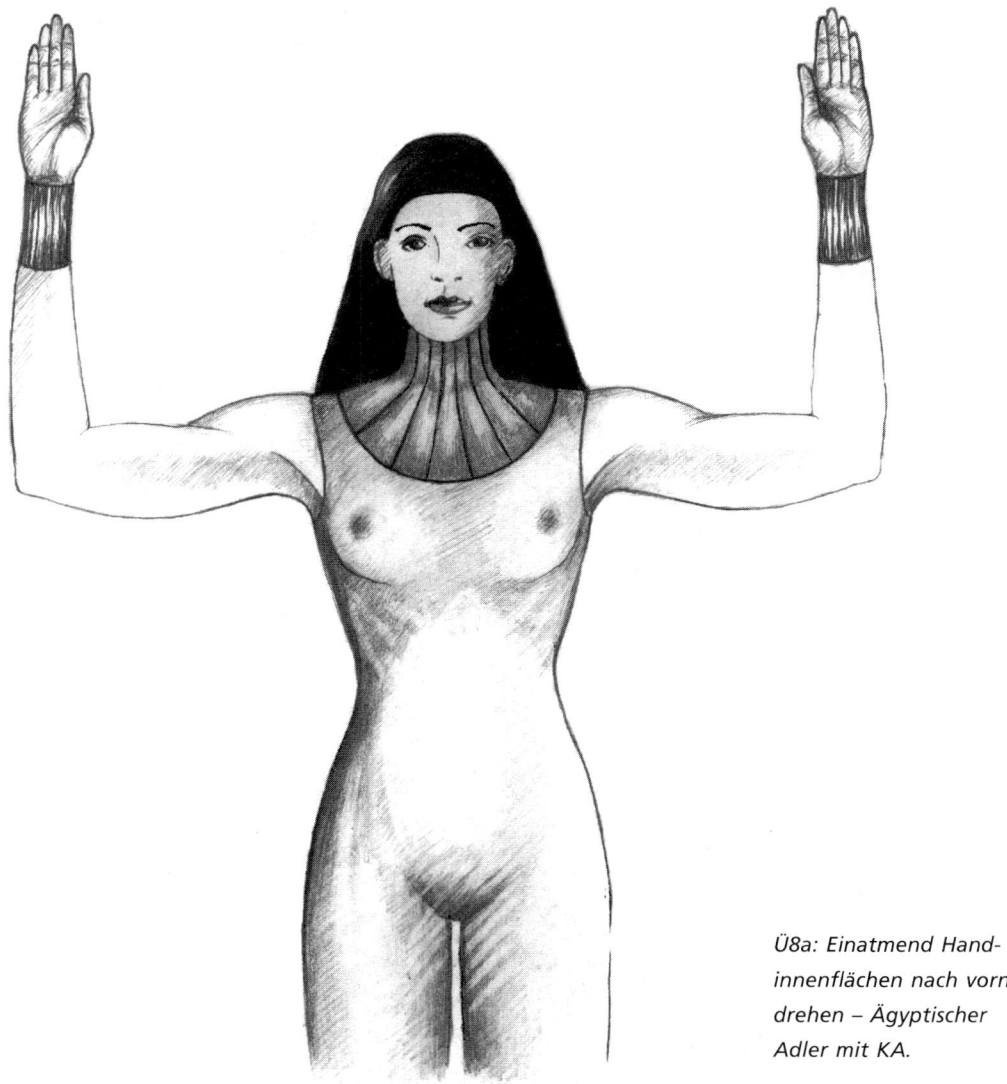

Ü8a: Einatmend Handinnenflächen nach vorn drehen – Ägyptischer Adler mit KA.

Absteigender Teil

Die Bewegungen des aufsteigenden Teils werden nun in umgekehrter Reihenfolge ausgeführt, wobei die Ein- und Ausatmungen dem Atemgeschehen im aufsteigenden Teil entsprechen.

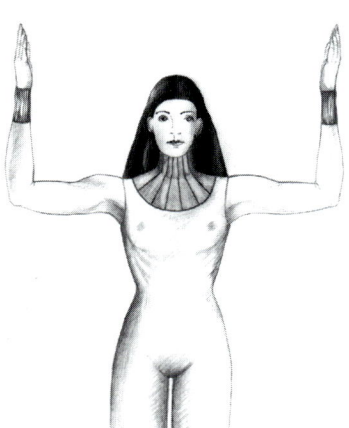

9. Phase (Ü7): ▶
Handinnenflächen zueinander
drehen – ausatmen.

◀ **10. Phase (Ü6):**
Hände zu Fäusten schließen –
einatmen.

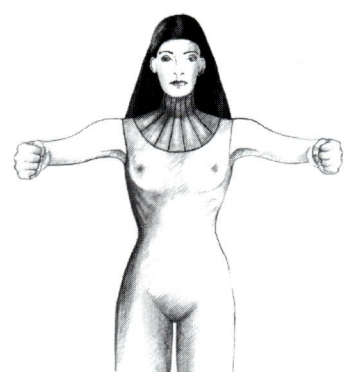

11. Phase (Ü5): ▶
Unterarme mit Fäusten nach
vorn – ausatmen.

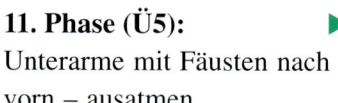

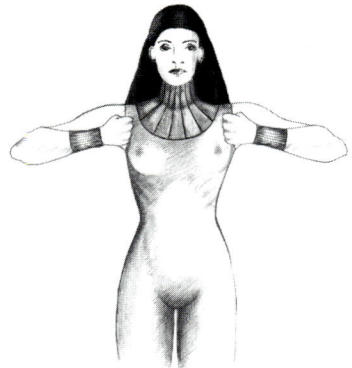

◀ **12. Phase (Ü4):**
Fäuste zu den Schultern, Unterarme zu den Oberarmen – einatmen.

13. Phase (Ü3): ▶
Arme an die Körperseiten senken, Fäuste bleiben an den Schultern – ausatmen.

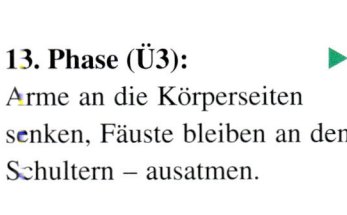

◀ **14. Phase (Ü2):**
Arme mit Fäusten nach unten ausstrecken – einatmen.

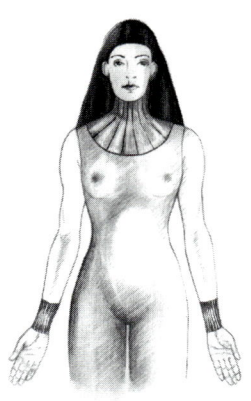

15. Phase (Ü1): ▶
Hände öffnen – ausatmen.

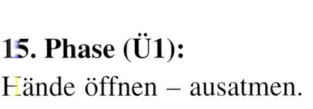

◆ **Mögliche Wirkungsweisen**

Physische Wirkungen

Haltung: Adlerbewegungen fördern die Beweglichkeit der Hand- Arm- und Schultergelenke. Auf diese Weise kann rheumatischen Beschwerden in Rücken und Schultern vorgebeugt werden.

Verbesserung von Atem und Haltung

Durch schlechte Haltung oder Fehlhaltungen, z.B. durch einseitige berufliche Tätigkeit und Bewegungsmangel, ist der Rücken oftmals krumm oder die Schultern hängen nach vorn. Durch eine solche Haltung entstehen nicht nur Schmerzen, sie behindert und verkürzt auch den Atem. Besonders der obere Teil der Lungen wird zu wenig durchlüftet. Regelmäßige Ausführung des Adlers (auch als Pausengymnastik) richtet Rücken und Schultern auf. Die aufsteigende Phase weitet Brustkorb und Schulterbereich.

Atem: Eine aufgerichtete und geweitete Haltung vertieft den Atem und verstärkt die Sauerstoffzufuhr für den ganzen Körper. Auf die zentrale Bedeutung des Atemgeschehens wurde bereits hingewiesen.[58] Langsam und konzentriert ausgeführt ist der Adler eine Pranayama-Übung, die alle Phasen der Yoga-Vollatmung beinhaltet. Bei der Vollatmung werden alle drei Atemräume angesprochen und die gesamte Lunge durchlüftet:

✳ untere Atmung in die Bauchregion (Ü1–Ü3),
✳ mittlere Atmung in Flanken und Rippenregion (Ü4–Ü5),
✳ hohe Atmung in die Schlüsselbeinregion (Ü6–Ü8a).

Der Adler kann unter Berücksichtigung von *ahimsha*[59] auch als Atem- und Organgymnastik angewendet werden.

---

[58] Zu „Atmung" s. S. 126, und „Pranayama", S. 37
[59] Zu *ahimsha* s. Abschnitt „Yama und Niyama", S. 33.

Osteoporose-Vorbeugung: Ägyptisches Yoga, besonders die Adlerübung, leistet auch gute Dienste zur Osteoporose-Prävention. Bei einer fortgeschrittenen Osteoporose kommt es zur Krümmung der Wirbelsäule und aufgrund des Abbaus von Knochenmasse und der dadurch bedingten Wirbeldeformierung zur Buckelbildung. Bekanntlich verzögert eine Muskelkräftigung alters- oder osteoporosebedingten Knochenabbau. Durch Muskeltraining läßt sich die Knochenmasse sogar wieder verbessern.

Die Adlerübung, in verschiedenen Körperstellungen ausgeführt, kräftigt die Arm- und Rückenmuskulatur. Die „trainierten" Bereiche werden verstärkt durchblutet und mit den erforderlichen Nährstoffen versorgt, während der Abtransport von Abfallstoffen verbessert wird. Die Bildung des Buckels läßt sich mit den kräftigenden Adlerübungen aufhalten. Deformierte Wirbel werden von einer gestärkten Muskulatur geschützt und gestützt. Sie können dadurch in die physiologisch günstige Stellung der Aufrichtung gebracht werden. Die Adlerübungen lassen sich von nahezu allen Personen ausführen und sind trotz ihrer Einfachheit sehr wirksam. Kombiniert mit zusätzlichen Anspannphasen in den diversen Armhaltungen (im Stehen, Sitzen oder in der Rückenlage) sind sie als Osteoporose-Übungen geeignet.

Muskelaufbau und Durchblutung

Psychische und spirituelle Wirkungen

In Indien wird die Flut unserer Gedanken mit betrunkenen und vom Skorpion gestochenen Affen verglichen, die wild in ihrem Käfig umherhüpfen. Wie können sie zur Ruhe gebracht werden? Geben wir ein Bündel Bananen in den Käfig, so sind unsere Affen beschäftigt.

Während der Ausführung des Adler-Übungsablaufs behelligen uns vermutlich nicht sehr viele Gedanken, da wir mit „Bananen" (der exakten Ausführung der Übung und der Koordination von Bewegung und Atem) beschäftigt sind. Die ägyptische Übungsweise erfordert Konzentration, und Konzentration bringt innere Ruhe.

Betrunkene Affen zur Ruhe bringen

Babacar Khane stellt fest, daß die Arme Ausdruck der beiden Energieströme (*nadis*) *ida* und *pingala* sind. Während des aufsteigenden Übungsverlaufs bis zur KA-Haltung öffnen sich die sieben Hauptchakras. Auf Herzhöhe kreuzen sich horizontale und vertikale Energien. Im Verlauf des absteigenden Übungsteils schließen sich die Chakras, wobei es zu einer fortschreitenden Integration des kosmischen Bewußtseins kommen kann. Von der Beherrschung der Chakras und von der Öffnung für die göttliche Gnade hängt die innere Wandlung ab, die den Menschen zum Pharao macht.

Tab.1:

Zuordnung von Adlerpositionen und Chakras (nach B. Khane)			
Nr.	**Deutsche Bezeichnung**	**Indische Bezeichnung**	**Adlerposition**
1.	Wurzelchakra	*muladhara*	Ü2
2.	Kreuzbeinchakra	*swadisthan*	Ü3
3.	Lendenchakra	*manipura*	Ü4
4.	Herzchakra	*anahata*	Ü5
5.	Halschakra	*vishudha*	Ü6
6.	Stirnchakra	*ajna*	Ü7
7.	Scheitelchakra	*sahasrara*	Ü8a

Das Stirnzentrum des Pharaos wurde im alten Ägypten durch die Kobra (Abb. 51), das Scheitelzentrum durch die sogenannte „Parfümkrone" oder mit dem KA-Zeichen (Abb. 39) gekennzeichnet. Wir denken dabei an die im Yoga bekannte Schlangenkraft (*kundalini*), die durch die Chakras aufsteigt.

KA-Haltung

Bereits im Abschnitt „Kerzenhalter und KA", S. 90, wurde erläutert, was die Position des KA „be-deutet". Im KA steht (oder sitzt) der Mensch wie ein Obelisk fest mit der Erde verbunden, die ihn hervorbrachte und trägt. Wir erinnern uns an den ägyptischen Töpfergott Chnum, der den Menschen formte. Die Hän-

*Abb. 51: Pharao Sethos I.
Relief aus der sogenannten
Königsgalerie von Abydos,
um 1300 v. Chr.*

de als Antennen (zum Empfangen und Senden) gegen den Himmel gerichtet, steht der Mensch in der Senkrechten als Mittler zwischen Himmel und Erde.

Längeres Verharren in der KA-Stellung „erzieht" den Rükken, kräftigt die Muskulatur des Schultergürtels und erweitert unseren Atemraum. Es ist empfehlenswert, zuerst die aufsteigenden dynamischen Adlerphasen zu durchlaufen, um dann eventuell in der KA-Stellung zu verbleiben und zu spüren ...

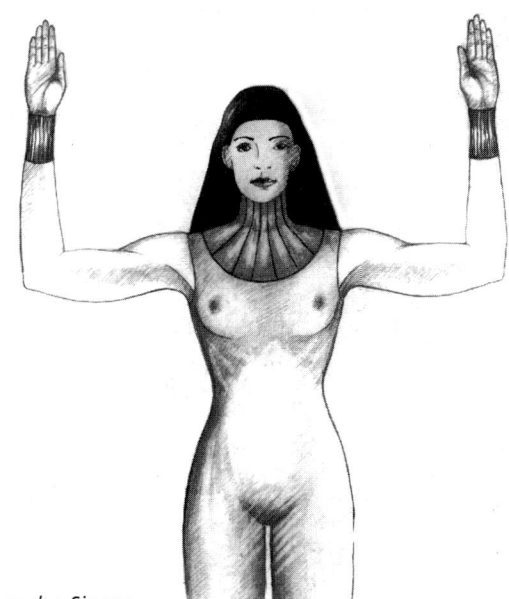

Abb. 52: KA-Stellung, Kreuz des Sieges.

Es heißt, der Glaube versetze Berge. Blinder Glaube führt aber nicht selten in die Irre. Daher sollten Überprüfung und eigene Erfahrung einen wichtigen Platz einnehmen. Das gilt im verführerischen Alltag ebenso wie für die Übung des (ägyptischen) Yoga. Erfahrungen mit der KA-Haltung zeigen, daß längeres Verharren in der KA-Stellung ohne irgendwelche Erwartungen etwas von der allgegenwärtigen Kraft empfinden läßt.

Empfangen und geben

Die Position kann mit geschlossenen oder geöffneten Augen gehalten werden. In dieser Haltung können wir Lebenskraft, Freude und Harmonie aufnehmen und – da alles Ägyptische zwei Bedeutungsebenen hat- auch senden. Ob die aufnehmende oder abgebende innere Haltung gewählt wird, muß jeweils selbst entschieden werden. Fühlen wir, wie Lebenskraft und Gesundheit aufgenommen und eingeatmet werden, oder spüren wir in die geöffneten Handinnenflächen und stellen uns vor, wie segnendes Licht durch die Hände ausgesandt wird.

Entspannung – mentale Adlerübung

Wie unruhig unsere inneren Bilder, Gedanken und Gefühle oft sind, haben wir schon sehr oft festgestellt. Auch in der (liegenden) Entspannung können wir unseren wild turnenden Gedanken – wir verglichen sie mit betrunkenen Affen – ein Objekt zur Beschäftigung geben. Hierfür verwenden wir die Adler-Basisübung.

Wir liegen auf dem Rücken auf dem Boden, die Arme längs des Körpers, die Hände sind in einer uns angenehmen Position. Es ist günstig, wenn die Handrücken am Boden liegen. Die Füße sinken zu den Seiten. Während wir mehrmals tief atmen, stellen wir uns vor, wie bei jeder Ausatmung alle Spannungen und Belastungen aus uns hinausfließen. Danach wird die Adlerübung geistig ausgeführt, wobei jede (gedachte) Bewegung vom zugehörigen Atem begleitet wird. Anders ausgedrückt: wir atmen und visualisieren zu jedem Atemzug eine Phase der Adlerübung (Ü1–Ü8a). Diese mentale Wiederholung führt zu einer tiefen Entspannung. Sie trägt auch dazu bei, daß wir schnell mit der Übung vertraut werden. Zudem wird unsere Vorstellungskraft geschult, Gedächtnis und Konzentrationsvermögen werden entwickelt.

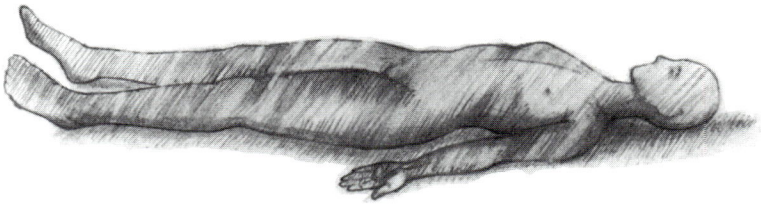

Abb. 53: Entspannungslage, Hände nach oben geöffnet.

Ägyptischer Adler (Basisübung) mit verschiedenen Grundvarianten

Horizontale

Alle Haltungen dienen gleichzeitig der körperlichen Aufrichtung, der Beweglichkeit, der Koordination und Konzentration. Aber auch die Muskulatur von Oberkörper und Armen wird gekräftigt und gedehnt. Unterschiedliche Positionen der Arme bedingen die Betonung verschiedener Energiepunkte und Atemräume. Die folgende Variante läßt sich im Stehen oder sitzend ausführen. Die Haltung symbolisiert die horizontale Polarität, das Rechts und Links, das Vorne und Hinten und damit auch die vier Himmelsrichtungen. Es geht um das Da-sein des Menschen. Die Stellung wurde bereits als Kreuz der Dualität erwähnt (s. Abschnitt „Kerzenhalter und KA", S. 90 f.).

Energiepunkte und Atemräume

Erster Übungsteil

Nach der Ausführung der zuvor beschriebenen Phasen 1–7 (Ü1 bis Ü7) werden die Arme seitlich bis zur Horizontalen ausgebreitet, wobei die Handinnenflächen nach oben geöffnet bleiben. Bei dieser Stellung fließt der Atem durch die Weitung des oberen Brustraumes besonders in die oberen Atemräume.

1. bis 7. Phase (Ü1 bis Ü7): wie auf S. 138–144 beschrieben.

8. Phase (Ü8b): Die Unterarme nach außen bis zur Horizontalen senken – einatmen. (Einatmung während der Armbewegung, die Oberarme bleiben unbewegt, die Handinnenflächen zeigen nach oben, Bewegung aus den Ellbogengelenken.)

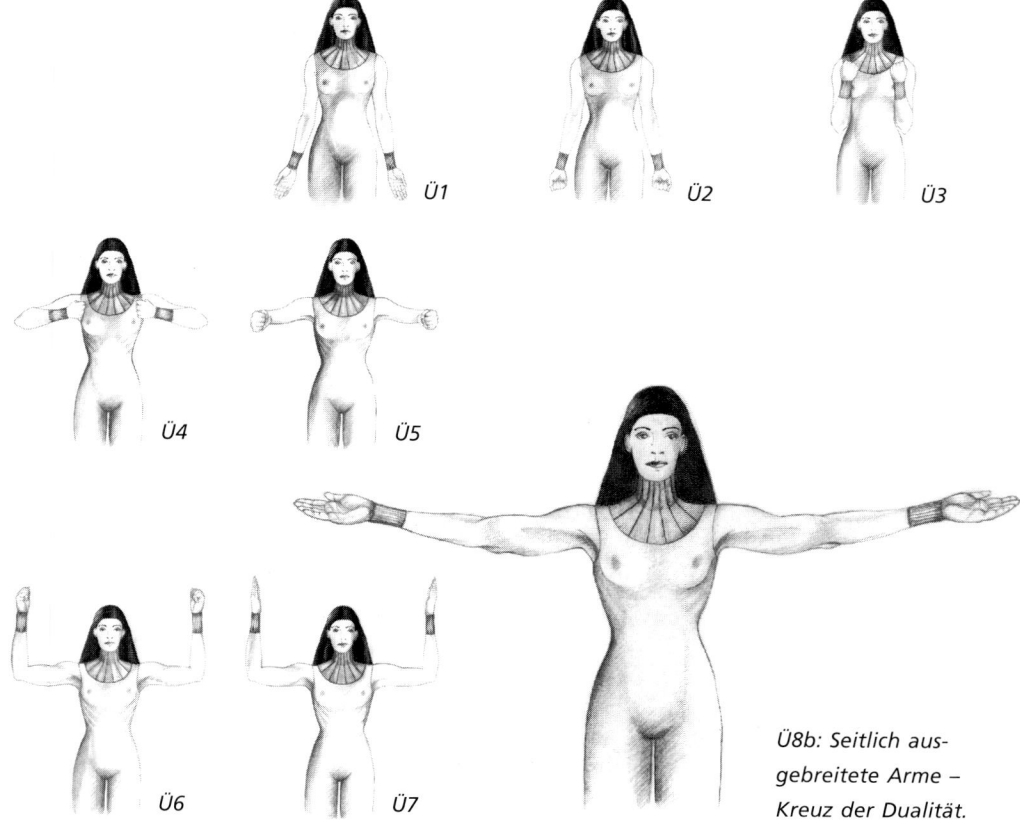

Ü1

Ü2

Ü3

Ü4

Ü5

Ü6

Ü7

Ü8b: Seitlich ausgebreitete Arme – Kreuz der Dualität.

9. Phase (Ü1): Ausgestreckte Arme senken – ausatmen. (Ausatmung während der Armbewegung nach unten, Bewegung aus den Schultergelenken. Die Handinnenflächen bleiben während des Senkens nach oben gewendet und werden unten in eine entspannte Stellung gebracht – oder sie werden während des Senkens wie sich schließende Flügel des Adlers zum Körper gedreht; daher Endposition wie Ü1, aber Handinnenflächen müssen nicht nach vorne zeigen.)

Zweiter Übungsteil (rückläufig)

An den Bewegungsablauf des vorangegangenen Übungsteils können sich die Positionen in umgekehrter, rückläufiger Reihenfolge anschließen.

* Einatmend werden die Arme wieder zur Horizontalen gehoben (s. 8. Phase, Ü8b);
* ausatmend werden die Unterarme nach oben in die Senkrechte gebracht (s. Adlerbewegungen 7. Phase, Ü7).
* Es folgen in umgekehrter Folge die Adlerbewegungen der Phase 6 bis Phase 1 (Ü6 bis Ü1).

Vertikale

Bei der vorangegangenen Position mit seitlich ausgebreiteten Armen wurde die horizontale Polarität symbolisiert. Diese nachfolgend beschriebene, nach oben gerichtete Haltung symbolisiert die vertikale Polarität, Himmel und Erde, Geist und Materie, das Streben nach oben zum Licht. In der KA-Haltung – auch als Kreuz des Sieges bezeichnet (s. S. 97), verbinden sich beide, die horizontalen und vertikalen Polaritäten, mit dem Menschen in der Mitte.

Polaritäten – vertikal und horizontal

Erster Übungsteil

Diese Variante läßt sich im Stehen oder sitzend ausführen. Nach der Ausführung der Adlerphasen 1–7 werden die Arme nach

oben bis zur Senkrechten geführt. Oben werden die Handinnenflächen zusammengelegt. In dieser Stellung fließt der
Atem besonders in den obersten Atemraum. Der Rücken wird
kräftig aufgerichtet und gedehnt, die Beweglichkeit der Schulterblätter und des ganzen Schulterbereichs gefördert.

Ü8c: Arme nach oben – Vertikale.

Zweiter Übungsteil (rückläufig)

An den Bewegungsablauf des vorangegangenen Übungsteils können sich die Positionen in umgekehrter, rückläufiger Reihenfolge anschließen.

* ausatmend werden die Arme nach unten bewegt, bis die Oberarme waagrecht und Unterarme und Hände senkrecht sind. (s. Adlerbewegungen 7. Phase, Ü7);
* es folgen in umgekehrter Folge die Adlerbewegungen Phase 6 bis Phase 1 (Ü6 bis Ü1).

Stellung „Himmel tragen" und „Vereinigte Adlerflügel"

Die nächsten Gesten mit nach oben geöffneten Händen sind wieder Haltungen der symbolischen Öffnung nach oben, Ausdruck des Empfangens und der Ergebenheit. Einige ägyptische Gottheiten stützen in dieser Position symbolisch das Himmelsgewölbe (z.B. Ptah, Khnoum, Horus, Shou, Heh). Solche Darstellungen finden sich auf dem Tierkreis von Dendera, wo zwölf Gottheiten den Himmel tragen. Im Zusammenhang mit dem Mythos der Weltschöpfung sind es Gesten der spirituellen Öffnung und der Verbindung mit der göttlichen Gnade. Die Haltung der Himmelshebung wird auch in Zusammenhang mit dem Symbol der Einheit der beiden Erden gebracht (s. Abschnitt „Sema-taui", S. 101).

Öffnung nach oben

„Himmel tragen"

Erster Übungsteil

Auch diese Variante der Adlerbewegungen läßt sich im Stehen oder sitzend ausführen. Nach Ausführung der Adlerphasen 1–7 werden die Hände nach außen bewegt (nach rechts bzw. links). Die Hände bilden fast einen rechten Winkel zu den Unterarmen. Während der Handbewegungen zu den Seiten wird eingeatmet (Ü8d).

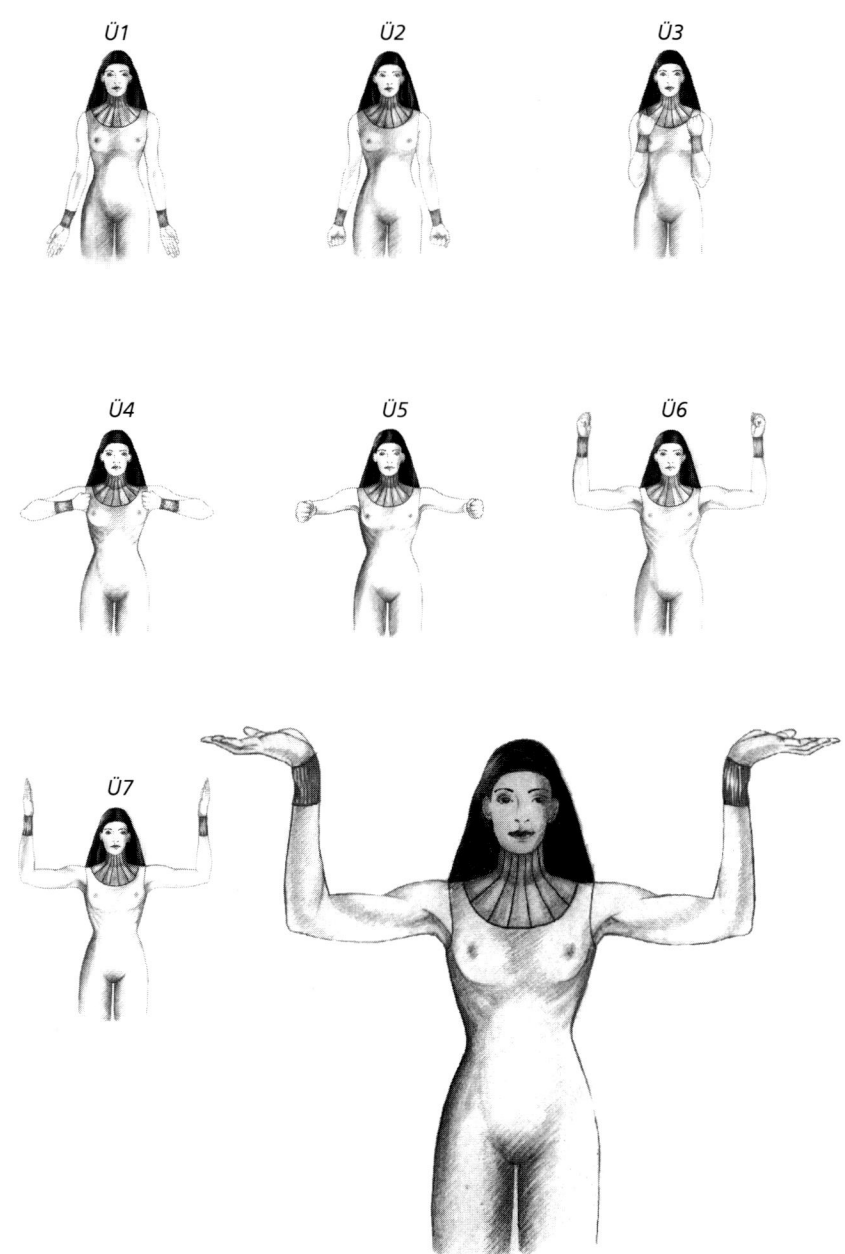

Ü8d: Adlerflügel, „Himmel tragen".

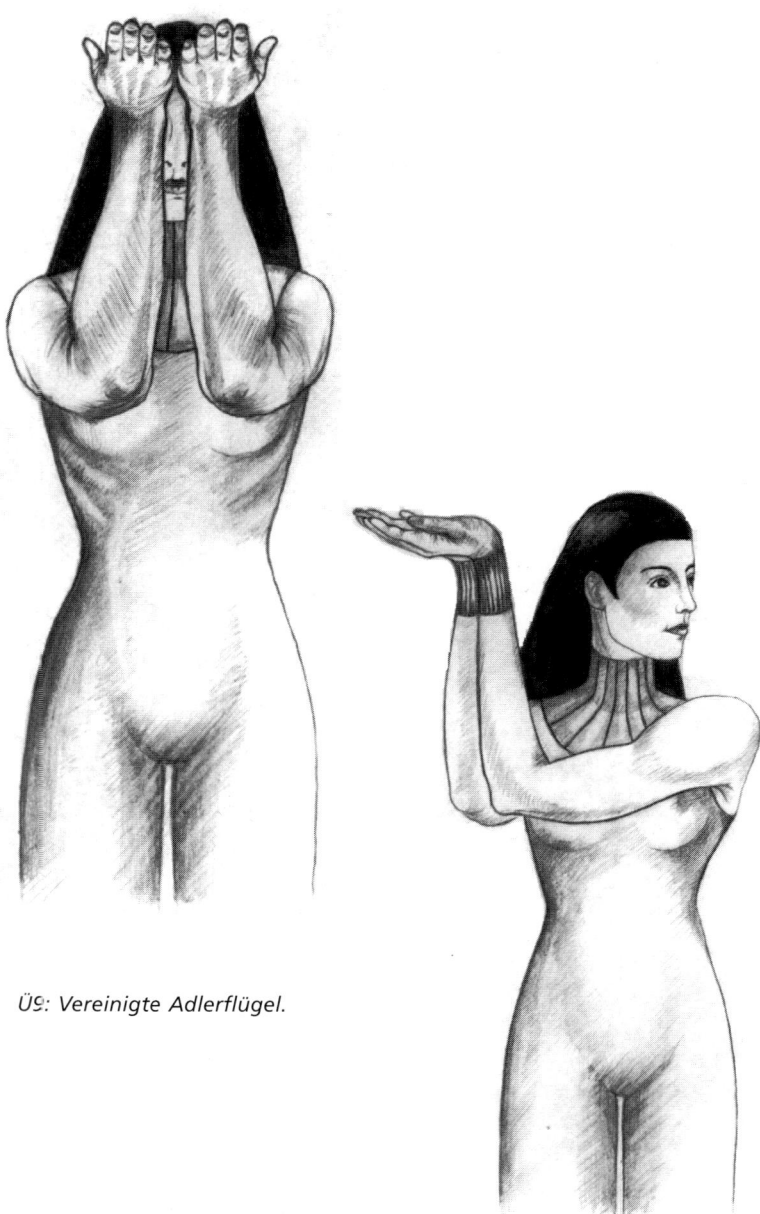

Ü9: Vereinigte Adlerflügel.

Ü10: Vereinigte Adlerflügel mit Drehung.

Zweiter Übungsteil (rückläufig)

An den Bewegungsablauf des vorangegangenen Übungsteils können sich die Positionen in umgekehrter, rückläufiger Reihenfolge anschließen.

✳ Ausatmend werden die Hände nach oben zur Senkrechten gebracht (s. Adlerbewegungen 7. Phase, Ü7);
✳ es folgen in umgekehrter Folge die Adlerbewegungen Phase 6 bis Phase 1 (Ü6 bis Ü1).

Vereinigte Adlerflügel – Variante I

Der vorangegangene Übungsablauf „Himmel tragen" kann mit einer weiteren Variante fortgeführt werden.

Erster Übungsteil

An die Stellung den „Himmeltragens" (Ü8d) schließt sich die Bewegung der abgewinkelten Arme und Hände nach vorne an. Die beiden symbolischen Adlerflügel (Arme und Hände) werden so zusammengelegt, daß sich die Unterarme und die Handkanten berühren (Ü9). Während der Bewegung nach vorne wird ausgeatmet. Die Symbolik des „Himmel tragen" wird hier weiter verstärkt. Die Spannkraft und Beweglichkeit von Rücken, Schultergürtel und Armen wird ebenfalls verbessert. Die Armbewegungen verstärken die Entleerung des oberen Lungenbereichs.

Zweiter Übungsteil (rückläufig)

An den Bewegungsablauf des vorangegangenen Übungsteils können sich die Positionen in umgekehrter, rückläufiger Reihenfolge anschließen.

Vereinigte Adlerflügel – Variante II

Erster Übungsteil

Der vorangegangene Übungsablauf bis zu den „Vereinigten Adlerflügeln – 1.Stufe" kann weitergeführt werden.

Einfache Ausführung (ohne Bild): Mit der Arm-/Handhaltung aus Ü9 wird während der Einatmung eine Drehung des Rumpfes (Oberkörper **und** Becken) zur linken Seite ausgeführt. (Es kann auch mit der rechten Seite begonnen werden.) Nach einer kurzen Atem- und Bewegungspause in der gedrehten Stellung (mit vollen Lungen) folgt mit der Ausatmung die Drehung zurück zur Mitte. Es schließt sich die Drehung mit Einatmung nach rechts an. Nach einem kurzen Verharren (mit vollen Lungen) erfolgt ausatmend die Drehung zurück zur Mitte.

Mittelschwere Ausführung (ohne Bild): Derselbe Ablauf der einfachen Ausführung kann intensiviert werden, indem während der Drehung nur der Oberkörper gedreht wird, während das Becken unbewegt bleibt.

Schwierige Ausführung (Ü10): Während die Arme/Hände einatmend zur Seite bewegt werden, wird gleichzeitig der Kopf zur anderen Seite gedreht. Am intensivsten wirkt diese Übung, wenn das Becken unbewegt bleibt

Zweiter Übungsteil (rückläufig)

An den Bewegungsablauf des vorangegangenen Übungsteils (einfache, mittlere oder schwierige Ausführung) können sich die Positionen in umgekehrter, rückläufiger Reihenfolge anschließen.

◆ Mögliche Wirkungsweisen

Die Chakras öffnen sich. Die Spannkraft der Muskulatur von Rücken, Armen und Schultern wird gestärkt. Blockaden im Schultergürtel werden abgebaut. Der Brustraum öffnet sich, die Alveolen (Lungenbläschen) nehmen vermehrt Sauertoff auf, besonders im oberen und hinteren Lungenbereich.

Zu den Wirkungen der „Vereinigten Adlerflügel – 1. Stufe" kommt bei Stufe 2 die Drehung hinzu. Drehungen wirken sich auf das vegetative Nervensystem und die Wirbelsäule in sehr günstiger Weise aus, indem Blockaden und Verspannungen abgebaut werden. Auch hier gilt, wie bei allen Übungen, auf den eigenen Körper zu hören und von jeglichem Leistungsstreben abzusehen. Entsprechend der gewählten Art der Ausführung wird ein jeweils anderer Teil von Rücken und Wirbelsäule besonders angesprochen. Bei der schwierigen Übungsform wird speziell die Halswirbelsäule beweglich gemacht, aber auch die Schultern und Schulterblätter. Die kräftigende und mobilisierende Wirkung dieser Übung erstreckt sich bis in die Lendengegend, was ohne weiteres zu spüren ist.

Entspannung

Wie in der Entspannung mit den Adler-Basisbewegungen (s. S. 152), können auch die Bewegungen mit den Adler-Endvarianten (s. S. 153–161) mental wiederholt und dabei mit dem entsprechenden Atem verbunden werden. Aufsteigende und absteigende Adlerbewegungen können visualisiert werden.

Ägyptischer Adler mit Zusatzbewegungen

Im nachfolgenden Teil werden weitere ägyptische Yoga-Übungen beschrieben, die von nahezu allen Personen ausgeführt werden können. Obwohl die Darstellung systematisch erfolgt, ist durchaus zu empfehlen, neben den vorgestellten Übungen mit dem Adler, dessen Varianten und Zusätzen zu experimentieren. Dabei kann sich eine Vielzahl von eigenen Übungen ergeben. Bei allem Üben und Ausprobieren muß beachtet werden, daß in Respekt vor dem eigenen Körper und Atem zu üben ist. Jegliche Anwendung von Gewalt, jegliches Erzwingenwollen wird die günstigen Auswirkungen der Übungen zunichte machen.

Übungshinweise

▶ Es ist empfehlenswert, sich zuerst den Bewegungsablauf anzueignen und erst danach den bewußt geführten Atem einzubeziehen. Bei den Übungen wird sich in den meisten Fällen mit den Bewegungen fast wie von selbst der rechte Atem einstellen.

▶ Alle Übungsfolgen können entweder nur mit den aufsteigenden Adlerbewegungen oder mit diesen und zusätzlich mit den absteigenden Bewegungen des Adlers durchgeführt werden – nachfolgend wird darauf nicht mehr bei jedem Bewegungsablauf hingewiesen.

▶ Die meisten Übungen werden in mehreren Übungsvarianten angeboten oder können auf verschiedene Art ausgeübt werden.

Bei der ersten Übungsweise werden die bereits bekannten Adlerbewegungen jeweils mit zusätzlichen Bewegungen gleichzeitig ausgeführt. Bei der zweiten Variante dagegen werden in jeden Ablauf des Adlers mehrmals Zusatzbewegungen eingeschoben, in der Regel nach den Adlerphasen 2, 4, 6 und 8a–8d (Abb. 54). Bei einer dritten Übungsweise wird der Adler mit gleichzeitigen und eingeschobenen Zusatzbewegungen ausgeführt.

Drei Übungsweisen

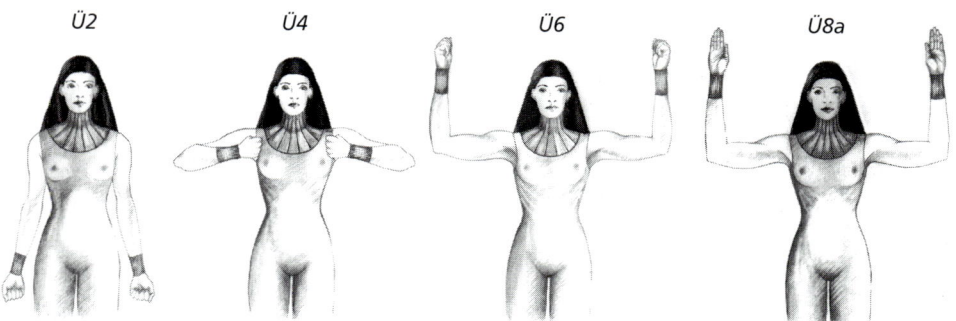

Ü2 Ü4 Ü6 Ü8a

Abb. 54: In diesen Haltungen werden oft Zusatzbewegungen ausgeführt oder danach eingeschoben.

Grundlegende Bausteine des ägyptischen Yoga sind die Adler-übungen und deren Varianten. Im folgenden werden weitere Möglichkeiten gezeigt, wie die Adlerübungen mit zusätzlichen Übungen kombiniert werden können. Dabei ist Aufmerksamkeit erforderlich – die Konzentration wird gefördert. Gleichzeitig muß auf die Körperbewegungen und auf den Atem geachtet werden. Beide werden miteinander kombiniert. Zudem müssen auch noch verschiedene gleichzeitig ausgeführte Bewegungen koordiniert werden. Neben den günstigen Auswirkungen auf den Atem- und Bewegungsapparat wird die Durchblutung und Gehirntätigkeit angeregt. Bei den Übungen werden beide Gehirnhälften gefordert, was hilft, die Einseitigkeit des heutigen Menschen auszugleichen.

Die Übungen werden in ihrer ägyptischen Yoga-Form gezeigt. In vielen Fällen wird die mögliche Verknüpfung mit dem indischen Yoga dargestellt.

Wenn die Grundprinzipien der Vorgehensweise im ägyptischen Yoga – insbesondere die Adlerformen – keine Schwierigkeiten mehr bereiten, kann bei den Übungen an beliebiger Stelle eingestiegen werden. Allerdings darf in keinem Fall forciert geübt werden.

Bewegungen von Kopf und Schultern

Erste Übungsweise (Adlerbewegungen mit gleichzeitigen Zusatzbewegungen)

Die nachfolgenden Bewegungen der Arme/Hände und des Atems entsprechen der Adler-Basisübung (Phase 1–8; also Ü1–Ü8).

Schultern heben und senken

✳ Wir stehen (oder sitzen) mit nach vorne geöffneten Händen (Ü1) und atmen aus;

* mit der Einatmung werden die Hände zu Fäusten geschlossen (Ü2) und gleichzeitig die Schultern hochgezogen;
* ausatmend Fäuste zu den Schultern (Ü3) nehmen und gleichzeitig die Schultern sinken lassen;
* einatmend die abgewinkelten Arme in Schulterhöhe bewegen (Ü4) und gleichzeitig die Schultern hochziehen;
* ausatmend Unterarme nach vorn (Ü5) und gleichzeitig die Schultern sinken lassen;
* einatmend Unterarme zur Senkrechten (Ü6) und gleichzeitig die Schultern hochziehen;
* ausatmend Hände öffnen (Ü7) und gleichzeitig die Schultern sinken lassen;
* einatmend Arme seitlich ausstrecken (Ü8b) und gleichzeitig die Schultern hochziehen;
* ausatmend Arme und Schultern sinken lassen und entspannen.
* Die Übungsfolge in umgekehrter Reihenfolge kann sich anschließen.

Kopf nach vorn neigen

Bei sämtlichen Bewegungen des Kopfes sollte der Schultergürtel möglichst entspannt sein und **nicht** hochgezogen werden. Entsprechend dem Ablauf „Schultern heben und senken" wird jetzt der Kopf während jeder Ausatmung und der entsprechenden Bewegung nach vorne geneigt, das Kinn erreicht dabei vielleicht sogar das Brustbein. Der Rücken bleibt gerade aufgerichtet. Beim Neigen des Kopfes wird nur die Hals-/Nackenwirbelsäule bewegt.

Kopf zur Seite neigen

Die Adlerbewegungen werden mit seitlichem Neigen des Kopfes zur Schulter begleitet – das Ohr nähert sich jeweils der Schulter. Während jeder Ausatmung wird der Kopf zur Seite geneigt. Der ganze Ablauf sollte zunächst zur einen Seite durchgeführt werden, danach die gesamte Übungsfolge zur anderen Seite.

Kopf drehen

Die Adlerbewegungen werden mit Drehungen des Kopfes nach rechts oder links begleitet. Dabei bleibt das Kinn auf der gleichen Höhe. Während jeder Ausatmung wird der Kopf zur Seite gedreht. Der ganze Ablauf sollte zunächst zur einen Seite durchgeführt werden, danach die gesamte Übungsfolge zur anderen Seite.

Zweite Übungsweise (Adlerbewegungen mit eingeschobenen Zusatzbewegungen)

Die nachfolgenden Bewegungen der Arme/Hände und des Atems entsprechen der Adler-Basisübung (Phase 1–8). Jeweils nach den Phasen 2, 4, 6 und 8 werden Bewegungen eingeschoben (zur Verdeutlichung sind die eingeschobenen Abläufe *kursiv* dargestellt). Diese Vorgehensweise wird auch bei vielen anderen Übungsfolgen angewendet. Es ist daher zu empfehlen, sich dieses Übungsprinzip anzueignen. Es handelt sich um klar strukturierbare Übungsfolgen, die durch ihre Einfachheit und große Wirkung bestechen.

Auf die jeweilige Haltung des Kopfes wurde bei der ersten Übungsweise hingewiesen – hier gilt dasselbe.

Schultern nach hinten und vorne bewegen

* Wir stehen (oder sitzen) mit nach vorne geöffneten Händen (Ü1) und atmen aus;
* mit der Einatmung werden die Hände geschlossen (Ü2);
* *während die Arm-/Handstellung beibehalten wird: ausatmend beide Schultern nach hinten bewegen (Schulterblätter bewegen sich aufeinander zu), einatmend zurück zur Normalposition, ausatmend beide Schultern nach vorne bewegen (Schulterblätter bewegen sich auseinander), einatmend zurück zur Normalposition;*
* ausatmend Fäuste zu den Schultern (Ü3);

* einatmend die abgewinkelten Arme in Schulterhöhe bewegen (Ü4);
* *Schulterbewegungen und Atem wie eben (kursiv) beschrieben;*
* ausatmend Unterarme nach vorn (Ü5);
* einatmend Unterarme zur Senkrechten (Ü6);
* *Schulterbewegungen und Atem wie eben (kursiv) beschrieben;*
* ausatmend Hände öffnen (Ü7);
* einatmend Arme seitlich ausstrecken (Ü8b);
* *Schulterbewegungen und Atem wie eben (kursiv) beschrieben;*
* ausatmend Arme sinken lassen (Ü1).
* Die Übungsfolge in umgekehrter Reihenfolge kann sich anschließen;

Schultern kreisen

Das Schulterkreisen ist aus Gymnastik und Yoga bekannt. Kreisen der Gelenke entspannt die umliegende Muskulatur. Mit der Adler-Basisübung verbunden entspricht der Übungsablauf den Schulterbewegungen nach hinten und vorn. Nur die eingeschobenen Bewegungen sind abweichend.

* Wir stehen (oder sitzen) mit nach vorne geöffneten Händen (Ü1) und atmen aus;
* mit der Einatmung werden die Hände geschlossen (Ü2);
* *während die Arm-/Handstellung beibehalten wird und der Atem frei fließen soll (!): die Schultern in einer sanften, ununterbrochenen Bewegung nach hinten und dann nach vorne kreisen lassen; mehrmals wiederholen. Es kann mehrmals ein- bzw. ausgeatmet werden;*
* ausatmend Fäuste zu den Schultern (Ü3);
* einatmend die abgewinkelten Arme in Schulterhöhe bewegen. (Ü4);
* *kreisende Schulterbewegungen und Atem wie (kursiv) beschrieben;*

✳ ausatmend ... (weiter wie zuvor in „Schultern nach hinten und vorne beugen" beschrieben).

Kopf zu den Seiten neigen

Der Übungsablauf entspricht dem bei den Schulterbewegungen beschriebenen. Nur die eingeschobenen Bewegungen sind abweichend:

✳ *Während die Arm-/Handstellung beibehalten wird: ausatmend den Kopf seitlich nach rechts neigen (Ohr zur Schulter), einatmend zurück zur Mittelposition, ausatmend den Kopf nach links neigen (Ohr zur Schulter), einatmend zurück zur Mittelposition.*

Kopf nach beiden Seiten drehen

Die Übung entspricht dem bei den Schulterbewegungen beschriebenen Ablauf. Nur die eingeschobenen Bewegungen sind abweichend:

✳ *Während die Arm-/Handstellung beibehalten wird: ausatmend den Kopf nach rechts drehen, einatmend zurück zur Mittelposition, ausatmend den Kopf nach links drehen, einatmend zurück zur Mittelposition.*

Kopf-/Nackenrollen

Bekannt ist auch das Nackenrollen. Mit der Adler-Basisübung verbunden entspricht der Übungsablauf dem bei den Schulterbewegungen beschriebenen. Nur die eingeschobenen Bewegungen sind abweichend.

✳ Wir stehen (oder sitzen) mit nach vorne geöffneten Händen (Ü1) und atmen aus;

✳ mit der Einatmung werden die Hände geschlossen (Ü2);

✳ *während die Arm-/Handstellung beibehalten wird und der Atem frei fließen soll (!): den Kopf in einer sanften, langsamen, aber ununterbrochenen Bewegung nach vorn, nach rechts, nach oben, nach links und nach vorn rollen. (Der Kopf wird* **nicht** *nach hinten geneigt. Die Kopfbewegung bil-*

det einen Halbkreis); mehrmals wiederholen. Es kann mehrmals ein- bzw. ausgeatmet werden. Vermutlich wird sich bei
längerer Übung ein individueller Atemrhythmus einstellen;

* ausatmend Fäuste zu den Schultern (Ü3);
* einatmend die abgewinkelten Arme in Schulterhöhe bewegen. (Ü4);
* *kreisende Kopfbewegungen und Atem wie eben (kursiv) beschrieben;*
* ausatmend … weiter wie zuvor beschrieben.

◆ Mögliche Wirkungsweisen

Die Bewegungen des Kopfes und der Schultern lockern eine
verspannte Nackenmuskulatur, welche Blutgefäße und Nerven
einengt. Sie wirken gegen steifen Hals und Kopfschmerzen.
Schultergelenke und Schulterblätter werden beweglich, Verspannungen werden gelöst. Die Angst, die uns im Nacken sitzt,
läßt mit der Lockerung nach. Damit werden Körper und Geist
insgesamt entspannter.

Seitbeuge

Ausführung im ägyptischen Yoga

Erste Übungsweise
(Adlerbewegungen mit gleichzeitigen Zusatzbewe-
gungen)

Die nachfolgenden Bewegungen der Arme/Hände und des
Atems entsprechen wieder der Adler-Grundform (Phase 1–8).
Nachfolgend wird mit der rechten Seite begonnen – es kann
aber auch mit der linken angefangen werden.

* Wir stehen (oder sitzen) mit nach vorne geöffneten Händen
(Ü1) und atmen aus;
* mit der Einatmung werden die Hände zu Fäusten geschlossen
(Ü2);

✳ ausatmend die Fäuste zu den Schultern bringen und gleichzeitig den Oberkörper nach rechts neigen (Ü11);

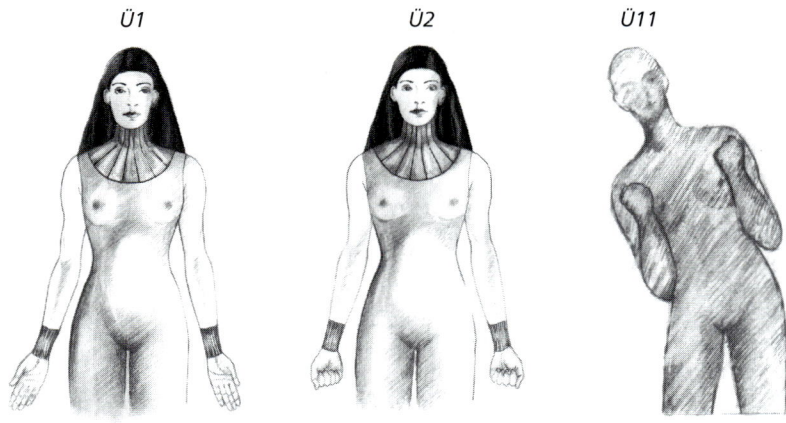

Ü1   Ü2   Ü11

✳ einatmend den Oberkörper wieder aufrichten und dabei gleichzeitig die abgewinkelten Arme auf Schulterhöhe heben (Ü4);

✳ ausatmend Oberkörper nach rechts neigen und gleichzeitig die Unterarme nach vorne abwinkeln (Ü12);

✳ einatmend die Unterarme zur Senkrechten erheben und gleichzeitig den Oberkörper aufrichten (Ü6);

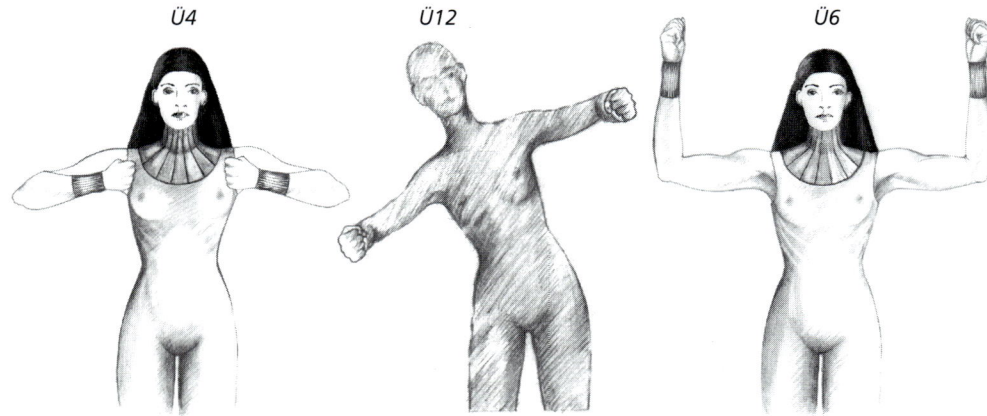

Ü4   Ü12   Ü6

* ausatmend die Hände öffnen und nach rechts neigen (Ü13);
* einatmend die Arme seitlich ausbreiten und den Oberkörper dabei aufrichten (Ü8b);
* mit der Ausatmung die Arme nach unten senken (Ü1).
* Der rückläufige Bewegungsablauf kann sich anschließen.
* Es folgt derselbe Übungsablauf mit Seitbeugen zur anderen Seite.

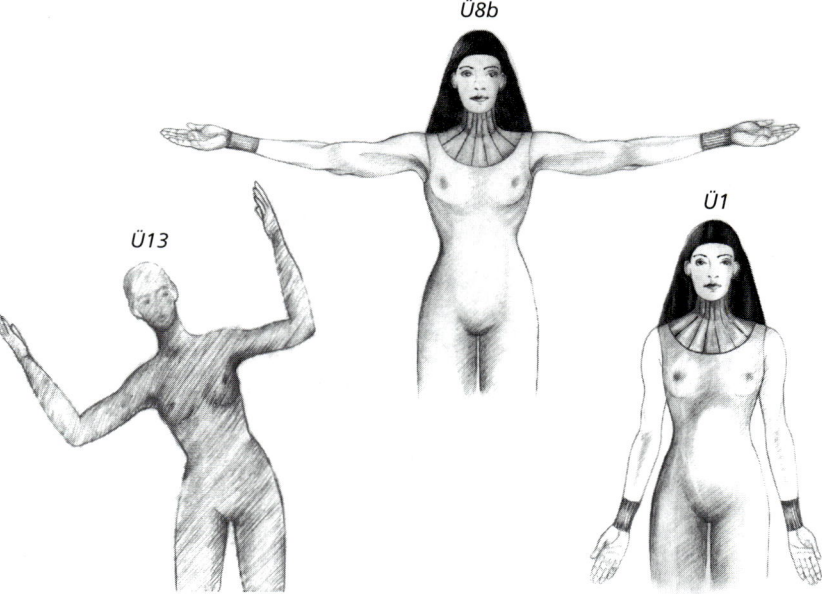

Ü8b

Ü13

Ü1

Zweite Übungsweise
(Adlerbewegungen mit eingeschobenen Zusatzbewegungen)

* Jeweils nach den Phasen 2, 4, 6 und 8 werden Bewegungen eingeschoben (zur Verdeutlichung sind die eingeschobenen Abläufe *kursiv* dargestellt).
* Wir stehen (oder sitzen) mit nach vorne geöffneten Händen (Ü1) und atmen aus;
* mit der Einatmung werden die Hände zu Fäusten geschlossen (Ü2);

* *während die Arm-/Handstellung beibehalten wird: ausatmend den Oberkörper nach rechts neigen, einatmend zurück zur Mitte, ausatmend den Oberkörper nach links neigen, einatmend zurück zur Mitte;*
* ausatmend Fäuste zu den Schultern (Ü3);
* einatmend die abgewinkelten Arme in Schulterhöhe bewegen. (Ü4);
* *Seitbeugen wie eben (kursiv) beschrieben;*
* ausatmend Unterarme nach vorn (Ü5);
* einatmend Unterarme zur Senkrechten (Ü6);
* *Seitbeugen wie eben (kursiv) beschrieben;*
* ausatmend Hände öffnen (Ü7)[60];
* einatmend Arme seitlich ausstrecken (Ü8b);
* *Seitbeugen wie eben (kursiv) beschrieben[61];*
* ausatmend Arme sinken lassen (Ü1) oder die Bewegungsfolge rückläufig anschließen.

Ägyptisches und indisches Yoga in gegenseitiger Ergänzung

Mit den dynamischen Adler- und Seitenbewegungen wurde gleichzeitig eine im indischen Yoga bekannte Haltung vorbereitet, der **Halbmond** (*ardha chandrasana*). An die Seitbeuge nach rechts (gegen Ende der vorherigen Übung, s. Fußnote 61) läßt sich der Halbmond im Stehen anschließen.

* Nachdem der Körper mit ausgebreiteten Armen (nach rechts) geneigt wurde, wird der rechte Arm gesenkt und die Handinnenfläche an den rechten Oberschenkel gelegt;
* gleichzeitig hebt sich der gestreckte linke Arm, bis der Oberarm das linke Ohr berührt;

---

[60] später erwähnte Einstiegstelle für die Fortführung mit der Yoga-Stellung „Halbmond".

[61] später erwähnte Einstiegstelle für die Fortführung mit der Yoga-Übung „Halbmond" (s. S. 173).

✳ während normal weitergeatmet wird, gleitet die Hand am Oberschenkel weiter nach unten. Hilfreich ist dabei die Vorstellung, wie sich die Rippen auf der linken Seite des Brustkorbs bei jeder Einatmung wie bei einer Ziehharmonika öffnen. So wird die Muskulatur der linken Seite gedehnt und entkrampft.

Yoga-Erfahrene können diese statische Halbmondstellung für mehrere Atemzüge unbeweglich beibehalten, um dann zur aufrechten Haltung zurückzukehren und den Halbmond zur anderen Seite hin zu wiederholen.

Eine **weitere** und bekanntere **Halbmond-Variante** läßt sich auf folgende Weise ägyptisch vorbereiten:

✳ Nach der Ausführung der Adler- und Seitenbewegungen (bis Ü7, s. Fußnote 60, S. 172) werden einatmend die Arme nach oben gebracht (Ü8c);

✳ während die nach oben gestreckte Arm-/Handstellung beibehalten wird: ausatmend den Oberkörper nach rechts bewegen und in der Position bleiben. Mit jedem frei fließenden Atemzug kann die Seitneigung noch verstärkt werden. Dabei hilft die Vorstellung, wie sich mit jeder Einatmung die Rippen und Wirbel auf der linken Seite fächerartig weiten – bei jeder Ausatmung hingegen kommen Rippen und Wirbel auf der rechten Seite näher zusammen.

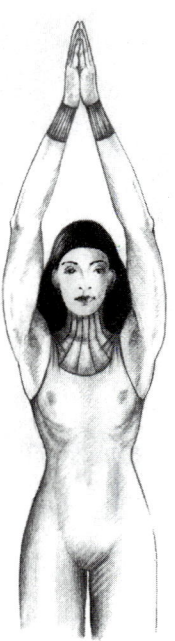

Yoga-Erfahrene können diese statische Halbmondstellung für mehrere Atemzüge unbeweglich beibehalten, um dann zur aufrechten Haltung zurückzukehren. Die Übung soll zur anderen Seite hin wiederholt werden.

Ü8c

◆ **Mögliche Wirkungsweisen**

Leber, Milz, Nieren und Nebennieren werden massiert. Die Übung beugt der Bildung von Steinen in Galle oder Nieren vor, belebt und fördert den Energiefluß.

Entspannung

Rückenlage; der Atem wird von den im Geiste vorgestellten Bewegungen des Adlers mit Seitbeugen begleitet.

Indische Yoga-Stellungen

Mit ägyptischen Adlerübungen in Kombination mit Seitbeugen lassen sich z.B. folgende Hatha-Yoga-Stellungen vorbereiten oder kombinieren:

✳ Halbmondstellung – *ardha chandrasana* im Stehen, sitzend oder liegend.

Rückbeuge und Vorbeuge

Ausführung im ägyptischen Yoga

Erste Übungsweise (Adlerbewegungen mit gleichzeitigen Zusatzbewegungen)

Rückbeuge

Als erstes die Rückbeuge. Dabei sollte unbedingt darauf geachtet werden, daß nur der obere Teil des Rumpfes, also die Brustwirbelsäule, rückwärts gebogen wird (Ü14). Dies zu beachten ist sehr wichtig! Die Rückbeuge darf nicht durchgeführt werden, indem man sich in der Lendengegend durchbiegt, da dieser Bereich der Wirbelsäule der empfindlichste ist und den geringsten Widerstand bietet.

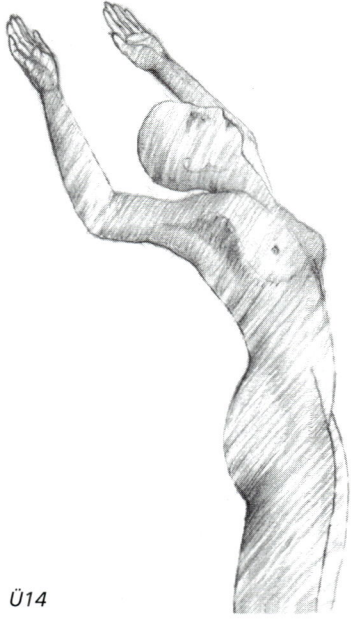

Ü14

Die nachfolgenden Bewegungen der Arme/Hände und des Atems entsprechen der Adler-Grundform (Phase 1 bis 8).

✳ Wir stehen (oder sitzen) mit nach vorne geöffneten Händen und atmen aus (Ü1);
✳ mit der Einatmung werden die Hände zu Fäusten geschlossen, gleichzeitig wird der Oberkörper nach hinten gebogen;
✳ ausatmend die Fäuste zu den Schultern bringen und gleichzeitig den Oberkörper wieder aufrichten (Ü3);
✳ einatmend den Oberkörper rückwärts biegen und dabei gleichzeitig die abgewinkelten Arme auf Schulterhöhe heben;
✳ ausatmend den Oberkörper wieder aufrichten und gleichzeitig die Unterarme nach vorne abwinkeln (Ü5);
✳ einatmend die Unterarme zur Senkrechten erheben und gleichzeitig den Oberkörper zurück biegen;
✳ ausatmend die Hände öffnen und den Oberkörper dabei aufrichten (Ü7);
✳ einatmend die Arme seitlich ausbreiten (Ü8b) und den Oberkörper zurück biegen;
✳ mit der Ausatmung den Oberkörper wieder aufrichten und die Arme nach unten senken (Ü1).
✳ Der rückläufige Bewegungsablauf kann sich anschließen.

Vorbeuge

Bei der Vorbeuge des Oberkörpers muß der Begriff Wirbel-Säule wörtlich genommen werden – eine Säule ist nicht biegsam. Wirbelsäule und Rücken bleiben während der Vorbeuge ganz gerade (Ü15). Die Hüftgelenke bilden die Achse, aus der die Vorbeuge erfolgt.

....
**Vorbeuge mit ge-
rader Wirbelsäule**

Ü15

Die nachfolgenden Bewegungen der Arme/Hände und des Atems entsprechen der Adler-Grundform (Phase 1–8).

✳ Wir stehen (oder sitzen) mit nach vorne geöffneten Händen und atmen aus (Ü1);

✳ mit der Einatmung werden die Hände zu Fäusten geschlossen (Ü2);

✳ ausatmend die Fäuste zu den Schultern bringen und gleichzeitig den Oberkörper nach vorne beugen;

* einatmend den Oberkörper aufrichten und dabei gleichzeitig die abgewinkelten Arme auf Schulterhöhe heben (Ü4);
* ausatmend den Oberkörper nach vorne beugen und gleichzeitig die Unterarme nach vorne abwinkeln;
* einatmend die Unterarme zur Senkrechten erheben und gleichzeitig den Oberkörper aufrichten (Ü6);
* ausatmend die Hände öffnen und den Oberkörper nach vorne beugen;
* einatmend die Arme seitlich ausbreiten und den Oberkörper aufrichten (Ü8b);
* mit der Ausatmung die Arme nach unten senken (Ü1).
* Der rückläufige Bewegungsablauf kann sich anschließen.

Zweite Übungsweise (Adlerbewegungen mit eingeschobenen Zusatzbewegungen)

Rückbeuge und Vorbeuge

Die Adlerbewegungen können, wie zuvor beschrieben, durchgeführt werden, indem zunächst nur die Rückbeugen jeweils nach den Phasen 2, 4, 6 und 8 eingeschoben werden. Bei einem weiteren Adler-Durchlauf werden nur die Vorbeugen eingefügt.

Nachfolgend wird die **Kombination** von Rück- und Vorbeuge mit dem Adler beschrieben. Jeweils nach den Phasen 2, 4, 6 und 8 werden Bewegungen eingeschoben (zur Verdeutlichung sind die eingeschobenen Abläufe *kursiv* dargestellt).

* Wir stehen (oder sitzen) mit nach vorne geöffneten Händen (Ü1) und atmen aus;
* mit der Einatmung werden die Hände zu Fäusten geschlossen (Ü2);
* *während die Arm-/Handstellung beibehalten wird: ausatmend den Oberkörper nach hinten neigen, einatmend zurück zur Mitte, ausatmend den Oberkörper nach vorne neigen, einatmend zurück zur Mitte;*
* ausatmend Fäuste zu den Schultern (Ü3);

✳ einatmend die abgewinkelten Arme in Schulterhöhe bewegen (Ü4);

✳ *Bewegungen des Oberkörpers wie eben (kursiv) beschrieben;*

✳ ausatmend Unterarme nach vorn (Ü5);

✳ einatmend Unterarme zur Senkrechten (Ü6);

✳ *Bewegungen des Oberkörpers wie eben (kursiv) beschrieben;*

✳ ausatmend Hände öffnen (Ü7);

✳ einatmend die Handinnenflächen nach vorne drehen (Ü8a);

✳ *Bewegungen des Oberkörpers wie eben (kursiv) beschrieben (Ü14, Ü15);*

✳ ausatmend die Arme sinken lassen (Ü1) oder die Bewegungsfolge rückläufig anschließen.

Ägyptisches und indisches Yoga in gegenseitiger Ergänzung

Mit den vorangegangenen Bewegungen wurden gleichzeitig im indischen Yoga bekannte Haltungen vorbereitet. Diese Vorbereitung erleichtert und ergänzt statische *asanas*. An die Vorbeuge lassen sich beispielsweise Rumpfbeuge-Varianten (*padangusthasana, padahastasana, uttanasana*) anschließen. Die Adler-Rückbeugen können z.B. als Bewegungen zur Vorbereiung von Brustdehnung (*parsvottanasana*), Bogenvarianten (*dhanurasana*), Rad oder Halbmond (*ardha chandrasana*) nach rückwärts genutzt werden. Die ausführliche Beschreibung der exakten Endstellungen kann in vielen Büchern über Hatha-Yoga nachgelesen werden.

Beispiel 1

Nachfolgend die Beschreibung der Verknüpfung von Adler und Halbmond nach rückwärts:

✳ Nachdem die Hände zueinander geöffnet wurden (in der Folge „Rückenbeuge" bis Ü7), werden die Arme mit der Einatmung nach oben gestreckt und die Handinnenflächen zusammengelegt (Ü8c);

✳ während die Arm-/Handstellung beibehalten wird: ausatmend den Oberkörper nach hinten bewegen. Obwohl der Rumpf so weit wie möglich nach hinten gebeugt wird, müssen die Lendenwirbel dabei geschont und möglichst nicht bewegt werden. Die Bewegung nach hinten findet in der Brustwirbelsäule statt. Dabei wird gleichzeitig das Becken nach hinten gekippt.

....
Lendenwirbel-
säule schonen

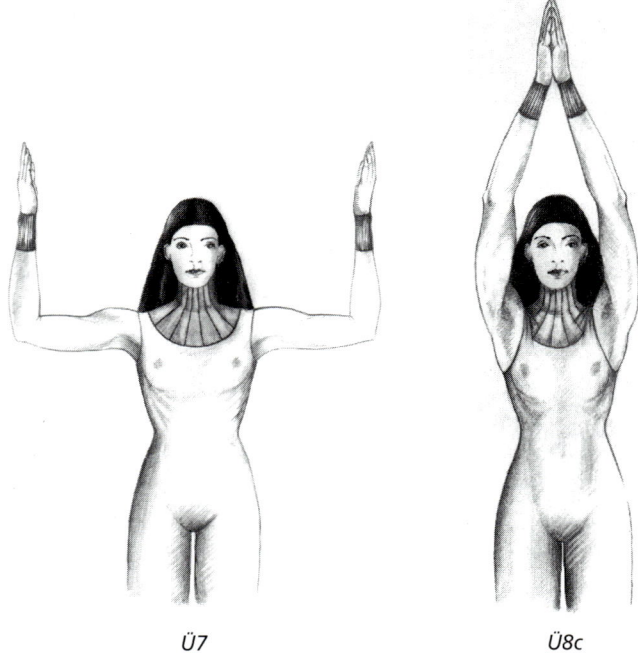

Ü7   Ü8c

Yoga-Erfahrene können diese statische Halbmondstellung nach hinten für mehrere Atemzüge unbewegt beibehalten, um dann zur aufrechten Haltung zurückzukehren.

Beispiel 2

Nach den vorbereitenden Adler-Rückenbeugen kann auch aus einer Rückbeuge mit seitlich ausgebreiteten Armen (anstatt aus der KA-Haltung, Ü14) eine statische Haltung entstehen, die Brustdehnung (*parsvottanasana*):

✳ Die seitlich ausgebreiteten Arme werden nach hinten unten geführt und die Hände fassen sich, die Schulterblätter werden zusammengeführt. Der Kopf kann eventuell leicht nach hinten bewegt werden. Das Becken wird nach vorne geschoben, die Arme nach unten gedehnt, der Nacken lang gemacht.

✳ Aus der Taille heraus wird nun der Oberkörper aufgerichtet, der Rücken wird gerade, aus den Hüftgelenken folgt eine Beuge mit anschließender Vorbeuge. Während der gesamten Bewegung des Aufrichtens und der Vorbeuge bleiben die Hände zusammen, die gestreckten Arme ein wenig vom Rumpf entfernt.

Beispiel 3

Nach den vorbereitenden Adler-Vorbeugen kann auch aus der Vorbeuge mit seitlich ausgebreiteten Armen (anstatt aus der KA-Haltung, Ü15) eine statische Haltung entstehen, der „Kniekuß" im Stehen:

✳ Die Arme sinken nach vorne unten, die Hände fassen die Waden. Vorsichtig wird der Oberkörper zu den Beinen gezogen.

◆ Mögliche Wirkungsweisen

Die korrekte Statik der Wirbelsäule ist eng verbunden mit der senkrechten Haltung und mit der Stellung des Beckens. Bei vielen Menschen ist das Becken mehr oder weniger nach vorne gekippt (Lendenlordose). Oftmals ist die Ursache eine Verkürzung der Oberschenkelmuskulatur (Iliopsoas-Muskeln) und von am Becken ansetzenden Bändern. Ist zusätzlich die Bauchmuskulatur erschlafft, so verstärkt sich die Rückenkrümmung, die Bauchorgane werden nicht richtig durchblutet und der Atem wird oberflächlich, weil sich der Brustkorb nicht entfalten kann.

Günstige Auswirkungen der beschriebenen **Rückbeugen**:
✳ Dehnung von Brust-, Bauch- und Oberschenkelmuskeln;
✳ Förderung der Beweglichkeit des Rückrats und der Schultern;

* Verminderung von Fettansatz an Bauch und Hüfte;
* Anregung der Peristaltik (Magen-Darm-Tätigkeit);
* verstärkte Durchblutung der Nieren;
* Entspannung des Solarplexus.

Günstige Auswirkungen der beschriebenen **Vorbeugen**:
* Dehnung und Stärkung der rückwärtigen Körpermuskulatur und der entsprechenden Bänder (Hals, Nacken, Rücken, Beine);
* Verbesserung der Beweglichkeit von Rückrat und Schultern;
* Anregung innerer Organe, der Verdauung und Durchbutung (auch des Kopfes).

Entspannung

1. Möglichkeit. Rückenlage; die Atemzüge werden von den zugehörigen visualisierten Bewegungen begleitet.

2. Möglichkeit. Rückenlage; wir stellen uns vor, daß der Atem von weit her (vielleicht von einem Tannen- oder Pinienwald) tief in uns einströmt. Ausatmend fließt unser Atem in die Weite zu dem Wald zurück. Wenn die Bäume ausatmen, so atmen wir ein – atmen wir aus, so atmen die Bäume ein.

....
Mit Bäumen atmen

Indische Yoga-Stellungen

Mit ägyptischen Adlerübungen in Kombination mit Vor- und Rückbeugen lassen sich z.B. folgende Hatha-Yoga-Stellungen vorbereiten oder kombinieren:

Vorbeuge:
* Rumpfbeuge – *padangusthasana*
* Stehende Zange – *uttanasana;*

Rückbeuge:
* Halbmond nach hinten – *ardha chandrasana*
* Brustdehnung – *parsvottanasana*
* Tapferkeitshaltung – *birwadrasana*
* Rad – *chakrasana.*

Drehung

Ausführung im ägyptischen Yoga

Erste Übungsweise
(Adlerbewegungen mit gleichzeitigen Zusatzbewegungen)

....
Eigenes Empfinden als Maßstab

Die Drehungen können so ausgeführt werden, wie es angenehm erscheint, nur sollte die Haltung aufgerichtet sein. Intensiver werden die Drehungen, wenn das Becken unbewegt bleibt und nur der Oberkörper gedreht wird. Als weitere Steigerung kann noch die Drehung des Kopfes hinzugenommen werden. Die Wahl der Variation sollte sich am eigenen Empfinden orientieren.

Die nachfolgenden Bewegungen der Arme/Hände und des Atems entsprechen der Adler-Grundform (Phase 1–8).

✳ Wir stehen mit nach vorne geöffneten Händen (Ü1) und atmen aus;

✳ mit der Einatmung werden die Hände zu Fäusten geschlossen (Ü2);

✳ ausatmend die Fäuste zu den Schultern bringen und gleichzeitig den Oberkörper nach rechts drehen;

✳ einatmend den Oberkörper wieder zur Mitte zurückdrehen und dabei gleichzeitig die abgewinkelten Arme auf Schulterhöhe heben (Ü4);

✳ ausatmend Oberkörper nach rechts drehen und gleichzeitig die Unterarme nach vorne abwinkeln;

✳ einatmend die Unterarme zur Senkrechten erheben und gleichzeitig den Oberkörper zur Mitte drehen (Ü6);

✳ ausatmend die Hände öffnen und Oberkörper nach rechts drehen;

✳ einatmend die Hände zu den Seiten abwinkeln und den Oberkörper dabei zur Mitte drehen (Ü8d);

✳ mit der Ausatmung Arme und Hände vor dem Gesicht zusammenbringen (Ü9) und gleichzeitig Oberkörper und Arme nach rechts drehen (Ü10 mit zusätzlicher Drehung des Kopfes zur Gegenseite)*;

✳ einatmend die Arme und Hände wieder auseinander und zur Mitte drehen (Ü8d).

✳ Der rückläufige Bewegungsablauf kann sich anschließen.

✳ Es folgt derselbe Übungsablauf mit Drehungen zur anderen Seite.

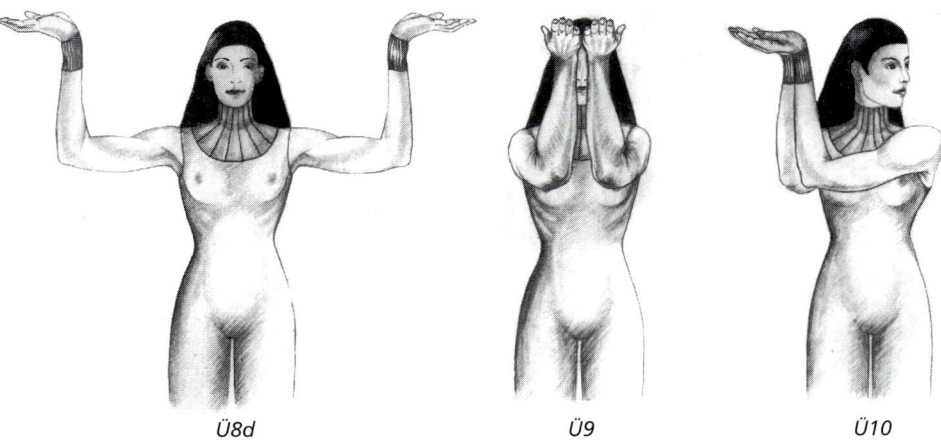

Ü8d   Ü9   Ü10

Zweite Übungsweise (Adlerbewegungen mit eingeschobenen Zusatzbewegungen)

Jeweils nach den Phasen 2, 4, 6 und 8 werden Bewegungen eingeschoben (zur Verdeutlichung sind die eingeschobenen Abläufe *kursiv* dargestellt).

✳ Wir stehen (oder sitzen) mit nach vorne geöffneten Händen (Ü1) und atmen aus;

✳ mit der Einatmung werden die Hände zu Fäusten geschlossen (Ü2);

✳ *während die Arm-/Handstellung beibehalten wird: ausatmend den Oberkörper nach rechts drehen (Ü16), einatmend zurück zur Mitte (Ü2), ausatmend den Oberkörper nach links drehen, einatmend zurück zur Mitte (Ü2);*

---

* Auf dem Bild Ü10 fehlt die Drehung des Oberkörpers – gezeigt wird die Arm- und Handhaltung sowie die Drehung des Kopfes.

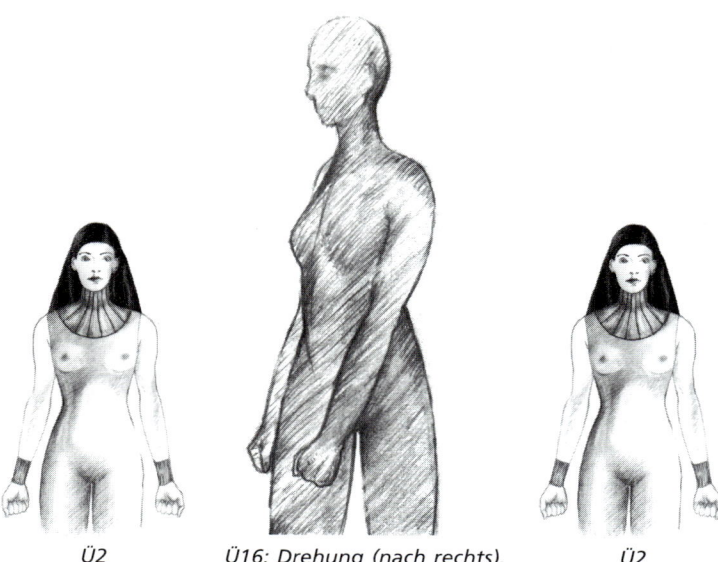

Ü2   Ü16: Drehung (nach rechts).   Ü2

* ausatmend Fäuste zu den Schultern (Ü3);
* einatmend die abgewinkelten Arme in Schulterhöhe bewegen. (Ü4);
* *Drehungen wie eben (kursiv) beschrieben (Ü17);*

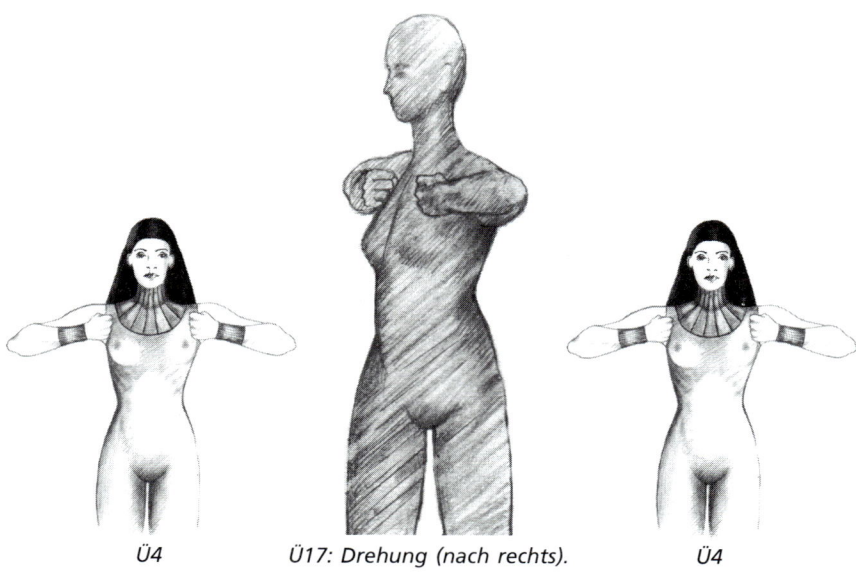

Ü4   Ü17: Drehung (nach rechts).   Ü4

❋ ausatmend Unterarme nach vorn (Ü5);

❋ einatmend Unterarme zur Senkrechten (Ü6);

❋ *Drehungen wie eben (kursiv) beschrieben (Ü18);*

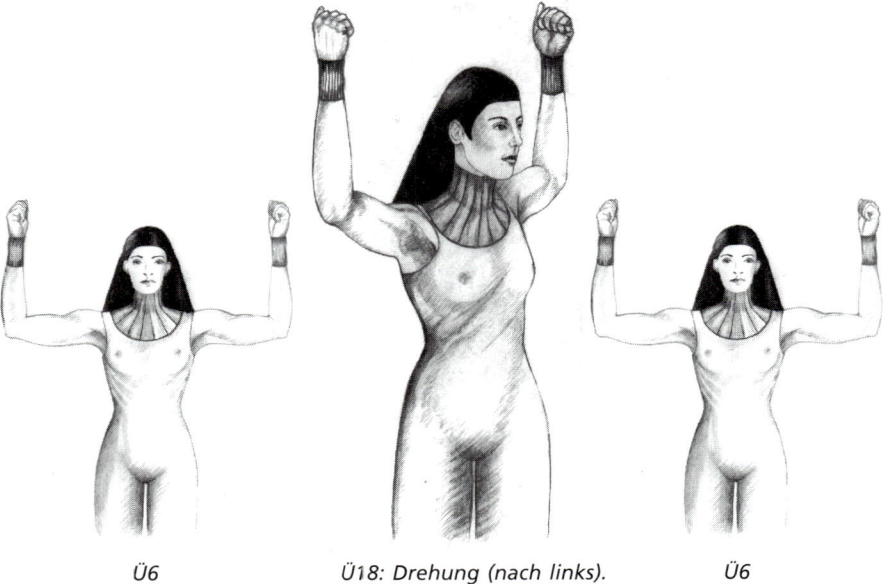

Ü6   Ü18: Drehung (nach links).   Ü6

❋ ausatmend Hände öffnen (Ü7);

❋ einatmend Arme seitlich ausstrecken (Ü8b);

❋ *Drehungen mit seitlich ausgebreiteten Armen wie eben (kursiv) beschrieben;*

❋ ausatmend Arme sinken lassen (Ü1) oder die Bewegungsfolge rückläufig anschließen.

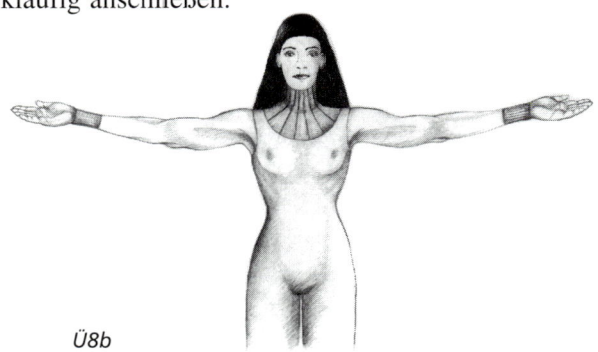

Ü8b

Variation:

Anstatt die Arme seitlich auszubreiten können sich auch die Drehungen zu beiden Seiten mit den Positionen Ü8a, Ü8c oder Ü8d anschließen.

◆ **Mögliche Wirkungsweisen**

Drehungen mit dem Kerzenhalter bilden charakteristische Haltungen des ägyptischen Yoga, die auch in der ägyptischen Kunst ihren Ausdruck finden.

Blockaden auf-lösen

Blockaden und Spannungen wirken dem Aufsteigen der spirituellen Energie, die an der Wurzel der Wirbelsäule ihren Sitz hat, entgegen. Die Verbindung von Adlerbewegung und Drehung erlaubt die Entriegelung aller Stockwerke der Wirbelsäule sowie die Auflösung von Verspannungen, die sich an der umgebenden Muskulatur angesammelt haben. Dies ergibt den Eindruck von physischer und psychischer Befreiung und neuer Energie, die man bei der Ausführung erfährt. Die Haltung von Rücken und Becken wird bewußt, die Wirbelsäule richtet sich auf. Drehungen der Wirbelsäule fördern die Beweglichkeit und schaffen im Körper ein Gefühl von Flexibilität und Raum.

Auch ohne die angegebenen Atemempfehlungen wird sich bei den Übungen eine natürliche Verbindung von Atem und Bewegung einstellen, die heilsam auf Beweglichkeit und Atemgeschehen wirkt.

Entspannung

1. Möglichkeit. Rückenlage; die Atemzüge werden von den zugehörigen visualisierten Bewegungen begleitet.

Leben – Gesundheit – Kraft

2. Möglichkeit. Rückenlage; während der Atem tief und gleichmäßig wie von selbst fließt, wiederholen wir innerlich die Worte „Leben – Gesundheit – Kraft". Diese drei Begriffe der „ägyptischen Trinität" werden allmählich mit dem Atem einen gemeinsamen Rhythmus finden.

Indische Yoga-Stellungen

Jede Entwicklung dreht sich um ein Zentrum. Auf die körperliche Übung bezogen ist diese zentrale Achse, das Zentrum der Drehung, die Wirbelsäule. Die vertikale Körperachse verbindet Bauch und Kopf – unseren irdischen mit dem himmlischen Pol.

Der Bauplan unseres Körpers enthält in materialisierter Form ein fast unerschöpfliches Reservoir an Erfahrung und Wissen. Denken wir nur daran, daß im unteren Teil des physischen Körpers in den Samen- und Eizellen das gesamte Wissen der Art gespeichert ist. Selbst hier begegnen wir der spiralförmigen Drehung (in der DNS). In den menschlichen Keimzellen (also unten) hat das „Gehirn der menschlichen Art" seinen Sitz. Oben dagegen, im Kopf, liegt das Individualgehirn des Einzelwesens. Beide Wissensspeicher sind durch unsere Achse, die Wirbelsäule miteinander verbunden.

Wissen des Individuums und der Art

Die zuvor beschriebenen Drehübungen entfalten ihre wohltuende Wirkung auf Wirbelsäule und Haltung. Indisches Yoga enthält ebenfalls eine Vielzahl an Drehübungen. Diese indischen *asanas* können mit der ägyptischen Übungsweise vorbereitet oder ergänzt werden. In gewisser Weise sind die dargestellten Drehungen mit dem Adler eine stehende Variante der indischen Krokodilübungen. Die Verbindung von Krokodilübungen mit den ägyptischen Adler wird in dem Abschnitt „Adler und Krokodilübungen", S. 206, dargestellt, der typische Yoga-Drehsitz in Verbindung mit dem ägyptischen Adler ab S. 257.

Ägyptisches Yoga auf einem Sitz

Daß Yoga im Sitzen ausgeführt werden kann, ist bekannt. In der Yoga-Stunde sitzt man meistens auf dem Boden. Dies ist auch richtig. Vielen Menschen ist jedoch die Position auf der Erde aus Altersgründen oder wegen körperlicher Beschwerden nicht möglich. Eine große Zahl der Übungen des ägyptischen Yoga –

insbesondere Übungen mit dem Adler – eignen sich hervorragend zur Ausführung auf einem Sitz. Dazu zählen sowohl unbewegliche Konzentrations- oder Meditationsübungen als auch dynamische Übungsabläufe. Zu wenig Beachtung finden Hinweise einiger indischer Yogis, die dem westlichen Menschen die Verwendung von Stühlen empfehlen. Wird sitzend geübt (ob direkt auf dem Boden oder auf einem Stuhl), so ist auf eine aufgerichtete Haltung zu achten. Ungeeignet für das Üben auf dem Sitz sind Sessel oder sonstige Sitzgelegenheiten, die dazu verführen, in eine gekrümmte Stellung zusammenzusinken.

Am besten setzt man sich aufgerichtet, ohne sich anzulehnen, auf den vorderen Teil des Stuhles. Die Unterschenkel sind senkrecht, die ganzen Fußsohlen auf dem Boden plaziert. Diese Position finden wir bei zahlreichen ägyptischen Statuen und auf vielen bildlichen Darstellungen. Häufig sind auf den Seiten des Thrones Flachreliefs mit dem *sema-taui* (s. Abschnitt „Symbolische Verbindungen", S. 101) zu sehen.

Ägyptischer Adler mit Bewegungen von Kopf und Rumpf

Alle bis hierher beschriebenen ägyptischen Übungen können auf einem Sitz ausgeführt werden:

* ✳ Adler-Grundformen,
* ✳ Übungen für Halswirbelsäule und Nacken,
* ✳ Seit-, Rück-, und Vorbeugen,
* ✳ Drehungen.

Eine solche Drehübung (Zweite Übungsweise – Adlerbewegungen mit eingeschobenen Zusatzbewegungen, S. 183) ist in Ü19 zu sehen.

Ob die statischen indischen *asanas* sich jeweils anschließen können, hängt von den körperlichen Möglichkeiten ab. Ein forciertes Vorgehen ist in jedem Fall zu vermeiden und verhindert günstige Auswirkungen.

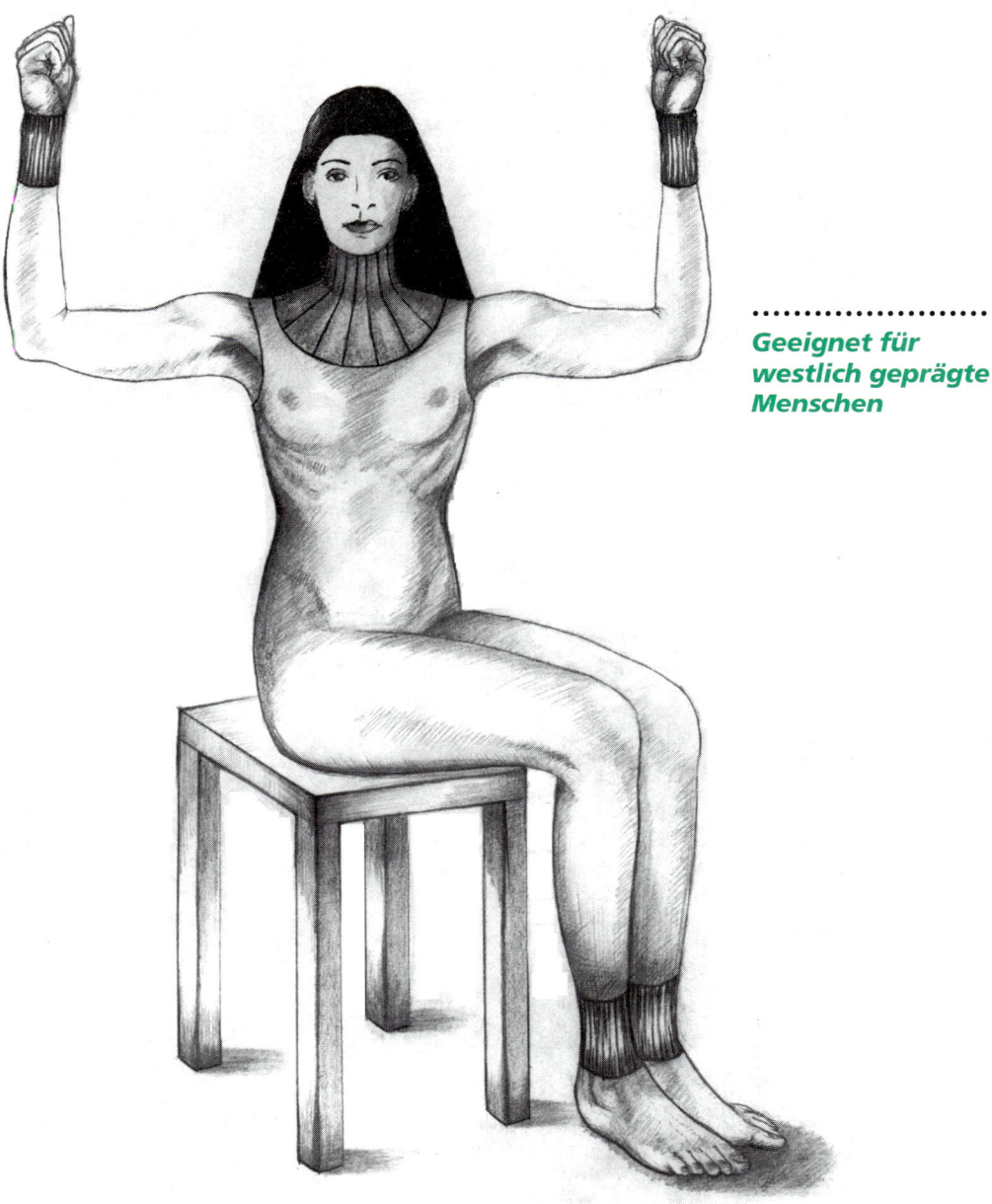

Ü19: Adlerübung mit Drehung auf einem Sitz.

Ägyptischer Adler mit Bewegungen der Füße und Beine

Ein Beispiel für eine weitere Übungsvariante, die auch die Beine mit einbezieht, wird nachfolgend beschrieben.

Erste Übungsweise (Adlerbewegungen mit gleichzeitigen Zusatzbewegungen)

Füße aufstellen

Die nachfolgenden Bewegungen der Arme/Hände und des Atems entsprechen der Adler-Grundform (Phase 1–8).

✳ Mit der Einatmung werden die Hände zu Fäusten geschlossen. Gleichzeitig werden beide Füße auf die Zehen (Zehenspitzen bleiben auf dem Boden) aufgestellt, die Fersen nach oben (Ü20);

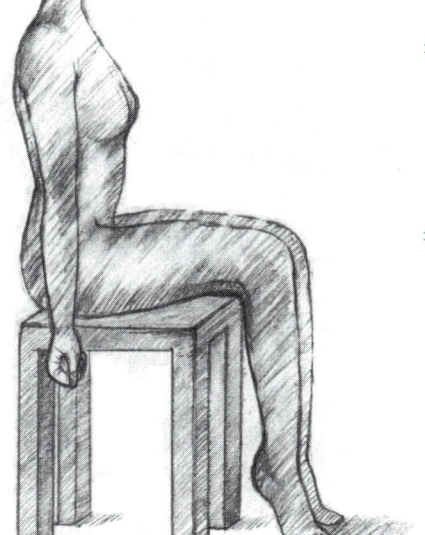

Adler mit Fußübung

✳ ausatmend die Fäuste an die Schultern (Ü3) und die ganze Fußsohle wieder auf den Boden bringen;

✳ einatmend die abgewinkelten Arme seitlich bis zur Horizontalen heben (Ü4) und dabei beide Füße auf die Zehen aufstellen;

✳ ausatmend .... weiter entsprechend Adlerbasisübung, aber immer mit Aufstellen und Absetzen der Füße.

Ü20: Adler auf einem Sitz – Variation.

Bein ausstrecken

Die nachfolgenden Bewegungen der Arme/Hände und des Atems entsprechen der Adler-Basisübung (Phase 1–8).

✳ Mit der Einatmung werden die Hände zu Fäusten geschlossen (Ü1). Gleichzeitig wird ein Bein nach vorne bis zur Waagrechten ausgestreckt;

✳ ausatmend die Fäuste an die Schultern (Ü3) und gleichzeitig die Fußsohle wieder auf den Boden bringen;

✳ einatmend die abgewinkelten Arme seitlich bis zur Horizontalen heben und dabei das Bein nach vorne ausstrecken (Ü21);

✳ ausatmend.... weiter entsprechend Adlerbasisübung, aber immer mit Heben und Senken des Beines.

✳ Danach folgt der Übungsablauf mit dem anderen Bein.

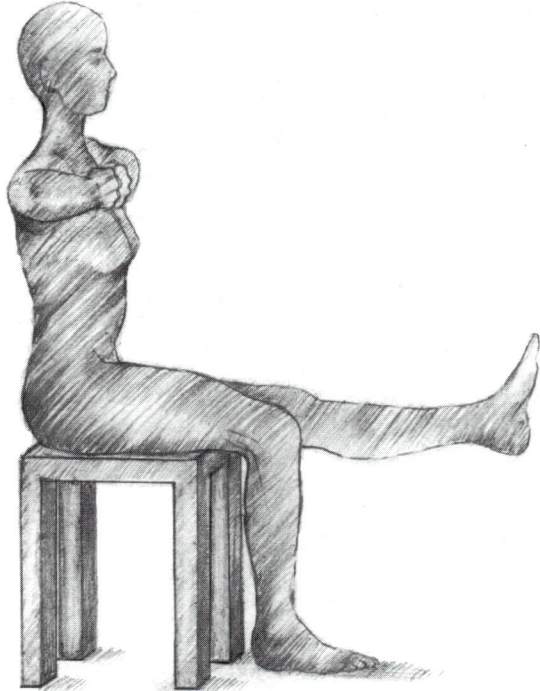

**Adler mit
Beinhebung**

Ü21: Adler auf einem Sitz mit Beinhebungen.

Zweite Übungsweise
(Adlerbewegungen mit eingeschobenen Zusatzbewegungen)

Wird die Übung in der nachfolgenden Weise ausgeübt, so erhalten wir bei der Beinhebung nicht wie zuvor die Ein-, sondern die Ausatmung. Beide Formen widersprechen sich keineswegs. Atem und Bewegung sollten auf verschiedene Weisen ihre heilsamen Wirkungen entfalten können.[62] Jeweils nach den Phasen 2, 4, 6 und 8 werden Bewegungen eingeschoben (zur Verdeutlichung sind die eingeschobenen Abläufe *kursiv* dargestellt).

✳ Wir sitzen mit nach vorne geöffneten Händen und atmen aus (Ü1);

✳ mit der Einatmung werden die Hände zu Fäusten geschlossen (Ü2);

✳ *während die Arm-/Handstellung beibehalten wird: ausatmend ein Bein nach vorne ausstrecken, einatmend das Bein zurück auf den Boden stellen, ausatmend das andere Bein nach vorne ausstrecken, einatmend zurück auf den Boden;*

✳ ausatmend Fäuste zu den Schultern (Ü3);

✳ einatmend die abgewinkelten Arme in Schulterhöhe bewegen (Ü4);

✳ *während die Arm-/Handstellung beibehalten wird: ausatmend ein Bein nach vorne ausstrecken (Ü21), einatmend das Bein zurück auf den Boden stellen, ausatmend das andere Bein nach vorne ausstrecken, einatmend zurück auf den Boden;*

✳ ausatmend ....

✳ Die Bewegungsfolge kann sich rückläufig anschließen.

---

[62] Der sogenannte Gegenatem (z.B. Einatmen mit gleichzeitigem Baucheinziehen), also ein Atem, der der Bewegung zunächst zu widersprechen scheint, kann unter fachkundiger Anleitung große Erfolge bei Rückenproblemen bewirken. Die hier beschriebenen Übungen sind nur insofern als „Gegenatem" zu bezeichnen, als sie umgekehrt zur ersten Übungsweise sind.

Dritte Übungsweise
(Adlerbewegungen mit gleichzeitigen und einge-
schobenen Zusatzbewegungen)

Bein heben und Fuß strecken

Jeweils nach den Phasen 2, 4, 6 und 8 werden Bewegungen eingeschoben (zur Verdeutlichung sind die eingeschobenen Abläufe *kursiv* dargestellt).

✳ Wir sitzen mit nach vorne geöffneten Händen und atmen aus;

✳ mit der Einatmung werden die Hände zu Fäusten geschlossen. Gleichzeitig wird ein Bein nach vorne bis zur Waagrechten ausgestreckt;

✳ *während die Arm-/Handstellung beibehalten wird: ausatmend den Fuß nach vorne strecken (der Fußrücken wird zur horizontalen Verlängerung des Schienbeins), einatmend den Fuß wieder abwinkeln (Fußrücken ist senkrecht);*

✳ ausatmend das Bein zurück auf den Boden und gleichzeitig die Fäuste zu den Schultern bringen;

✳ einatmend die abgewinkelten Arme seitlich bis zur Horizontalen heben und dabei das Bein wieder ausstrecken (Ü21);

✳ *Bewegungen wie eben (kursiv) beschrieben;*

✳ ausatmend das Bein zurück auf den Boden und gleichzeitig die Unterarme horizontal nach vorne;

✳ einatmend die Unterarme zur Senkrechten heben und dabei das Bein nach vorne ausstrecken;

✳ *Bewegungen wie eben (kursiv) beschrieben;*

✳ ausatmend ....

Bein heben und anwinkeln

Die nachstehend beschriebene Übungsweise sollte nur von Personen ausgeführt werden, denen das Übungsprinzip der Adlerübungen mit gleichzeitigen und mit eingeschobenen Zusatzbewegungen geläufig ist. Die Übung erfordert große Konzentration. Jeweils nach den Phasen 2, 4, 6 und 8 werden Bewegungen eingeschoben (zur Verdeutlichung sind die eingeschobenen Abläufe *kursiv* dargestellt).

....
**Adler mit Bein-
und Fußübung**

✳ Wir sitzen mit nach vorne geöffneten Händen und atmen aus;

✳ mit der Einatmung werden die Hände zu Fäusten geschlossen. Gleichzeitig wird ein Bein nach vorne bis zur Waagrechten ausgestreckt;

✳ *während die Arm-/Handstellung beibehalten wird: ausatmend das Bein zum Rumpf hin anwinkeln, einatmend wieder nach vorne ausstrecken;*

✳ ausatmend den Fuß zurück auf den Boden und gleichzeitig die Fäuste zu den Schultern bringen;

✳ einatmend die abgewinkelten Arme seitlich bis zur Horizontalen heben und dabei das Bein wieder ausstrecken (Ü21);

✳ *Bewegungen wie eben (kursiv) beschrieben;*

✳ ausatmend den Fuß zurück auf den Boden und gleichzeitig die Unterarme horizontal nach vorne;

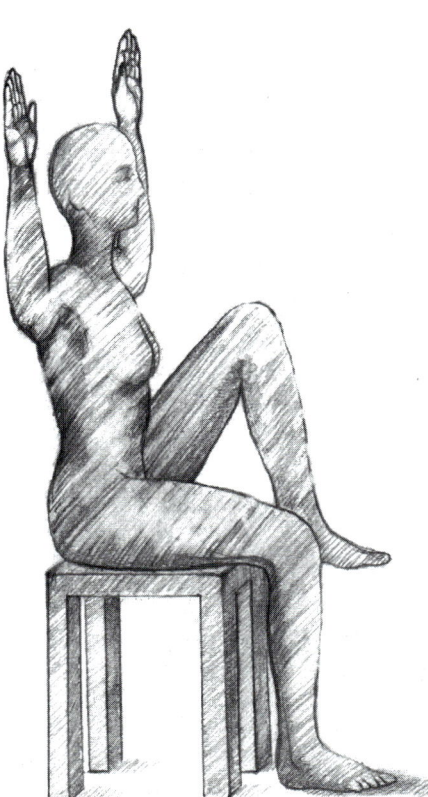

✳ einatmend die Unterarme zur Senkrechten heben und dabei das Bein nach vorne ausstrecken;

✳ *Bewegungen wie eben (kursiv) beschrieben;*

✳ ausatmend den Fuß zurück auf den Boden und gleichzeitig die Hände öffnen;

✳ einatmend die Handinnenflächen nach vorne drehen (KA) und dabei das Bein nach vorne ausstrecken;

*Ü22: Adler auf einem Sitz –
Variation für Fortgeschrittene.*

✳ *während die Arm-/Handstellung beibehalten wird: ausat-*
mend das Bein zum Rumpf hin anwinkeln (Ü22), einatmend
wieder nach vorne ausstrecken.

Es folgen die absteigenden Adlerbewegungen mit den entsprechenden zusätzlichen Beinbewegungen.

✳ Ausatmend den Fuß zurück auf den Boden und gleichzeitig
die Handinnenflächen zueinander drehen;
✳ einatmend die Hände zu Fäusten schließen und dabei das
Bein nach vorne ausstrecken;
✳ *Bewegungen wie eben (kursiv) beschrieben;*
✳ ausatmend die Unterarme nach vorne bis zur Horizontalen
bringen, während der Fuß auf den Boden gestellt wird;
✳ einatmend ....

◆ **Mögliche Wirkungsweisen**

Bewegungsarten wie Schwimmen oder Radfahren wirken günstig auf die Gefäße. Abzuraten ist von Krafttraining, Kampf-
sport, Fußball oder alpinem Skilauf. Insbesondere das Krafttraining verursacht durch die hierbei angewendete Pressatmung
eine erhebliche venöse Abflußbehinderung.

Zu den Wirkungen des Adlers auf Beweglichkeit, Atem und
Konzentration kommt bei den dargestellten Übungen die verstärkte Beindurchblutung hinzu. Es sind Venenpumpübungen
zur Entstauung der Beine und zur besseren Durchblutung des
Beckenbodens. Venenleiden können durch die regelmäßige
Übung gemindert und bekämpft werden. Allerdings sind speziell für Venenprobleme die Übungen in der Rückenlage noch
sehr viel effektiver.

Verstärkte Durchblutung von Venen und Beckenboden

Für den Rückstrom des venösen Blutes zum Herzen sind die
sogenannten Gelenk-Muskel-Pumpen von entscheidender Bedeutung. Der Wechsel von Beuge- und Streckbewegungen der
einzelnen Gelenke und der über die Gelenkregion hinwegzie-
henden Sehnen und Muskeln bewirkt die Funktion der Gelenk-

pumpen. Durch die Muskelanspannung wird das Blut nicht wahllos weggedrückt, sondern es wird durch die kanalisierende Funktion der Venenklappen in Richtung Herz geleitet. Mit verminderter Beweglichkeit der Gelenke ist auch der Transportmechanismus der Muskel- und Gelenkpumpen verringert. Von großer Bedeutung für die Funktion der Wadenmuskelpumpe ist die Beweglichkeit des Fußgelenkes (besonders des oberen Sprunggelenks) in Zusammenhang mit der Achillessehne und einer kräftigen Wadenmuskulatur. Die Wadenmuskelpumpe am Unterschenkel erbringt die höchste Förderleistung aller venösen Transportmechanismen.

....
Muskel- und Gelenkpumpen

Die beschriebenen Bein- und Fußübungen kräftigen die beteiligte Muskulatur, verbessern die Beweglichkeit der Gelenke und unterstützen die Klappenfunktion des Venensystems. Die Wirkung der Übungen kann durch ein gezieltes An- und Entspannen der Muskulatur zusätzlich noch verstärkt werden.[63]

Der die Bewegungen begleitende Atem verstärkt die Entstauung der Beinvenen, da bei der Ausatmung (Zwerchfell nach oben) im Bauch ein Unterdruck entsteht, der das Blut aus den Beinvenen ansaugt. Die Verbindung der Bewegungen mit dem Atem erhöht die Sauerstoffkonzentration im Blut, und wir nehmen mit dem Atem Lebenskraft (*prana*) auf.

Entspannung

1. Möglichkeit. Rückenlage oder aufrecht sitzend; die Atemzüge werden von den zugehörigen visualisierten Bewegungen begleitet.

2. Möglichkeit. Rückenlage; oder aufrecht sitzend; wir stellen uns vor, daß mit jeder Einatmung der Atemstrom von vorne bei unserer Brustmitte (auf Herzhöhe) ankommt, mit jedem Ausatmen nach vorn in die Weite weggeht. Mit dieser Visualisierungs-Atem-Übung

---

[63] Solche Übungen lassen sich mit dem ägyptischen Yoga ebenfalls sehr gut verbinden. Doch in diesem Buch sollen zunächst nur die grundlegenden Übungsweisen dargestellt werden. Auch die innere Richtung des inneren Kung-Fu arbeitet sehr viel mit An- und Entspannung.

....

werden mehrere Atemzüge durchgeführt. Danach wird die gleiche Vorstellung wieder verwendet, nur kommt der Atemstrom nun von hinten, später von rechts und von links. Danach lassen wir den Atem aus allen vier Himmelsrichtungen kommen und dorthin zurückströmen. Dann erreicht uns der Atemstrom von unten und von oben, zuerst einzeln, dann gleichzeitig aus Höhe und Tiefe. Zum Schluß lassen wir den Atem aus den vier horizontalen Richtungen und aus den beiden vertikalen Richtungen zugleich mit der Einatmung kommen und dorthin mit der Ausatmung zurückfließen.

....
In sechs Richtungen atmen

Indische Yoga-Stellungen

Obwohl von manchem indischen Yoga-Lehrer empfohlen, gibt es kaum *asanas* auf einem Sitz. Trotzdem können mit geradem Rücken Haltungen aus dem Hatha-Yoga (z. B. Vorbeuge, Seitbeuge, Drehung) auf einem Stuhl geübt und danach auf dem Boden mit *asanas* verbunden werden. Die Übung auf dem Stuhl ist besonders für Personen geeignet, die mit den Positionen auf dem Boden körperliche Probleme haben.

Ägyptischer Adler in der Rückenlage

Zunächst werden die Adler-Basisübungen in der Rückenlage besprochen. Die Übungen entsprechen genau der Darstellung der Adler-Basisübung und deren Varianten im Abschnitt „Ägyptischer Adler mit KA", S. 136 f., nur ist die Körperhaltung nicht sitzend oder stehend. Dennoch bereitet die Ausführung im Liegen manchmal gewisse Schwierigkeiten durch die Notwendigkeit des Umdenkens von der vertikalen auf die horizontale Position. Als Hilfe kann zunächst die Adler-Basisübung mit dem Rücken an einer Wand stehend geübt werden. Dabei kann man sich vorstellen, die Wand sei der Boden. Danach wird der Adler in der wirklichen Rückenlage ausgeführt (Ü23–Ü29). Die Beine und Füße sind entspannt, und es wird nur so viel Muskelspannung verwendet, wie unbedingt für die Ausführung erforderlich.

Ü23: Hände nach oben
geöffnet, ausatmen.

Ü24: Fäuste, einatmen.

**Adler-Basis-
übung in der
Rückenlage**

Ü25: Fäuste zu den
Schultern, ausatmen.

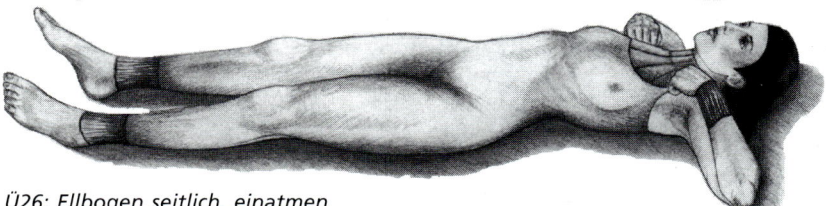

Ü26: Ellbogen seitlich, einatmen.

Ü27: Unterarme senkrecht
aufstellen, ausatmen.

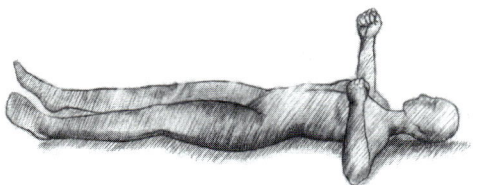

Ü28: Unterarme nach oben
auf den Boden, einatmen.

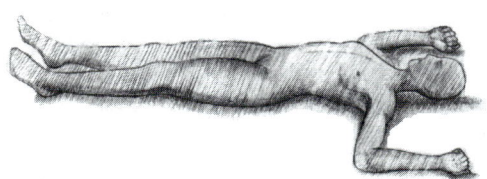

Ü29: Hände öffen (Daumen
auf dem Boden, Hand-
innenflächen zum Kopf),
ausatmen.

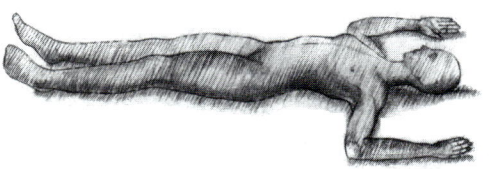

Mit der nächsten Einatmung folgt eine der bekannten Hand-
und Armstellungen in der Rückenlage. Die dargestellten vier
Adler-Endvarianten (Abb. 55) werden hier gewissermaßen aus
der Vogelperspektive von oben auf die liegenden Personen gesehen. Auch der Adler in der Rückenlage kann rückläufig weitergeführt werden.

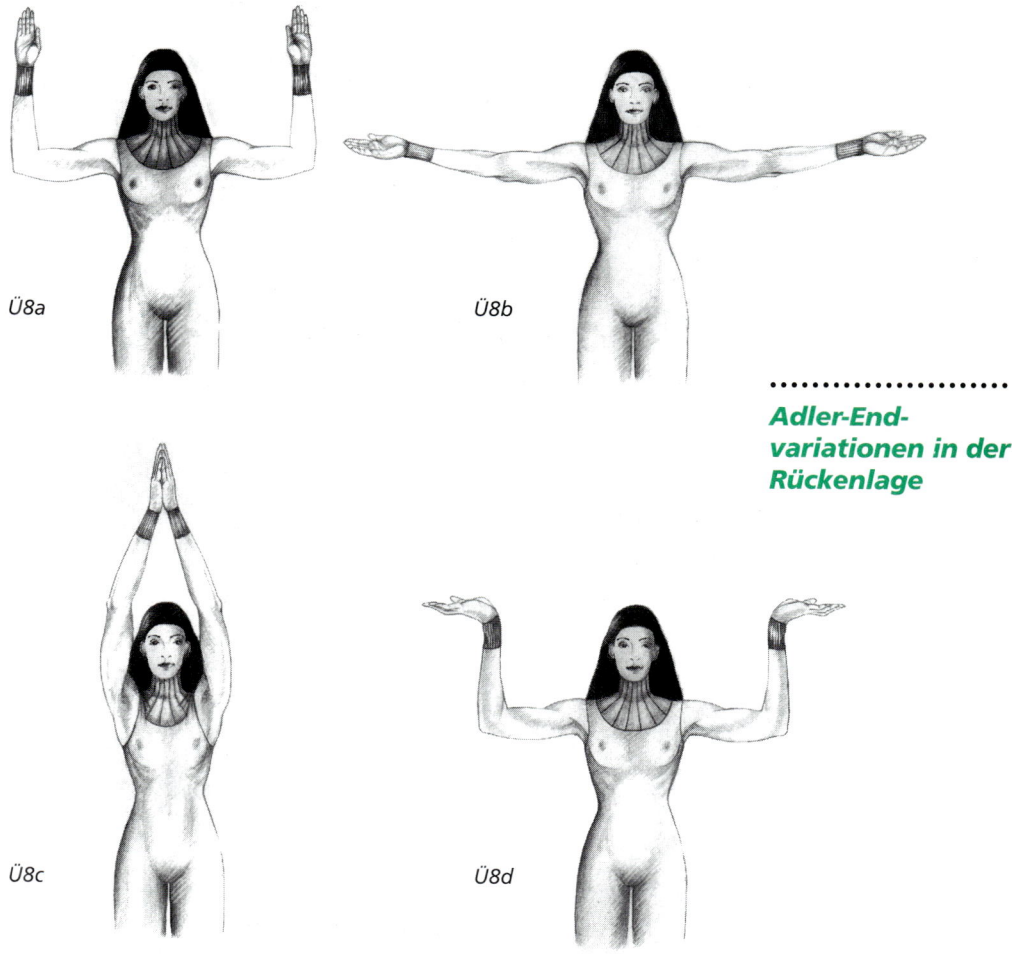

Ü8a

Ü8b

**Adler-End-
variationen in der
Rückenlage**

Ü8c

Ü8d

Abb. 55: Adler-Endvarianten (Ü8a, Ü8b, Ü8c, Ü8d).

◆ **Mögliche Wirkungsweisen**

Die Wirkungen des Adlers in der Rückenlage decken sich zum großen Teil mit jenen des Adlers im Stehen. Wir können in der Rückenlage allerdings mehrere Körperteile entspannen als in der vertikalen Aufrichtung. So ergibt sich die Möglichkeit, ganz bewußt nur jene Muskeln anzuspannen, die wirklich für die jeweiligen Bewegungen gebraucht werden, und alle anderen zu lockern. Hierfür ist Konzentration erforderlich. Leider neigen wir im Alltag ständig dazu, Spannungen aufzubauen, die nicht nötig sind und schließlich zu Verspannungen führen.

Lockerung und Konzentration

Wir können auch eine Form von *pratyahara* (s. Abschnitt „Pratyahara", S. 40) üben. *Pratyahara* kann erreicht werden, indem man sich z.B. auf den symbolischen Ausruck einer Haltung konzentriert oder auch auf das Strömen des Atems zu bestimmten Körperbereichen in entsprechenden Haltungen (die Sinne sind dabei nach innen gerichtet). Beim Adler im Liegen achten wir darauf, wohin der Atem bei den einzelnen Armhaltungen strömt.

Dehnübungen

Variante 1. Nach den Adlerbewegungen der Phasen 1–7 in der Rückenlage werden mit der Einatmung die Arme auf dem Boden nach oben ausgestreckt (Ü8c). Nun streckt sich der ganze Körper mit der Ausatmung von den Zehenspitzen bis zu den Fingerspitzen. Der Atem fließt dann weiter, während die Dehnung noch verstärkt wird. Im indischen Yoga ist die Haltung als *dandasana* bekannt. In dieser Stellung ist man nicht entspannt, sie kann nur mit Anspannung aufrechterhalten werden. Die Übung kann dazu dienen, die Atmung mit dem Zwerchfell zu lernen.

Variante 2. Eine der vielen anderen Möglichkeiten einer Streckung aus dem Adler: Nach den Adlerbewegungen der Phasen 1–7 in der Rückenlage werden mit der Einatmung die Arme auf dem Boden zu den Seiten ausgebreitet (Ü8b). Ausatmend wird jetzt der linke Arm nach unten längs des Körpers gelegt, während gleichzeitig der gestreckte rechte Arm nach oben gleitet. Es folgt eine diagonale

Dehnung: Der rechte Arm wird bis in die Fingerspitzen nach oben gestreckt, das linke Bein bis in die Zehen nach unten. Der Atem fließt weiter, während die Dehnung noch verstärkt wird. Die Übung wird zur anderen Seite wiederholt. Im indisch geprägten Yoga kann die Übung einer Form des *yastikasana* zugeordnet werden.

◆ Mögliche Wirkungsweisen

Die Streckungen dehnen, beleben und durchbluten den ganzen Körper. Sie lindern Schmerzen im Bereich der Lendenwirbelsäule. Kreislauf und Bauchorgane werden angeregt. Der Zwerchfellatem kann bewußt erlernt werden.

Beinhebeübung

Die meisten der bereits dargestellten Adlerübungen mit zusätzlichen oder eingeschobenen Bewegungen lassen sich in der Rückenlage ausführen. Dazu zählen Bewegungen des Kopfes zur Lockerung und Entspannung von Halswirbelsäule und Nakken ebenso wie Seitbeugen, die bis zur Position des Halbmonds (*ardha chandrasana*) im Liegen führen können. Drehungen im Liegen werden im Abschnitt „Drehung", S. 206, dargestellt.

Alle beschriebenen Übungen im Sitzen mit Bewegungen von Beinen und Füßen können in der Rückenlage ausgeführt werden. Die dabei nach oben gehobenen oder gestreckten Beine und Füße bewirken durch die Veränderung des Blutdrucks eine weitere Intensivierung der Venenübungen. Aber auch die Durchblutung des gesamten Körpers wird angeregt.

Leben bedeutet ständige Wandlung und Austausch mit der Umgebung. Dieses dauernde Geben und Nehmen des Einzelwesens mit seiner Umgebung geschieht mit festen, flüssigen und gasförmigen Stoffen (Ernährung und Atem). Doch auch im geistigen Bereich findet ein ständiger Austausch statt. Ohne Austausch wäre Leben unmöglich. Ein wesentlicher Aspekt des Aufnehmens und Abgebens ist der Atem, der neben dem Gasaustausch auch Energien befördert. Jedes Ausscheiden wird im fernöstlichen Yoga als „*apana vayu*" bezeichnet, während „*prana vayu*" den Eintritt von Teilchen und Energien meint. Ist die Bilanz von Aufnahme und Abgabe ausgeglichen, so sind wir gesund. Bei mangelndem „*apana*" wird unser Organismus oder unsere Psyche verschmutzt, und es fehlt uns an Vitalität.

....
Ausgleich von Aufnahme und Abnahme

Eine Übungsweise des ägyptischen Adlers in Verbindung mit einer Übung nach van Lysebeth zeigt weitere Möglichkeiten. Nachfolgend eine einfache und sehr wirkungsvolle Übungsfolge für die Erhaltung und Herstellung dieses Ausgleichs. Während des gesamten Übungsverlaufs soll beiden Körperhälften gleiche Aufmerksamkeit zuteil werden. Ein- und Ausatmung sollen möglichst gleich lang sein und langsam ausgeführt werden. In der Rückenlage wird der Nacken etwas gedehnt, die Fußknöchel berühren sich. Die Arme liegen längs des Körpers mit nach oben geöffneten Händen (Ü23).[64] Rechtshänder beginnen mit dem rechten Bein und führen erst danach die Übungsfolge mit dem linken Bein aus; Linkshänder zuerst links, später rechts. Die folgende Anweisung beginnt rechts (Linkshänder müssen also „rechts" durch „links" ersetzen und umgekehrt).

* Mit der Ausatmung und nach oben geöffneten Händen werden Fuß und Zehen des rechten Beins zum Schienbein gebeugt.
* Mit dieser Fußhaltung wird einatmend gleichzeitig das rechte Bein bis zur Senkrechten gehoben, während beide Hände zu Fäusten geschlossen werden. Mit voller Lunge wird unbeweglich kurz verharrt.(In der Senkrechten kommt man mit dem Ende der Einatmung an, d.h. daß die Bewegung der sich schließenden Hände, des sich hebenden Beins und der Einatmung koordiniert werden. Die linke Körperhälfte bleibt während dieser Bewegung so entspannt wie möglich. Während

---

[64] Wer größere Probleme mit dem Rücken hat, kann das unbewegte Bein während der Übung aufstellen, anstatt es auszustrecken.

mit dem rechten Bein gearbeitet wird, richtet sich die Aufmerksamkeit auf die rechte Brusthälfte, und zwar mit der Vorstellung, es werde nur rechtsseitig geatmet.)

✳ Direkt vor Beginn der Ausatmung werden die Zehen nach oben gestreckt. Mit dieser Fußhaltung wird ausatmend das Bein gesenkt, während gleichzeitig die Fäuste zu den Schultern bewegt werden. Mit entleerter Lunge wird kurz unbewegt verharrt. (Auch bei der Abwärtsbewegung des Beins sind Aufmerksamkeit und Atem in der rechten Körperhälfte, die linke Seite bleibt entspannt. Bewegungen und Atem sollen wieder gleichzeitig enden.)

✳ Direkt vor Beginn der Einatmung werden Fuß und Zehen zum Schienbein gebeugt. Einatmend wird das rechte Bein (mit Fuß/Zehen zum Schienbein) bis zur Senkrechten aufgerichtet, während gleichzeitig die Ellbogen zu den Seiten gehoben werden (Ü30); kurz eingeatmet verharren.

Ü30: Adler mit Beinhebeübung.

✳ Direkt vor Beginn der Ausatmung werden die Zehen nach oben gestreckt. Mit dieser Fußhaltung wird ausatmend das Bein gesenkt, während gleichzeitig die Unterarme zur senkrechten Position angehoben werden; ausgeatmet kurz Verharren.

✳ Direkt vor Beginn der Einatmung werden Fuß und Zehen zum Schienbein gebeugt. Einatmend wird das rechte Bein (mit Fuß/Zehen zum Schienbein) bis zur Senkrechten gehoben, während gleichzeitig die Oberarme nach oben auf den Boden gelegt werden; kurz eingeatmet verharren.

✳ Direkt vor Beginn der Ausatmung werden die Zehen nach oben gestreckt. Mit dieser Fußhaltung wird ausatmend das Bein gesenkt, während gleichzeitig die Hände geöffnet werden (Handinnenflächen zum Kopf); ausgeatmet kurz verharren.

✳ Direkt vor Beginn der Einatmung werden Fuß und Zehen zum Schienbein gebeugt. Einatmend wird das rechte Bein (mit Fuß/Zehen zum Schienbein) bis zur Senkrechten gehoben, während gleichzeitig die Handrücken auf den Boden gelegt werden; kurz eingeatmet verharren.

✳ Direkt vor Beginn der Ausatmung werden die Zehen nach oben gestreckt. Mit dieser Fußhaltung wird ausatmend das Bein gesenkt, während gleichzeitig die Hände und Arme nach unten längs des Körpers bewegt werden; ausgeatmet kurz Verharren.

✳ Beine, Füße und der ganze Körper entspannen sich.

✳ Es folgt der Übungsablauf mit dem linken Bein, bzw. für Linkshänder mit dem rechten.

◆ Mögliche Wirkungsweisen

Bauch-, Bein- und Fußmuskulatur werden gekräftigt und die Beweglichkeit des Hüftgelenks gefördert. Die Kontraktionen der Bauchdecke regen die Bauchorgane an und wirken verdauungsfördernd. Wird die Übung mit flach auf dem Boden liegenden Lenden ausgeführt, so wird auch das Becken sanft in die richtige Lage gebracht.

Zusätzlich wird der Blutkreislauf mit der Übung angeregt. Da der westliche Mensch immer weniger zu Fuß geht, beraubt er sich einer wichtigen Anregung des Herz-Kreislauf-Systems. Auf die bedeutende Funktion der Gelenkpumpen für die Entstauung der Venen und im Bein- und Beckenbereich wurde im Abschnitt „Ägyptisches Yoga auf einem Sitz", S. 187, hingewiesen. Zusammen mit der Weitung des Brustkorbs und einer tiefen Atmung stärken die Muskelkontraktionen den Kreislauf, ohne das Herz zu belasten, denn in der Waagrechten hat es der Kreislauf leichter als in der aufrechten Haltung, weil nicht ständig die Schwerkraft überwunden werden muß. Durch das angehobene Bein verändert sich der Druck im ganzen Körper. Der Herzmuskel erfährt dabei Erleichterung und wird mit Sauerstoff versorgt.[65] Die Übung kann gegen niedrigen Blutdruck eingesetzt werden. Weitere Übungen für die Durchblutung von Körper und Venen wurden im Kapitel „Ägyptisches Yoga auf einem Sitz", S. 187, vorgestellt.

Für Venen und Kreislauf

Durch die Angleichung der Dauer von Ein- und Ausatmung werden *prana* und *apana* ausgeglichen. Beide werden durch das „einseitige" Arbeiten angeregt. Denken wir noch an die Reflexzonen des Fußes und der Zehen, so wird die umfassende Wirkung der Übungsfolge deutlich.

Breites Wirkungs-spektrum

Entspannung

Rückenlage; die Atemzüge werden von den zugehörigen visualisierten Beinhebungen begleitet.

---

[65] Manche Herzpatienten dürfen Venenpumpübungen im Liegen – mit den Beinen über Herzhöhe – nicht ausführen, da das Herz das viele Blut, das durch die Venen zurückströmt, nicht bewältigen kann.

Drehung

In der Rückenlage kann ohne die Belastung der aufrechten Haltung mit der Wirbelsäule geübt werden. Auch der schwache Punkt der Wirbelsäule, an dem der letzte frei bewegliche Wirbel mit dem ersten im Becken fixierten knöchernen Wirbel zusammentrifft, ist entlastet. Besonders groß ist diese Entlastung, wenn die Füße aufgestellt sind und die Lendenwirbelsäule flach auf dem Boden liegt. Wird mit der Wirbelsäule geübt, so wirken wir nicht nur auf Haltung und Beweglichkeit ein, sondern auch auf die Ursachen mancher Organerkrankungen. Mittlerweile ist auch in der modernen Medizin bekannt, daß die Wirbelsäule als Reaktionsfeld erkrankter Organe zu betrachten ist. Den alten Ägyptern war dieser Zusammenhang wohl bekannt, weshalb ihre aufrechten Haltungen durchaus als Wirbelsäulenmedizin bezeichnet werden können. Der Einfuß dieses Wissens auf die frühen griechischen Ärzte ist ebenfalls nachweisbar.

> **Übungen mit der Wirbelsäule beeinflussen Organe**

Auch bei den Drehübungen ist ganz wichtig zu beachten, daß ohne jeglich Gewalt geübt wird. Man muß in den eigenen Körper hineinhören und -fühlen; seine Grenzen und Möglichkeiten sind der einzig verbindliche Maßstab! Der Rücken soll in ägyptischer Weise ganz aufgerichtet sein, sodaß sich die Muskulatur durch Dehnung entspannt und die einzelnen Bandscheiben nicht zu sehr belastet werden.

Drehübungen in der Rückenlage in Verbindung mit den Adlerpositionen eröffnen auch für die Wirbelsäulengymnastik neue Aspekte, da die sanft zu dosierenden Bewegungen in organischer Weise mit einem natürlichen Atem in Einklang gebracht werden.

Adler und Krokodilübungen (*nakrasana*)

Während des ganzen Übungsverlaufs bleiben beide Schultern auf dem Boden. Um sofort gleichmäßig auf beiden Seiten zu üben bietet sich die Übungsweise „Adlerbewegungen mit eingeschobenen Zusatzbewegungen" an. Die Adlerbewegungen werden durchgeführt, indem die Drehungen jeweils nach den Phasen 2, 4, 6 und 8 der Adler-Basisübung eingefügt werden (zur Verdeutlichung sind die eingeschobenen Abläufe *kursiv* dargestellt).

Beine liegen nebeneinander

Jeweils nach den Phasen 2, 4, 6 und 8 der Adler-Basisübung werden Bewegungen eingeschoben (zur Verdeutlichung sind die eingeschobenen Abläufe *kursiv* dargestellt).

✳ Nach den ersten beiden Positionen des liegenden Adlers (Ü23 und Ü24, S. 198) werden *ausatmend gleichzeitig der Kopf zur rechten, die Füße zur linken Seite gedreht; einatmend Kopf und Füße zurück zur Mitte; ausatmend gleichzeitig der Kopf zur linken, die Füße zur rechten Seite drehen; einatmend Kopf und Füße zurück zur Mitte;*

Dynamischer Teil

✳ mit dem entsprechenden Atem die nächsten beiden Adlerpositionen (Ü25 und Ü26) durchführen;

✳ *es folgen die gegengleichen Drehbewegungen von Kopf und Füßen, wie eben (kursiv) beschrieben;*

✳ mit dem entsprechenden Atem die nächsten beiden Adlerpositionen (Ü27 und Ü28) durchführen;

✳ *es folgen die gegengleichen Drehbewegungen von Kopf und Füßen, wie eben (kursiv) beschrieben;*

✳ mit dem entsprechenden Atem die nächsten beiden Adlerpositionen: Hände öffnen (Ü29) und danach Handrücken auf den Boden (KA in der Rückenlage, Ü8a) drehen;

✳ *es folgen die gegengleichen Drehbewegungen von Kopf und Füßen, wie eben (kursiv) beschrieben.*

Nun kann der Ablauf rückläufig weitergeführt werden, oder eine statische Phase des Verharrens in der Drehung schließt sich an. In der Unbeweglichkeit wird ruhig und tief weitergeatmet, während Körper und Geist nach physischen und/oder psychischen Anspannungen durchspürt werden. Mit jeder Ausatmung stellt man sich vor, wie die Spannungen ausgeatmet werden, sich lösen und sich Gelassenheit einstellt.

Statischer Teil

Nachdem wir uns wieder zur Mitte gedreht und die Arme in eine bequeme Stellung gebracht haben, folgt eine uns angenehme Art der Entspannung (z.B. Fisch-Entspannung, s.u.).

Der beschriebene Übungsverlauf kann mit verschiedenen Beinpositionen durchgeführt werden (s. unten). Bei jeder Position wird ein anderer Teil der Wirbelsäule und des Körpers besonders angesprochen. Auf äußerst differenzierte Weise kann die gesamte Wirbelsäule beübt werden. Bei regelmäßiger Ausführung werden günstige Ergebnisse nicht ausbleiben.

Während der Übung wird sich allmählich ein ganz individueller Rhythmus von Drehung, Armbewegung und Atem einstellen, der über die Beobachtung dieses Geschehens zu einem sehr konzentrierten, meditativen Zustand führen kann. Nach jedem Übungsdurchlauf sollte sich eine Entspannungsphase (z.B. Fisch-Entspannung) anschließen.

Schnell-Entspannung

Fisch-Entspannung. Bewährt hat sich nach den Krokodilübungen – aber auch nach vielen anderen Übungen – die sogenannte Fisch-Entspannung: Aus der Rückenlage (Ü23) werden mit der Einatmung die Unterarme wenige Zentimeter vom Boden gehoben. Ellbogen bleiben auf dem Boden, Hände hängen locker in den Gelenken. Gleichzeitig mit den Unterarmen haben sich auch die Knie ein wenig gehoben, wobei die Fersen auf dem Boden bleiben.
Mit der Ausatmung sanft alles fallen lassen: die Beine strecken sich, die Füße fallen zu den Seiten, die Arme fallen neben den Körper (Handrücken auf den Boden) und der Kopf fällt zu einer Seite. Durch die leichte Erschütterung entspannt sich die Muskulatur. Die Fisch-Entspannung sollte ein- bis dreimal durchgeführt werden, ehe mit der nächsten Übungsfolge begonnen wird.

Weitere mögliche Beinhaltungen

▶ **Ein Bein liegt über dem anderen.** Die Beine sind gestreckt, die Unterschenkel liegen gekreuzt übreinander, sodaß die Fußaußenkanten sich berühren.

▶ **Füße übereinander.** Die Beine sind gestreckt, die Achillessehne (direkt über der Ferse) wird zwischen dem großen und zweiten Zeh des unteren Fußes abgelegt, sodaß die Füße senkrecht aufeinander stehen.

▶ **Ein Fuß auf das andere Knie gestellt.** Ein Bein wird ausgestreckt, der Fuß des anderen Beines steht auf dem unteren Knie.

▶ **Ein Bein rechtwinklig abgewinkelt.** Ein Bein wird gestreckt, der Oberschenkel des anderen Beines ist senkrecht, sein Unterschenkel waagrecht. (Die Drehungen können auch gleichzeitig mit beiden Beinen in dieser Position durchgeführt werden.)

▶ **Beide Füße aufgestellt.** Die Füße werden angezogen und auf den Boden gestellt. Die Beine werden so aufgestellt, daß sich Füße, Knöchel und Knie berühren und während der Drehungen zusammenbleiben. Ü31 zeigt folgenden Teil der Übung: Nachdem die Unterarme mit Fäusten einatmend nach oben abgelegt wurden, werden mit der Ausatmung gleichzeitig der Kopf nach rechts und die Beine nach links gedreht. Beine und Füße liegen jetzt aufeinander. In dieser Position wird so lange unbeweglich verharrt, bis sich die Einatmung wieder einstellt. Mit der Einatmung werden Beine und Kopf zur Mitte gedreht. Es folgt die Drehung zur anderen Seite (ausatmend Kopf nach links und Knie nach rechts).

Entsprechend kann mit in Schrittbreite auseinander aufgestellten Füßen geübt werden.

▶ **Beine zum Bauch.** Die Oberschenkel werden über den Bauch gezogen, die Unterschenkel entspannt.

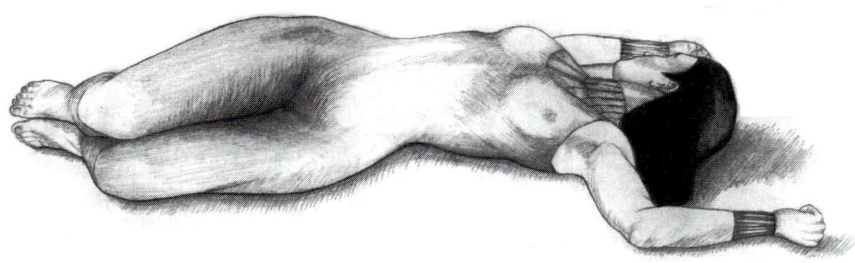

Ü31: Adler mit Drehung.

▶ **Ein Bein senkrecht gestreckt.** Ein Bein liegt ausgestreckt auf dem Boden, das andere ist senkrecht nach oben gestreckt. (Ausführung auch mit beiden gleichzeitig nach oben gestreckten Beinen möglich.)

Viele weitere Zwischenstufen der Beinhaltungen sind möglich. So kann beispielsweise der Fuß auf das Schienbein gestellt werden, bevor es auf dem Knie aufgestellt wird (Variante zu „Ein Fuß auf das andere Knie gestellt").

Für Personen, deren körperliche Verfassung dies erlaubt, lassen sich aber auch anstrengendere Übungen durchführen: Die beschriebenen Adler-Krokodil-Übungen können dann mit leicht angehobenem Becken ausgeführt werden. Wer noch schwierigere Bewegungsabläufe wünscht und diese ohne Leistungsstreben und übermäßige Anstrengung durchzuführen vermag, kann die nachfolgend beschriebenen Varianten der halben Brükke als Adler-Drehübungen ausführen (s. S. 213, Ü32).

◆ **Mögliche Wirkungsweisen**

Durch Wirbelsäulenschäden können vor allem Erkrankungen mit symptomatischen Kopf- und Armbeschwerden, Neuralgien, Brustbeschwerden, Magen- und Verdauungsstörungen, Ischias, Durchblutungsstörungen u.a.m. bedingt sein. Funktionsstörungen, die von der Wirbelsäule ausgehen, können schließlich zu ernsten Organerkrankungen führen.

Wirbelsäulen-übungen beugen vor und heilen

Die Notwendigkeit von vorbeugenden und heilenden Wirbelsäulenübungen liegt auf der Hand. Besonders die einfach auszuführenden spiraligen Drehungen der Wirbelsäule, im herkömmlichen indischen Yoga als Krokodilübungen bekannt, können hier erfolgreich eingesetzt werden. Je nach Bein- und Armstellung werden dabei die Lenden-, Brust- oder Halswirbel bewegt. Zusätzlich wird auch noch die ganze Hüft- und Beckenregion angesprochen. Durch die besonderen Positionen des ägyptischen Adlers werden sehr differenziert die einzelnen Teile der Wirbelsäule mobilisiert und angeregt. Beine und Arme werden durch ihre Abwinkelungen wie Hebel eingesetzt. Die verschiedenen Armhaltungen bedingen zusätzlich die Beatmung jeweils verschiedener Atemräume. Die damit verbundene zusätzliche Zufuhr von Sauerstoff und Lebensenergie kann durch bewußte Konzentration auf die jeweils beatmete Region und auf die benutzten Drehpunkte sehr heilsame Wirkungen hervorrufen.

••••••••••••••••••••
Adlerstellungen verstärken die Wirkung

Mit der Drehung in der jeweiligen Beinstellung wird rhythmischer Druck auf Verdauungsorgane und innere Organe ausgeübt, was einer inneren Massage gleichkommt. So lassen sich allmählich Haltungsschäden korrigieren, Rückenschmerzen, Kopfschmerzen und Schulterverspannungen beseitigen sowie Bandscheibenerkrankungen, Ischias und andere Leiden heilen oder zumindest bessern. Sind bereits Schmerzen aufgetreten, so führt nur Ausdauer und Geduld zum Ziel.

Des weiteren können sich folgende Wirkungen im Wirbelsäulenbereich einstellen: Kräftigung der Muskulatur, verbesserte Durchblutung, Beeinflußung der Nerven im Sinne einer Akupressur, Lymphdrainage, Lockerung und Entspannung zwischen Wirbelkörpern und Bandscheiben, Korrektur einer „verbogenen" (Skoliose) oder einseitig belasteten Wirbelsäule, Steigerung der Flexibilität von Bändern und Sehnen.

Daß solche Übungen ihre ganze Wirkung nur bei regelmäßiger Übung ganz entfalten können ist einleuchtend. Ebenfalls verständlich ist, daß es möglich ist, den Körper mit den Übungen auf kompliziertere *asanas* wie Drehsitz, Pflug oder Kobra vorzubereiten.

Beckenbodenübung

Daß die Übungsweise mit dem ägyptischen Adler sehr vielseitig anwendbar ist, zeigt auch die nachfolgende einfache Übung für den Beckenboden.

Wir liegen in Rückenlage, die Arme längs des Körpers, die Hände nach oben geöffnet (Ü23). Die Beine werden angezogen, die Füße aufgestellt, Knöchel und Knie berühren sich.

✳ Einatmend Hände zu Fäusten schließen. Mit der Einatmung werden die aufgestellten Beine aneinander gepresst sowie Genital- und Afterbereich angespannt, als wollte man hier alle Öffnungen verschließen;

✳ ausatmend Fäuste zu den Schultern (wie in Ü25). Dabei die Spannungen lösen und die Knie locker zu den Seiten fallen lassen (Füße berühren sich weiterhin);

✳ einatmend die Ellbogen seitlich bis auf Schulterhöhe heben, Oberarme berühren den Boden (wie in Ü26). Die Knie werden aufgestellt und zusammengepreßt; zusätzliche Anspannungen wie eben beschrieben;

✳ Mit den liegenden Adler-Basisübungen, begleitet von Anspannungen mit jeder Einatmung und Entspannung bei jeder Ausatmung, wird die Reihe weitergeführt (aufsteigender und absteigender Adler).

◆ **Mögliche Wirkungsweisen**

Die Übungen wirken gegen Organsenkung und Harninkontinenz. Auch die nachfolgenden Beckenhebeübungen, vor allem die leichte halbe Brücke, eigenen sich als Beckenbodenübung, weil

✳ sich reflektorisch die Gesäßmuskulatur anspannt. Aktives Nachspannen und Lockerlassen des Anus (Afters) bewirkt eine Steigerung der Durchblutung der umliegenden Arterien sowie eine Entstauung der Venen. Sie beugt Hämorrhoiden vor und lindert Hämorrhoidalbeschwerden.

✳ der Beckenboden entlastet ist. Das Gewicht der Organe sinkt in Richtung Brust, sodaß die Schließmuskatur von Harnröhre (und Scheide) sich leichter anspannen und somit kräftigen läßt.

Werden Beckenhebungen als Beckenbodenübungen ausgeführt, so sollten gleichzeitig mit der Hebung der Anus und andere Öffnungen fest verschlossen bzw. angespannt werden.

Becken- und Rückenhebeübung

Die Rad- und Brückestellung (im indischen Yoga *chakrasana*)
war in Ägypten gut bekannt (s. Abschnitt „Brücke und Rad",
S. 70). Allerdings handelt es sich um eine Haltung für fortgeschrittene Yoga-Übende. Überhaupt scheinen westliche Menschen zunehmend Probleme mit den klassischen *asanas* zu haben. Ehe der Abendländer an die traditionellen Übungen heran-
geführt werden kann, sollten einfache vorbereitende Übungen
gelehrt werden. Hier erfüllt ägyptisches Yoga eine wichtige
Aufgabe, indem es alle Übungsbereiche des klassischen Yoga
(s. Abschnitt „Yoga im klassischen Sinn", S. 31) enthält und auf
sanfte Weise an die (auf körperlicher und geistiger Ebene)
schwierigeren Aufgaben heranführt, um sie zu meistern.

*Probleme
mit klassischen
asanas*

Ausgangshaltung. Ausgehend von der Rückenlage (Ü23, S. 198)
werden die Füße an den Körper herangezogen, bis die Unterschenkel senkrecht zum Boden stehen, wobei die Füße und Beine leicht
auseinander sind.

Adler und Halbe Brücke I – Adlerbewegungen mit gleichzeitigen Zusatzbewegungen[66]

Die nachfolgenden Bewegungen der Arme/Hände und des
Atems entsprechen der Adler-Basisübung (Phase 1–8).

*Ü32: Beckenhebeübung,
halbe Brücke.*

---

[66] Die Beckenhebungen lassen sich auch als eingeschobene Zusatzbewegungen ausführen.

❋ Einatmend werden die Hände zu Fäusten geschlossen und gleichzeitig das Becken gehoben (Ü32);

❋ ausatmend senkt sich das Becken auf den Boden, während die Fäuste an die Schultern gebracht werden;

❋ einatmend die Ellbogen zu den Seiten bewegen, während das Becken sich hebt.

Der weitere Übungsverlauf: mit den Basis-Adlerbewegungen wird das Becken ausatmend gesenkt (Phasen 5 und 7) und einatmend gehoben (Phasen 6 und 8).

Adler und Halbe Brücke II – Adlerbewegungen mit eingeschobenen Zusatzbewegungen

Jeweils nach den Phasen 2, 4, 6 und 8 werden Bewegungen eingeschoben (zur Verdeutlichung sind die eingeschobenen Abläufe *kursiv* dargestellt).

❋ Einatmend werden die Hände zu Fäusten geschlossen und gleichzeitig das Becken gehoben (Ü32);

❋ *ausatmend wird ein Bein nach vorne ausgestreckt (Ü33);*

❋ *einatmend den Fuß wieder auf den Boden stellen (Ü32);*

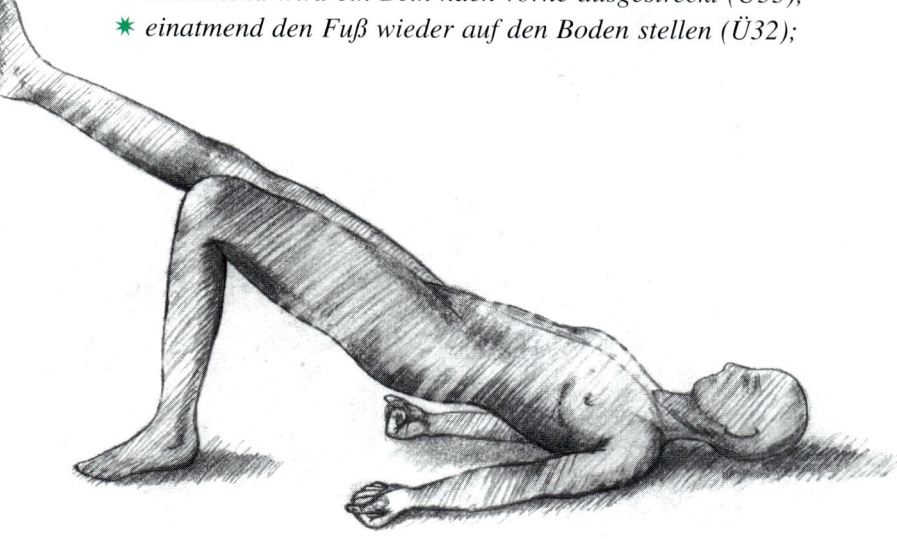

Ü33: Bein nach vorne.

* *ausatmend den Rücken auf den Boden senken;*
* einatmen ohne (!) Bewegung;
* ausatmend die Fäuste an die Schultern;
* einatmend die Ellbogen zu den Seiten und gleichzeitig das Becken heben;
* *ausatmend das Bein nach vorne strecken;*
* *einatmend den Fuß wieder auf den Boden stellen;*
* *einatmen ohne (!) Bewegung.*

Der weitere Übungsverlauf: mit den weiteren Basis-Adlerbewegungen und den Zusatzbewegungen wird entsprechend fortgefahren.

Adler und Halbe Brücke III – Adlerbewegungen mit eingeschobenen Zusatzbewegungen

Jeweils nach den Phasen 2, 4, 6 und 8 werden Bewegungen eingeschoben (zur Verdeutlichung sind die eingeschobenen Abläufe *kursiv* dargestellt).

* Einatmend werden die Hände zu Fäusten geschlossen und gleichzeitig das Becken gehoben (Ü32);
* *ausatmend wird ein Bein nach vorne ausgestreckt (Ü33);*
* *einatmend das gestreckte Bein zur Senkrechten bewegen (Ü34);*

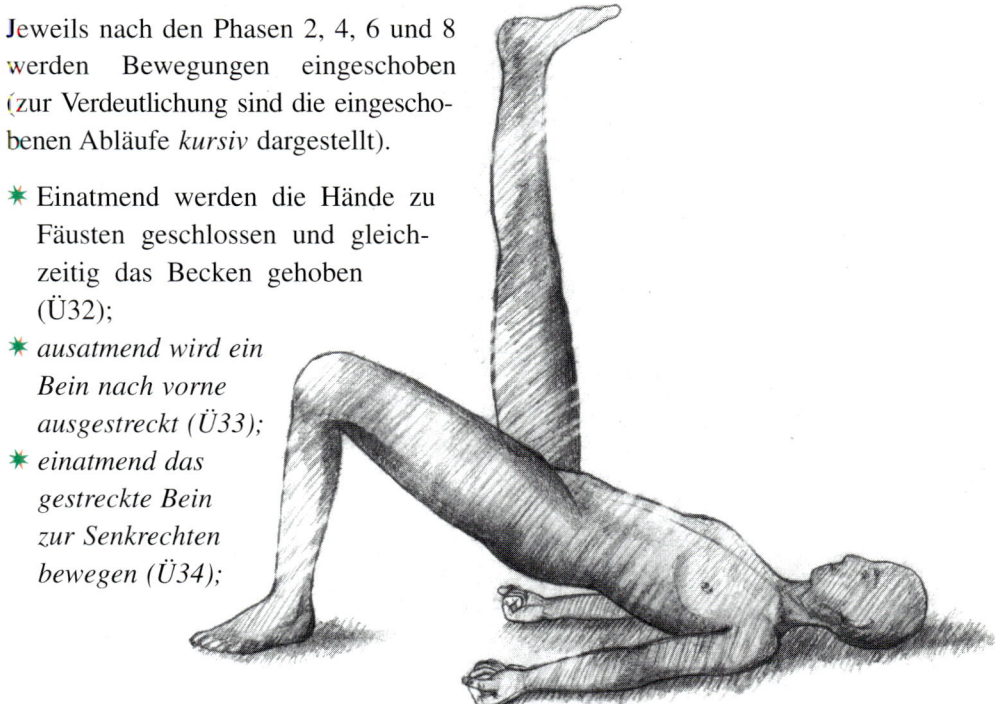

Ü34: Bein senkrecht.

✳ *ausatmend das Bein nach vorne ausstrecken (Ü33);*
✳ *einatmend den Fuß wieder auf den Boden stellen (Ü32);*
✳ *ausatmend den Rücken auf den Boden senken;*
✳ einatmen ohne (!) Bewegung;
✳ ausatmend die Fäuste an die Schultern;
✳ einatmend die Ellbogen zu den Seiten und gleichzeitig das Becken heben;
✳ *ausatmend das Bein nach vorne strecken, einatmend zur Senkrechten heben.*

Der weitere Übungsverlauf ergibt sich aus den weiteren Basis-Adlerbewegungen und aus den beschriebenen Zusatzbewegungen.

Variante: Adler und Halbe Brücke IV – Adlerbewegungen mit eingeschobenen Zusatzbewegungen

Zu den eingeschobenen Beinbewegungen (nach vorne strecken, zur Senkrechten heben) kommt nun noch das Anwinkeln des Beines hinzu.

Jeweils nach den Phasen 2, 4, 6 und 8 werden Bewegungen eingeschoben (zur Verdeutlichung sind die eingeschobenen Abläufe *kursiv* dargestellt).

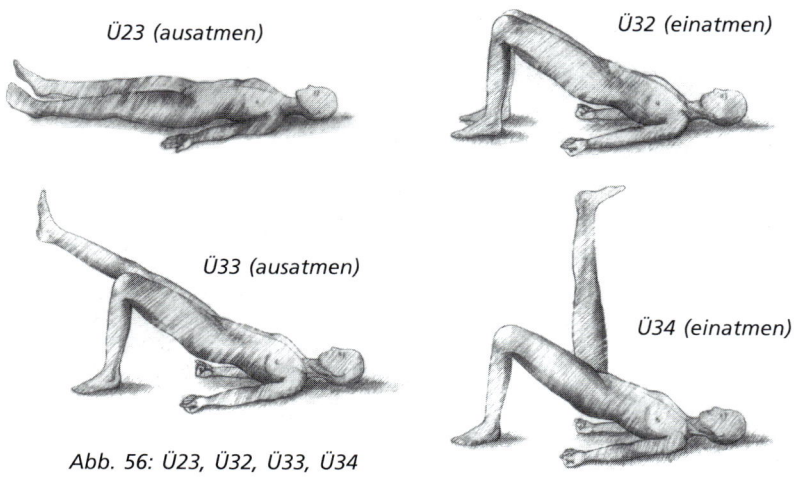

Ü23 (ausatmen)

Ü32 (einatmen)

Ü33 (ausatmen)

Ü34 (einatmen)

Abb. 56: Ü23, Ü32, Ü33, Ü34

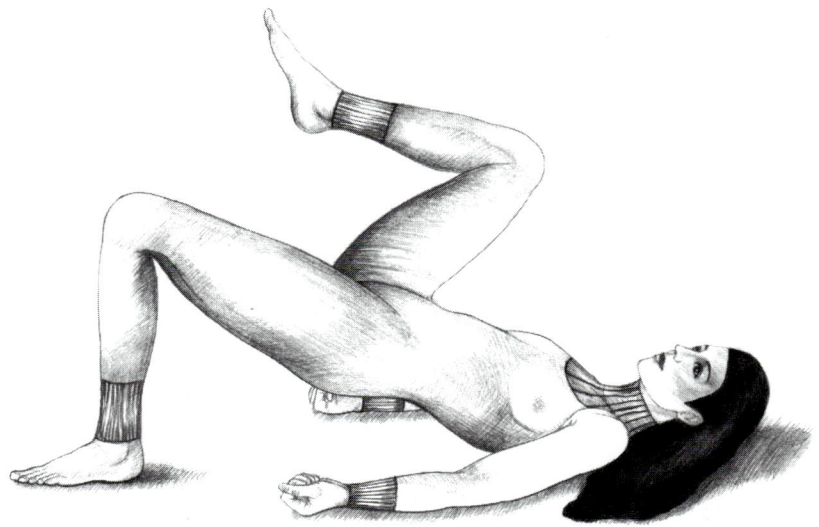

Ü35: Bein angewinkelt (ausatmen).

✳ Einatmend werden die Hände zu Fäusten geschlossen und gleichzeitig das Becken gehoben (Ü32);

✳ *ausatmend wird ein Bein nach vorne ausgestreckt (Ü33);*

✳ *einatmend das gestreckte Bein zur Senkrechten bewegen (Ü34);*

✳ *ausatmend das Bein zum Rumpf abwinkeln (Ü35);*

✳ *einatmend das Bein wieder nach oben strecken (Ü34);*

✳ *ausatmend das gestreckte Bein nach vorne ausstrecken (Ü33);*

✳ *einatmend den Fuß wieder auf den Boden stellen (Ü32);*

✳ *ausatmend den Rücken auf den Boden senken;*

✳ einatmen ohne (!) Bewegung

✳ ausatmend die Fäuste an die Schultern;

✳ einatmend die Ellbogen zu den Seiten und gleichzeitig das Becken heben;

✳ *Bewegungen wie eben (kursiv) beschrieben.*

Der weitere Übungsverlauf ergibt sich aus den weiteren Basis-Adlerbewegungen und aus den beschriebenen Zusatzbewegungen.

◆ **Mögliche Wirkungsweisen**

Auf die Wirkung der Beckenhebungen als Beckenbodenübung wurde in vorigen Abschnitt („Beckenboden") bereits hingewiesen. Die Bein- und Beckenvenen werden entstaut, Oberschenkel- und Rückenmuskulatur werden gekräftigt ebenso wie die Muskulatur des Bauches. Dabei wird die Wirbelsäule biegsam, die Verdauung wird angeregt. Die Durchblutung von Kopf- und Brustbereich verstärkt sich. Konzentrations- und Koordinationsvermögen werden gefördert, der Übende wird sich seines Körpers mit seinen Möglichkeiten und Grenzen bewußter.

Entspannung – Pharaonenhaltung

1. Möglichkeit. Rückenlage; die Atemzüge werden von den zugehörigen visualisierten Bewegungen begleitet.

Tod als Übergang zum Leben

2. Möglichkeit – Pharaonenhaltung. Mumien des alten Ägypten werden oftmals als Symbole des verwandelnden Übergangs von Leben und Sterben angesehen. Für die Ägypter war der Körper ebenso göttlich wie der Geist. Nach ihrer Auffassung waren Göttliches und Menschliches im Körper vereint und anwesend. Skarabäus, Schlange, Falke oder Geier symbolisierten die Verwandlung zum Göttlichen. Grabmale mit all den Lebenssymbolen, z.B. *anch* zeigen den Tod als Übergang zu neuem Leben in strahlender Schönheit.[67] Wie eine Schutzhülle ermöglichte der Sarkophag im Innern das Keimen neuen Lebens.

Bei einer sehr großen Zahl von ägyptischen Statuen (s. S. 122 Abb. 49, Kolosse des Thutmosis III.) und besonders bei Mumien und Sarkophagen finden wir außer den genannten Symbolen die über der Brust gekreuzten Arme (Abb. 57). Am bekanntesten dürfte diese Haltung von Abbildungen des inneren Sarges des Tutanchamun sein. Die Gestalt des Sarges stellt nicht selten die mumienförmige Gestalt des Osiris mit gekreuzten Armen

---

[67] „Wenn die Begräbnisriten einer Gesellschaft (...) ein Spiegelbild sind, was mögen dann künftige Generationen über die Zeit erfahren, in der wir leben?", (Naomi Ozaniec).

dar, ausgestattet mit den heiligen Insignien des Gottes, dem Krummstab *heqa* und der Geißel *nechacha*. An der Stirnseite des Nemes-Kopftuches erscheinen die Uräus-Schlange[68] und oftmals der Falke.

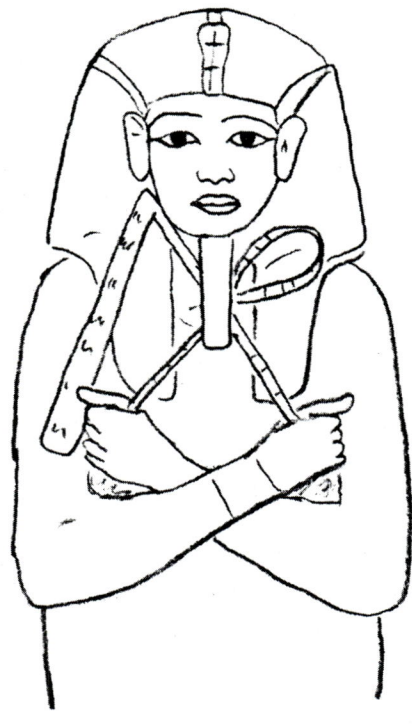

Abb. 57: Sarg Ramses II.
(Deckel). Theben, „Cachette"
von Deir el-Bahari,
Neues Reich, 19. Dynastie,
1290–1224 v. Chr.

Symbole und Körperhaltung drücken Verbindung mit dem Leben, mit Kraft und mit der zeitlosen Ewigkeit des Göttlichen aus. Da diese Symbole und äußeren Haltungen auch bei „lebenden Statuen" gezeigt werden, kann auf eine konkrete physische und spirituelle Wirkung geschlossen werden. Die geschlossene Haltung mit den vor der Brust gekreuzten Armen bedeutet auch

Leben und Zeitlosigkeit

---

[68] Der Begriff Uräus ist aus dem Ägyptischen abgeleitet und bezeichnet die (weibliche) Kobra, die sich an der Stirn des Pharaos und bestimmter Götter befindet.

einen geschlossenen Energiekreislauf, eine Einheit. Die beiden Körperhälften sind über die Hände miteinander verbunden. Die beiden ägyptischen Erden (s. Abschnitt „Sema-taui", S. 101) werden im Mikrokosmos Mensch miteinander verknüpft. Anders ausgedrückt: Unsere (rechte) Sonnenseite steht in Verbindung mit unserer (linken) Mondseite. Damit haben wir die Verbindung von *ha* (Sonne) und *tha* (Mond) – also *Hatha*-Yoga – zur Einheit gebracht.

Die praktische Ausführung der von Yogi Khane gelehrten Pharaonenhaltung basiert auf den genannten traditionellen Haltungen und auf empirischer Kenntnis der Wirkungen der Übung.

Vorübung. Wir liegen in Rückenlage, die Beine gestreckt nebeneinander, die Arme längs des Körpers. Wir stellen fest, wie wir unseren Körper und uns selbst im ruhenden Körper wahrnehmen. Besonders achten wir darauf, wie die Beine und Arme gespürt werden, ob wir sie eher einzeln oder als Einheit empfinden. Handelt es sich um eine geschlossene oder eher um eine offene Stellung? Ganz gleich, zu welchem Ergebnis wir kommen, eine Bewertung ist überflüssig.

Ausführung der Pharaonenhaltung. Aus der Rückenlage nehmen wir die gezeigte Haltung (Ü36) ein. Das gestreckte rechte Bein wird über das linke gelegt, die Füße berühren sich. Die Finger der linken Hand kommen in die rechte Achselhöhle. Der rechte Arm wird auf den linken gelegt, die Finger der rechten

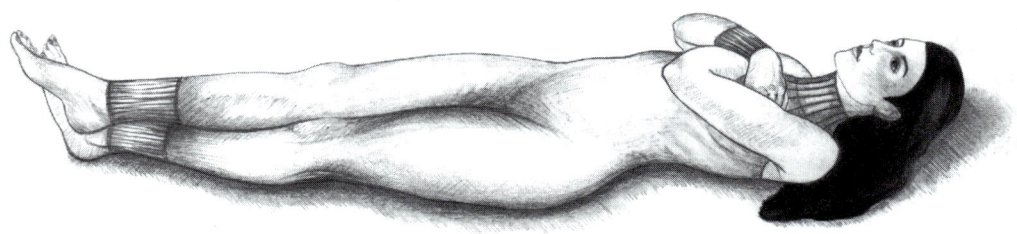

Ü36: „Pharaonenhaltung".

Hand in die linke Achselhöhle. Wir lassen den Körper in dieser Position möglichst locker.

Anders als bei der üblichen Rückenlage empfinden wir die Beine als Einheit, die Arme als schützend und wärmend mit dem Rumpf verbunden. Sowohl bei den Füßen/Beinen, als auch bei den Händen/Armen haben wir eine geschlossene Stellung, die unsere inneren Lebensströme kreisen läßt und verstärkt.

Wie bei dem Symbol *sema-taui* (s. Abschnitt „Sema taui", S. 101) sind unsere zwei Hälften miteinander verbunden und vertauscht. In der äußeren Haltung der Einheit kann auch die innere Haltung deutlich erlebt werden. Wie der einbalsamierte Körper des Pharaos von mehreren Hüllen umgeben und geschützt wird, können auch wir uns in dieser Haltung geborgen und zeitlos fühlen.

Geborgen und zeitlos

Die Pharaonenhaltung sollte mindestens zehn Minuten lang eingenommen werden, empfehlenswert ist es, sehr viel länger in der Stellung zu ruhen. Die Position der Arme und Hände kann auch vertauscht eingenommen werden; dann liegen linkes Bein und linker Arm oben.

Indische Yoga-Stellungen

Aus der Rückenlage heraus können zahlreiche klassische *asanas* durch die Adlerübung vorbereitet und intensiviert werden. Maßstab ist bei allen Übungen das eigene Empfinden. Besser ist es, eine einfachere Variation zu üben, als sich selbst durch falschen Ehrgeiz der Früchte zu berauben.

Mit ägyptischen Adlerübungen in der Rückenlage lassen sich z.B. folgende Hatha-Yoga-Stellungen vorbereiten oder kombinieren:

* Beinhebeübungen
* Krokodilübungen – *nakrasana*
* Halbmond im Liegen
* Stockhaltung
* (Halbe) Brücke

✳ (Halbe) Radstellung – *ardha chakrasana*
✳ Fisch – *matsyasana*
✳ Halbe Kerze und Kerze – *wiparita karani, sarvangasana*
✳ Pflug – *halasana*.

Bei der Fisch-Haltung kann der Brustkorb zwischen den entsprechenden Adlerphasen angehoben und gesenkt werden. Die Kerze wird mit eingeschobenen Beinhebungen eines oder beider Beine vorbereitet. Es ist aber auch möglich, Beine und Gesäß gleichzeitig anzuheben.

Ägyptischer Adler im Kniestand
Ägyptischer Adler und „Krieger" – Variante I

Nachfolgend werden die Stellungen des Kriegers beschrieben. Die Haltungen führen zu einem erhöhten Körperbewußtsein und zu sinnvoller Körperbeherrschung. Bei diesen Stellungen ist der Körperschwerpunkt der Erde näher als im Stehen. Die Füße bilden eine feste Verbindung zur Erde, während Arme und Hände nach oben (zum Himmel) gerichtet werden. Wie Antennen, schreibt Babacar Khane, nehmen sie höhere Formen von kosmischer Energie auf.

Arme und Hände sind Antennen

Bei den Haltungen geht es nicht darum, unbedingt eine schwierige Endstellung zu erreichen. Wichtiger ist es, auf den ruhig fließenden Atem, auf die Koordination von Bewegung und Atem sowie auf die rechten Winkel der Beine (und der Arme) zu achten.

Krieger I mit Kerzenhalter

Das rechte Bein nach vorne auf den Boden gestellt. Der rechte Oberschenkel ist waagrecht, der Unterschenkel senkrecht ebenso wie der linke Oberschenkel. Die Zehen des linken Fußes werden aufgestellt (ägyptische Fußposition). Der Fußrücken des linken Beines kann aber auch flach auf den Boden gelegt werden.

Ausgehend von dieser Position mit nach unten gestreckten Armen und nach vorn geöffneten Händen werden die Adler-Basisbewegungen ausgeführt (Ü37, Phase 3), aufsteigend bis zur KA-Haltung und wieder absteigend.

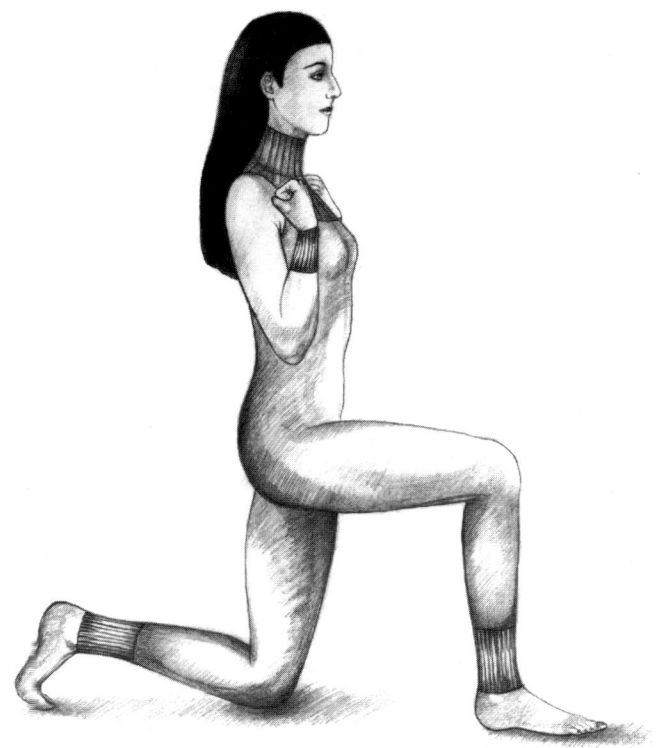

Ü37: Krieger I.

Die Haltung macht die Beckenstellung bewußt. Krümmungen der Wirbelsäule in der Lendengegend werden bei regelmäßiger Übung beseitigt, Schultern und Rücken werden gestärkt. Der Gleichgewichtssinn entwickelt sich.

Krieger I mit Drehung

An die Ausführung des „Kriegers mit Kerzenhalter" schließt sich mit der KA-Haltung ausatmend eine Drehung nach rechts an. Der Kopf wird **nicht** mitgedreht – der Blick geht weiterhin nach vorne, wo jetzt der linke Arm ist. Das Becken ist durch die Beinstellung fixiert und folgte der Drehung nicht. Während mehrerer bewußter Atemzüge wird die Position gehalten.

Einatmend erfolgt die Drehung zur Mitte und darauf (ausatmend) die Drehung zur anderen Seite. Nach mehreren Atemzügen ohne Bewegungen wird der Körper mit der Einatmung zur Mitte gedreht. Es folgt der absteigende Adler. Während der Atmung in der unbewegten Drehhaltung kann die Ausdehnung des Atemraums sowie die Dehnung seiner Muskulatur bewußt wahrgenommen werden.

Bevor die Übung mit umgekehrter Beinstellung ausgeführt wird, sollte eine Ruhehaltung eingenommen werden.

Krieger I mit Seitbeuge

Anstelle der Drehung können Seitbeugen ausgeführt werden. Der Ablauf entspricht der Beschreibung „Krieger I mit Drehung".

Krieger I mit Drehbeuge

Der Übungsverlauf entspricht im wesentlichen den vorangegangenen Kriegerübungen.

✳ Ausgangshaltung: Bein- und Rumpfstellung wie oben (Ü37), Arme nach unten gestreckt, Hände nach vorn geöffnet;
✳ Ausführung der aufsteigenden Adlerbewegungen bis zur KA-Stellung;
✳ ausatmend Rumpf und Arme nach rechts drehen, Kopf wird nicht gedreht, er ist zum linken Arm gedreht;
✳ einatmend ohne (!) Bewegung;
✳ ausatmend Beugebewegung nach vorn, der linke Ellbogen nähert sich dem (oder berührt das) rechte Knie;
✳ mehrere tiefe Atemzüge in dieser Position;
✳ einatmend den Körper aufrichten;
✳ ausatmend ohne (!) Bewegung;
✳ einatmend zurückdrehen zur Ausgangsstellung.
Es folgen die absteigenden Adlerbewegungen.

Dann wird die Übung mit dem linken nach vorn aufgestellten Bein ausgeführt.

Die Übung kann auch derart abgewandelt werden, daß nach der Drehung zur einen Seite (mit Seitbeuge, Aufrichtung und Drehung zurück zur KA-Position) sofort die Drehung und Seitbeuge zur anderen Seite folgt.

Ägyptischer Adler und „Krieger" – Variante II

Wir beginnen mit dem linken Knie auf dem Boden, das rechte Bein zur Seite gestreckt, die Fußsohle auf dem Boden; die Arme sind längs des Körpers nach unten, die Hände nach vorn geöffnet. Der Übungsverlauf entspricht im wesentlichen der Beschreibung des „Kriegers" – Variante I.

Krieger II mit Kerzenhalter

Ausgehend von der Position mit nach unten gestreckten Armen und nach vorn geöffneten Händen werden die Adler-Basisbewegungen ausgeführt, aufsteigend bis zur KA-Haltung und wieder absteigend (Ü38 zeigt Phase 7).

Ü38: Krieger II.

225

Krieger II mit Drehung

An die Ausführung des „Kriegers im Kerzenhalter" schließt sich mit der KA-Haltung ausatmend eine Drehung von Oberkörper und Kopf zum ausgestreckten Bein an. Diese Stellung wird während mehrerer Atemzüge beibehalten. Einatmend erfolgt danach die Drehung zur Mitte. Der absteigende Adler schließt sich an.

Krieger II mit Seitbeuge

Entsprechend der Drehung können die Seitbeugen zum gestreckten Bein ausgeführt werden.

Krieger II mit Vorbeuge

Das rechte Bein wird nicht seitlich sondern nach vorne ausgestreckt. Entsprechend der Drehung kann eine Vorbeuge zum gestreckten Bein nach vorne ausgeführt werden.

◆ **Mögliche Wirkungsweisen**

Mehr noch als bei Drehung und Seitbeuge wird die Stellung von Rücken und Becken bei der Drehbeuge bewußt überprüft. Blokkaden der Wirbelsäule können gelöst werden. Verspannungen der Rücken- und Schultermuskulatur werden durch diese Dehnhaltungen gelockert. Das Gleichgewicht im vegetativen Nervensystem und der freie Fluß von Energieströmen werden gefördert.

Entspannung

1. Möglichkeit. Rückenlage; die Atemzüge werden von den zugehörigen visualisierten Bewegungen begleitet.

2. Möglichkeit. Entspannung in der Pharaonenhaltung; sie wurde bereits beschrieben (Ü36).

3. Möglichkeit. Visualisierung in der Pharaonenhaltung; wir richten die Aufmerksamkeit zu der Stelle, an der sich die Füße berühren. Von hier aus ziehen wir eine vorgestellte Linie entlang der

Außenseite des rechten Fußes, über Knöchel und Unterbein an der ganzen rechten Körperseite entlang nach oben bis zum obersten Punkt des Kopfes. Von hier aus wird die Linie über die linke Kopfseite, Hals und Schulter an der linken Körperseite entlang bis zu der Kontaktstelle der Füße geführt.

Fortführung der Übung unter Einbeziehung des Atems. Während der Einatmung wird die oben beschriebene Linie an der rechten Körperaußenseite hochgeführt. In der Atempause mit voller Lunge kurzes Verharren am obersten Punkt des Kopfes. Während der Ausatmung die Linie entlang der linken Körperaußenseite nach unten wandern. In der Atempause mit leerer Lunge kurzes Verweilen an der Kontaktstelle der Füße.

(Mit vertauschten Seiten – also mit der Einatmung links nach oben und ausatmend rechts nach unten – kann die Übung fortgesetzt werden.)

Indische Yoga-Stellungen

Mit ägyptischen Adlerübungen in veschiedenen Knieständen lassen sich z.B. folgende Hatha-Yoga-Stellungen vorbereiten oder kombinieren:

* Varianten des Kriegers
* Kreuzbalken – *parighasana*
* Kamel – *ustrasana*
* Taube (Variante) – *kapotasana*
* Teile des Sonnengrußes – *suryanamaskar.*

Ägyptischer Adler im Stehen

Einige stehend ausführbare Adlerübungen wurden bereits beschrieben: Kopf-Nacken-Übungen, Rück- und Vorbeugen sowie Drehungen. Es handelte sich um solche Bewegungsabläufe, die sowohl stehend als auch sitzend oder manchmal liegend ausgeführt werden können. Nach einer weiteren Übung, die in verschiedenen Körperhaltungen ausgeführt werden kann, folgen Übungen, die eine stehende Position erfordern.

Zehenstand, Hocke, Beinbewegungen

Bei den Übungen im Sitzen wurde eine Übung mit Aufstellen der Füße auf die Zehen vorgestellt (s. Abschnitt „Ägyptisches Yoga auf einem Sitz", S. 190). Derselbe Übungsablauf kann stehend durchgeführt werden. Allerdings werden jetzt Füße, Beine und Fußgelenke weitaus stärker trainiert. Der Ablauf wird nachfolgend als Adler-Basisübung mit *gleichzeitigen* Zusatzbewegungen beschrieben – die Variation mit *eingeschobenen* Zwischenbewegungen ist ebenfalls möglich.

Zehenstand

Die nachfolgenden Bewegungen der Arme/Hände und des Atems entsprechen der Adler-Basisform (Phase 1–8).

✳ Mit der Einatmung werden die Hände zu Fäusten geschlossen. Gleichzeitig kommen wir zum Zehen- bzw. Fußballenstand;

 ✳ ausatmend die Fäuste an die Schultern und die ganze Fußsohle wieder auf den Boden bringen;

 ✳ einatmend die abgewinkelten Arme seitlich bis zur Horizontalen heben und dabei wieder zum Zehenstand kommen (Ü39);

 ✳ ausatmend .... weiter dementsprechend.

Zehenstand und Hocke

Auch die nachfolgenden Bewegungen der Arme/Hände und des Atems entsprechen der Adler-Basisform (Phase 1–8).

✳ Mit der Einatmung werden die Hände zu Fäusten geschlossen. Gleichzeitig kommen wir zum Zehenstand;

✳ ausatmend die Fäuste zu den Schultern, während wir nach unten in die Hocke gehen. Wir stehen auch in der Hocke auf den Fußballen;

Ü39

✳ einatmend die abgewinkelten Arme seitlich bis zur Horizontalen heben und dabei wieder den Körper zum Zehenstand aufrichten (Ü39);

✳ ausatmend die Unterarme nach vorne, während wir nach unten in die Hocke gehen;

✳ einatmend die Unterarme zur Senkrechten heben. Gleichzeitig kommen wir zum Zehenstand;

✳ ausatmend ..... weiter dementsprechend.

◆ Mögliche Wirkungsweisen

Das „Absitzen" vom Zehenstand in die Hocke kann als Rückenschule betrachtet werden, in der gelernt wird, bei geradem Rücken (ohne bandscheibenbelastende Vorbeuge) den Boden mit den Händen zu erreichen (um evtl. Lasten vom Boden aufzunehmen). Dabei wird eine Kräftigung der Oberschenkelmuskulatur erreicht.

Bewegungen der Beine

In der aufrechten Stellung lassen sich, verbunden mit dem ägyptischen Adler, weitere Übungen durchführen.

▶ **Ein gestrecktes Bein nach vorne, nach hinten oder zur Seite bewegen.** Dadurch werden eine Kräftigung der unteren Rückenmuskulatur (Bein nach hinten kräftigt Gesäß und Oberschenkelrückseite) sowie der Muskulatur von Oberschenkel und Hüftbereich bewirkt, Fettansätze an diesen Stellen werden abgebaut, und die Beweglichkeit des Hüftgelenks wird gefördert. Daneben werden auch Konzentration, Koordination und Gleichgewichtssinn geübt.

Möglich sind auch Übungsvarianten, die zum Teil im Sitzen beschrieben wurden. Im Stehen sind sie allerdings schwieriger auszuführen.

▶ **Ein Bein leicht anheben und wieder auf den Boden stellen.**

▶ **Ein Bein weit anheben und wieder auf den Boden stellen.**

▶ **Ein Bein angewinkelt hochheben.**

▶ **Ein gestrecktes Bein nach vorne ausstrecken** (falls möglich bis zur Horizontalen). Wird diese Stellung mit dem Adler
geübt, so kann von geübten Yogis nach der Vorbereitung mit
dem Adler eine Variante von *utthita-hasta-padangusthasana*
eingenommen werden. Bei dieser Stellung steht man auf einem
Bein und streckt das andere nach vorn aus. Man faßt den großen
Zeh des ausgestreckten Beins, Kopf und Bein nähern sich oder
berühren sich sogar.

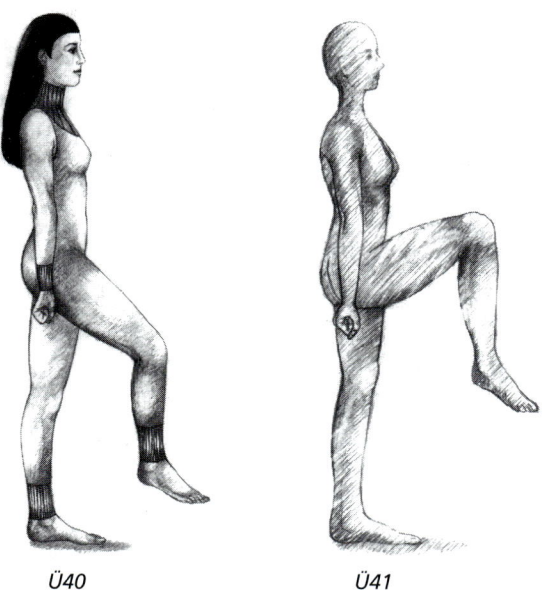

Ü40   Ü41

◆ **Mögliche Wirkungsweisen**

Durch die intensiven Bewegungen der Fußgelenke und/oder der
Beine (auch mit Anspannungen verbunden), wird mit den
Übungen die Durchblutung der Beine gefördert; die Muskulatur
wird gekräftigt, Gleichgewichtsinn und Konzentration werden
geübt. Wir werden feststellen, daß es an manchen Tagen leichter
fällt, sich aufzurichten und das Gleichgewicht zu halten, als an
anderen. Interessant ist es zu beobachten, ob oder inwieweit
äußeres und inneres Gleichgewicht zusammenhängen und was
die äußere mit der inneren Aufrichtung zu tun hat.

Gleichgewicht

Der ägyptische Gang

Unzählige ägyptische Statuen und Figuren auf Bildern sind in Schrittstellung, in Bewegung dargestellt. Sie sind unterwegs, in Bewegung auf der Suche nach Erkenntnis und Verbindung. Diese Bewegung findet aber in großer Reihe statt (Abb. 32, 33, 35, 36, 49).

Der ägyptische Gang erfordert Konzentration und Aufmerksamkeit, da gleichzeitig Arm- und Handhaltungen, Bewegungen der Beine sowie Atem und Gleichgewicht koordiniert werden müssen. Trotz der scheinbaren Einfachheit ist der ägyptische Gang auch eine ausgesprochene Konzentrationsübung. Wie bei vielen anderen ägyptischen Haltungen, üben wir in dem Bewegungsablauf des ägyptischen Ganges *yama* und *niyama*, *asana*, *pranayama*, *pratyahara* und *dharana*. Aus rein physischer Sicht birgt der ägyptische Gang ein leichtes Gleichgewichtsproblem und erfordert Bewußtsein für die Beckenstellung und die Verteilung des Körpergewichts.

Konzentration

Haben wir die Übung erst einmal verinnerlicht, sodaß die Ausführung „wie von selbst" abläuft, können die Bewegungen in meditativer Weise (*dhyana*) ausgeführt werden. Denken wir an das ägyptische Streben nach Vereinigung der Gegensätze (der irdischen Ebene sowie der irdischen und der himmlischen Ebene – Symbol des Kreuzes), so finden wir dies im ägyptischen Gang auf vielfache Weise ausgedrückt: aufrechte Haltung, wechselnder Kontakt mit der Erde, den Kopf himmelwärts gerichtet, die Arme wie sich langsam hebende nach oben gerichtete Antennen, bereit zur Aufnahme himmlischer Energieströme[69], die im Innern konzentriert und an die Erde gegeben werden; der Mensch in der Funktion als Mittler zwischen Himmel und Erde.

Symbolik

---

[69] Die Fäuste haben – wie im „inneren" Kung-Fu – die Funktion, Energie zu bündeln. Die geöffneten bzw. geschlossenen Hände symbolisieren auch die beiden Ströme der entgegengesetzten Polaritäten (*yin* und *yang*), die es zu harmonisieren und auszugleichen gilt.

Der kleine ägyptische Gang

Die nachfolgenden Bewegungen der Arme/Hände sowie des Atems entsprechen wieder der Adler-Basisform (Phase 1–8).

Schritte nach vorn

* Wir stehen mit nach vorne geöffneten Händen, ausatmen (Fig Ü1);
* einatmend Fäuste machen und gleichzeitig ein Bein heben (Ü40, auf der Abbildung wird rechts begonnen);
* ausatmend Fäuste zu den Schultern und gleichzeitig das (rechte) Bein nach vorne auf den Boden stellen (Ü42);
* einatmend Ellbogen/Arme auf Schulterhöhe heben und gleichzeitig das andere (linke) Bein heben;

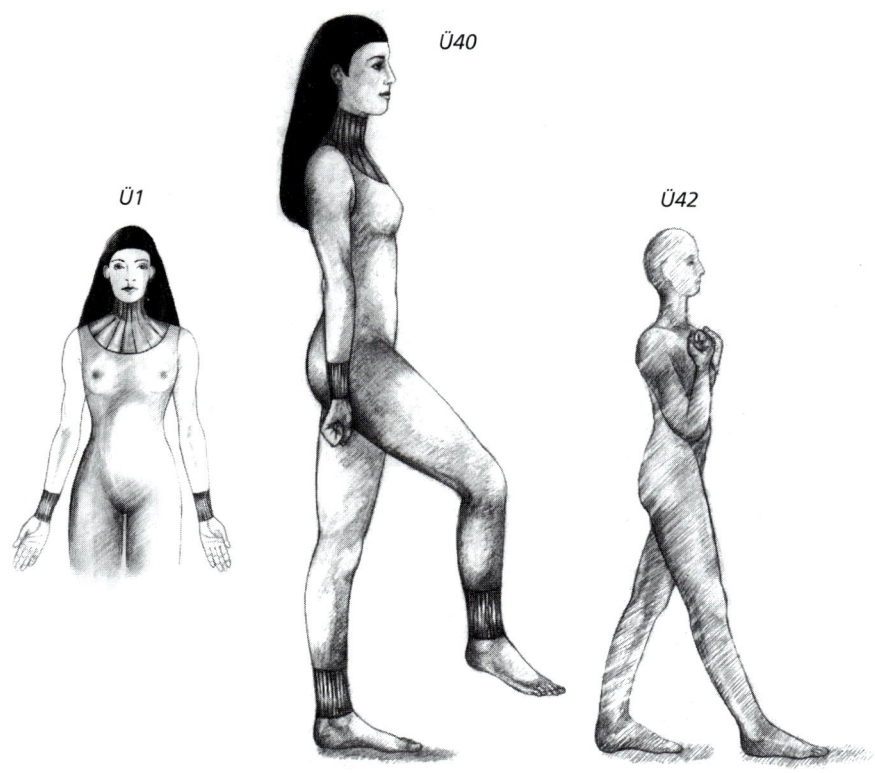

Ü40

Ü1

Ü42

✳ ausatmend Unterarme nach vorne und gleichzeitig das (linke) Bein nach vorne auf den Boden stellen;

✳ einatmend ....

Je nach eigenem Empfinden oder der gewünschten Endhaltung kann eine der Adler-Endvarianten gewählt werden.

Schritte zurück

Nachdem mit den aufsteigenden Adlerbewegungen nach vorne geschritten wurde, kann jetzt mit den absteigenden nach hinten geschritten werden. Der Weg nach hinten erfordert noch etwas mehr Aufmerksamkeit und Konzentration als der Gang nach vorn.

Zehenstand

Bei einer Variante des ägyptischen Ganges stellen wir nicht die ganzen Fußsohlen mit der Ausatmung auf den Boden, sondern wir erheben uns ausatmend auf die Zehenspitzen beider Füße. Mit der Einatmung bringen wir den hinteren Fuß jeweils mit der ganzen Sohle auf den Boden, während sich das andere Bein hebt.

Baum (*vrkasana*)

Der ägyptische Gang übt das Gleichgewicht in der Vertikalen: Jedesmal wenn ein Bein oben ist, kann für einen oder mehrere Atemzüge unbeweglich verharrt werden. An die Stellung „Handinnenflächen zum Kopf" (Ü7) schließt sich mit Einatmung und Bein heben die Adlervariante mit nach oben gestreckten Armen (Ü8c) an.

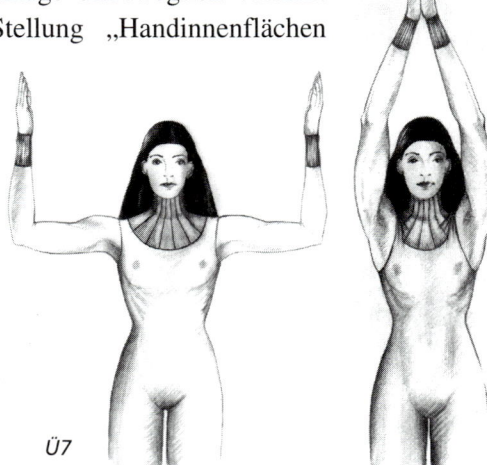

Ü7

Baumvariante 1. Ausatmend bleiben die Arme in der Stellung und der angehobene Fuß wird auf den Fußrücken des Fußes auf dem Boden gestellt.

Baumvariante 2. Schwieriger ist es, wenn mit der Ausatmung die Fußsohle des gehobenen Beins an die Knieinnenseite gelegt wird und gleichzeitig das Knie des nun abgewinkelten Beins zur Seite bewegt wird.

Baumvariante 3. Die Fußsohle wird an die Oberschenkelinnenseite gelegt oder, noch ein wenig schwieriger, man legt den Fuß in die Leistengegend.

Zahlreiche weitere Baumvariationen sind möglich. In der gewählten Stellung wird für mehrere Atemzüge unbeweglich verharrt. Die Baumstellungen sind im Hatha-Yoga als *vrkasana* bekannt, unbekannt hingegen ist die Vorbereitung der statischen Haltungen mit den dynamischen Adlerbewegungen.

◆ **Mögliche Wirkungsweisen der Baumhaltungen**

Die Beinmuskulatur wird gekräftigt und ihre Durchblutung gefördert. Knöchel, Knie und Hüfte werden gestärkt. Die Übung fördert Konzentration und Gleichgewichtssinn und verbessert die Haltung durch Streckung und Dehnung.

Der große ägyptische Gang

Der große ägyptische Gang unterscheidet sich vom kleinen durch folgende Bewegungen:

* Oberschenkel und Knie (einatmend mit dem Schließen der Hände) werden so hoch wie möglich gehoben (Ü41);
* danach kommt mit einem großen Schritt nach vorn (ausatmend und Fäuste an die Schultern) das hintere Knie auf den Boden (Ü37). Der Rücken bleibt gerade aufgerichtet;
* das Aufrichten aus dieser Position auf dem Boden mit der Einatmung und der nächsten Adlerbewegung (hier erfolgt die Aufrichtung und Hebung des „nächsten" Beins mit seitlichem Heben der Arme) – ist der schwierigste Teil der Übung.

◆ Mögliche Wirkungsweisen

Mit der Verbindung des Adlers mit den Schrittbewegungen erreichen wir eine verbesserte Aufrichtung unseres Körpers, sowie eine verstärkte Weitung des Brustraumes, was wiederum

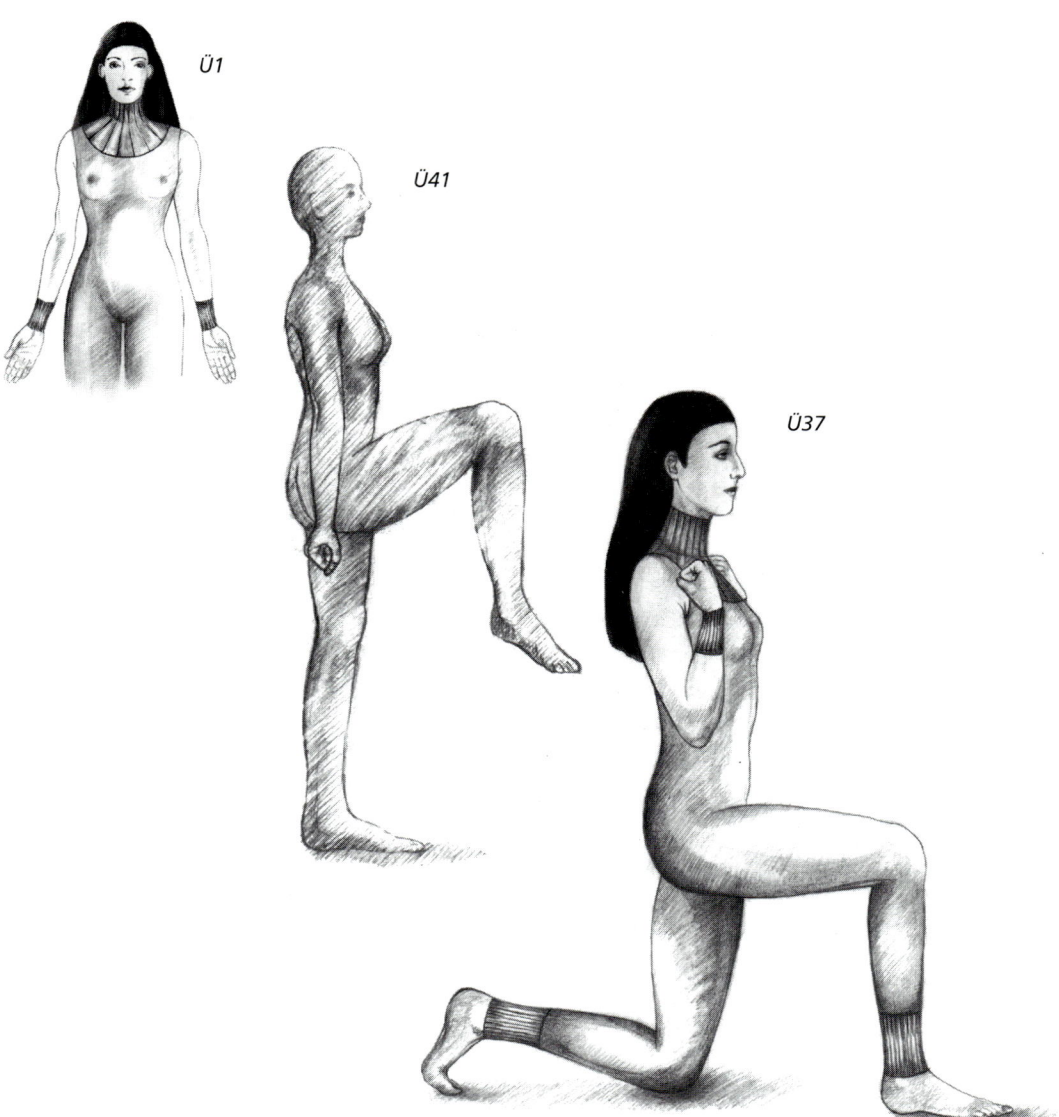

Ü1

Ü41

Ü37

eine vertiefte Atmung und bessere Versorgung mit Lebenskraft bedeutet.

Der kleine ägyptische Gang kann als sehr beruhigend und gleichzeitig belebend empfunden werden. Mit der äußeren Aufrichtung richten wir uns auch innerlich auf. Er eignet sich für eine langsame meditative Ausführung, bei der in der Atemruhe nach der Ein- bzw. Ausatmung in der Unbeweglichkeit die Ruhe vertieft wird.

Beide, kleiner wie großer ägyptischer Gang, entwickeln das (äußere und innere) Gleichgewicht und unser Körperbewußtsein. Der ägyptische Gang ist auch eine sehr graziöse Bewegungsfolge. Wenn wir uns bei den Schritten auf die Fußspitzen erheben, so erreichen wir über die Fußreflexzonen eine zusätzliche Wirkung auf verschiedene Organe.

Äußeres und inneres Gleichgewicht

Der große, sehr dynamische Gang eignet sich weniger für eine verinnerlichte Ausführung. Er richtet den Körper auf, kräftigt die Rumpf- und Beinmuskulatur, dehnt die Oberschenkelvorderseiten, macht beweglich und stabilisiert den Lendenbereich. Atem und Durchblutung werden kräftig angeregt. Es handelt sich um eine Übungsfolge, die sehr belebend ist. Sie kann ebenfalls in der Gymnastik verwendet werden. Die Übung sollte nicht von unbeweglichen Personen oder von Menschen mit geringem Körperbewußtsein ausgeführt werden.

Ägyptischer Gang mit Vorbeuge und Drehung

Die nachfolgenden Positionen „Ägyptischer Gang mit Vorbeuge, Drehung, Speerwerfer" können auch eingenommen werden, ohne zuvor die Adler-Bewegungen mit Schritten auszuführen. Die Übungen beginnen dann in der Schrittstellung mit KA-Haltung. Es ist sinnvoll, sich zunächst die Haltungen zu verdeutlichen und zu üben, ehe sie mit Adlerbewegungen, Schritten, Atmung und Beuge oder Drehung verbunden werden. Eine langsame Vorgehensweise, Schritt für Schritt, wird auf längere Sicht größere Erfolge bringen.

Langsamer ist schneller

Vorbeuge

Die Haltungen sind mit dem ägyptischen Gang verbunden. Mit dem rechten Bein beginnt der kleine ägyptische Gang wie eben beschrieben. Wenn die KA-Stellung erreicht ist, wird mit der Ausatmung das linke Bein (ohne Hand-/Armbewegung) nach vorne auf den Boden gestellt und gleichzeitig wird der Oberkörper mit gerader Wirbelsäule vorgebeugt, bis Arme und Rücken horizontal sind.

Einatmend erfolgt die Aufrichtung, wobei gleichzeitig das linke Bein angehoben wird. Ausatmend wird der linke Fuß neben den rechten gestellt, dabei drehen sich die Handinnenflächen zueinander. Einatmend werden gleichzeitig die Hände wieder nach vorne zur KA-Haltung gedreht und das rechte Bein gehoben. Ausatmend mit dem rechten Bein einen Schritt nach vorn, während Arme und Rücken bis zur Horizontalen vorgebeugt werden.

Einatmend aufrichten, dabei rechtes Bein heben – ausatmend den rechten Fuß neben den linken stellen und gleichzeitig die Handinnenflächen zueinander drehen. Es kann der absteigende Adler mit Schritten nach hinten folgen.

Drehung

Mit dem rechten Bein beginnend wird der ägyptische Gang bis zur KA-Stellung durchgeführt. Ausatmend stellen wir das linke Bein nach vorne ab; einatmen ohne Bewegung; ausatmen mit Drehung nach rechts (einfach: der Kopf dreht sich mit nach rechts; schwierig: der Kopf wird nicht mitgedreht).

1. Fortführung (Zurückdrehen zur Mitte). Es folgt die Übung mit umgekehrter Beinstellung mit Drehung nach links.

2. Fortführung (Drehbeuge). Einatmen ohne Bewegung, ausatmend Seitbeuge nach links, einatmend aufrichten, ausatmen ohne Bewegung, einatmend zur Mitte drehen. Es folgt die Übung mit umgekehrter Beinstellung zur anderen Seite.

Ägyptischer Gang und „Speerwerfer"

Auch diese Haltung ist eng mit dem ägyptischen Gang verbunden. Auf Wandungen ägyptischer Tempel findet sich diese Stellung.

Beginn. Mit dem linken Bein beginnen wir den kleinen ägyptischen Gang wie beschrieben. Wenn wir die Stellung mit den Handinnenflächen zueinander erreichen (Ü7), steht das linke Bein vorn. Jetzt wird ohne Bewegung eingeatmet und anschließend mit der Ausatmung der Rücken nach rechts gedreht. Der Kopf dreht sich dabei **nicht** mit nach rechts. Einatmend wird der linke Arm nach vorne ausgestreckt (Ü43). Die Stellung kann für einige Atemzüge beibehalten werden.

1. Fortführung. Ausatmend den linken Unterarm wieder zur Senkrechten beugen, einatmend Drehung des Oberkörpers zur Mitte, ohne Bewegung ausatmen. Es folgt der ägyptische Gang nach hinten mit den absteigenden Adlerbewegungen. Die Übung zur anderen Seite schließt sich an (der Gang beginnt mit dem anderen Bein).

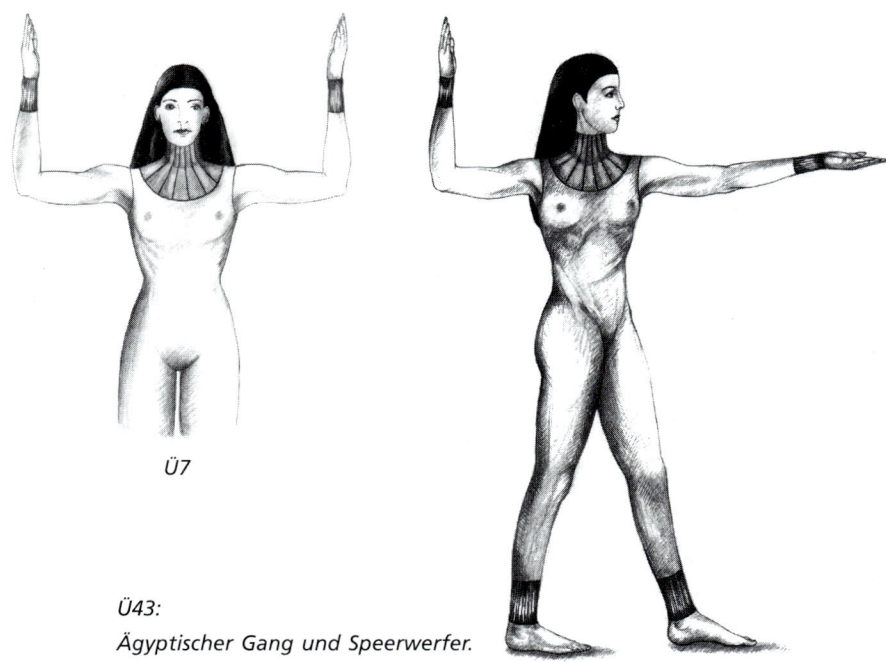

Ü7

Ü43:
Ägyptischer Gang und Speerwerfer.

2. Fortführung. Ausatmend den linken Unterarm wieder zur Senkrechten beugen, einatmend Drehung des Oberkörpers zur Mitte, ausatmend folgt eine Drehung nach links. Der Kopf dreht sich dabei **nicht** mit nach links. Einatmend wird der rechte Arm nach vorne ausgestreckt. Die Stellung kann für einige Atemzüge beibehalten werden. Dann ausatmend den rechten Unterarm wieder zur Senkrechten beugen, einatmend Drehung des Oberkörpers zur Mitte, ohne Bewegung ausatmen. Es folgt der ägyptische Gang nach hinten mit den absteigenden Adlerbewegungen. Die Übung zur anderen Seite schließt sich an. (Der Gang beginnt dann mit dem anderen Bein.)

Beginn mit der KA-Haltung. Die Haltungen des Speerwerfers können auch ausgehend von der KA-Haltung eingenommen werden. Der Ablauf entspricht im wesentlichen den beschriebenen Bewegungen.

Die KA-Stellung wird eingenommen und das linke Bein nach vorne auf den Boden gestellt; ausatmen mit Drehung nach rechts. Der Kopf wird **nicht** mitgedreht. Einatmend wird der linke Arm nach vorne gestreckt (s. Abbildung auf der Titelseite). Die 1. oder 2. Fortführungsart des Speerwerfers schließt sich an. Auch diese Position kann mit dem ägyptischen Gang vorbereitet werden.

Mit der Armposition des Speerwerfers lassen sich auch andere Übungen kombinieren, die bereits beschrieben wurden.

◆ Mögliche Wirkungsweisen

Nicht zu übersehen ist beim Speerwerfer die Symbolik: Empfangen und geben, Ausrichtung nach oben und vorne. Diese durch den Körper ausgedrückte Symbolik bleibt nicht ohne Wirkung auf die Psyche.

Die Beckenstellung wird kontrolliert und der Gleichgewichtssinn entwickelt. Der ganze Körper wird bewußt. Rücken und Schultern werden gestärkt, Blockaden der Wirbelsäule abgebaut, sie wird belebt. Das vegetative Nervensystem wird „ausgeglichen", ebenso wie die Energieströme im Körper. Der ganze Körper aber auch unsere Psyche werden angeregt.

Zu den genannten Wirkungen kommt in Verbindung mit den Schrittbewegungen, Drehungen und Beugen die Koordination hinzu. Dabei wird die Konzentration auf den gegenwärtigen Augenblick entwickelt. Solche Übungsweisen, denen wir im ägyptischen Yoga oft begegnen, sind eine Art „aktiver Meditation".

Dreieckshaltungen (*trikonasana*)

Wie bei allen Übungen darf man sich auch bei den Dreieckshaltungen nicht dazu verleiten lassen, mit Gewalt oder Leistungsdenken zu üben.

Ausgangshaltung. Beine im Stand nach eigenen Möglichkeiten gegrätscht. Der linke Fuß ist um 90 Grad nach außen gedreht; Arme längs des Körpers, Hände nach vorn geöffnet (wie in Ü1).

Erste Übungsweise (Adlerbewegungen mit gleichzeitigen Zusatzbewegungen)

Die nachfolgenden Bewegungen der Arme/Hände sowie des Atems entsprechen wieder der Adler-Basisform (Phase 1–8). Bei den Seitbeugen wird die Hüfte **nicht** gedreht. Der Oberkörper wird zur Seite des nach außen gedrehten Fußes gebeugt.
* Einatmend Fäuste machen;
* ausatmend Fäuste zu den Schultern und Seitbeuge nach links;
* einatmend zur Mitte aufrichten und angewinkelte Arme auf Schulterhöhe heben;
* ausatmend Unterarme nach vorn und Seitbeuge nach links;
* weiter entsprechend.

Zweite Übungsweise (Adlerbewegungen mit eingeschobenen Zusatzbewegungen)

Jeweils nach den Phasen 2, 4, 6 und 8 der Adler-Basisübung werden Dehnbewegungen zur Seite eingeschoben. Bei den Seitbeugen wird die Hüfte **nicht** gedreht (zur Verdeutlichung sind die eingeschobenen Abläufe *kursiv* dargestellt).

* Einatmend Hände zu Fäusten schließen;
* *ausatmend Seitbeuge nach links;*
* *einatmend zur Mitte aufrichten;*
* ausatmend Fäuste zu den Schultern;
* einatmend angewinkelte Arme auf Schulterhöhe heben;
* *ausatmend Seitbeuge nach links (Fig Ü44);*
* *einatmend zur Mitte aufrichten;*
* ausatmend Unterarme nach vorn;
* einatmend Unterarme zur Senkrechten;
* *ausatmend Seitbeuge nach links;*
* *einatmend zur Mitte aufrichten;*
* ausatmend Hände öffnen;
* einatmend Arme seitlich ausbreiten;
* *ausatmend Seitbeuge nach links (Ü45);*
* *einatmend zur Mitte aufrichten;*
* ausatmend die Arme sinken lassen.

Der Ablauf sollte mit der umgekehrten Beinstellung wiederholt werden. An die Seitbeuge mit gestreckten Armen (Ü45) kann sich eine statische Phase anschließen.

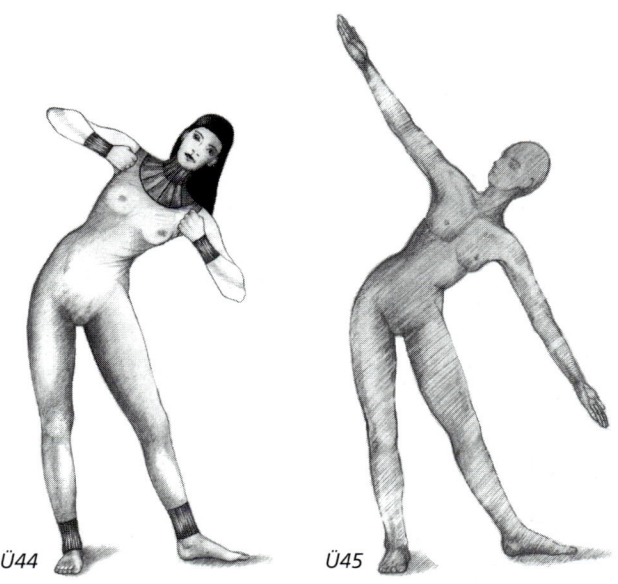

Ü44   Ü45

Dreieckshaltung I

Die Seitbeuge mit seitlich ausgestreckten Armen kann in eine statische Phase übergehen:

Der linke Arm bildet dabei mit dem rechten eine gerade vertikale Linie. Der Handrücken der linken Hand berührt je nach Beweglichkeit den Oberschenkel, das linke Knie, Schienbein, Fuß oder Boden. Rechte Hüfte und rechte Schulter werden ein wenig nach hinten bewegt, das Gesicht ist nach oben gewendet. Nach mehreren tiefen Atmungen in dieser Stellung (statische Phase) langsam wieder aufrichten und den Ablauf auf der anderen Seite wiederholen.

Dreieckshaltung II

Die Stellung Dreieckshaltung I kann von Geübten weitergeführt werden, indem mit einer Ausatmung der gestreckte rechte Arm/ Hand zum linken Fuß gebracht wird; der Rumpf dreht sich dabei nach vorn. Beide Hände sind nun beim linken Fuß. Jetzt wird einatmend der linke Arm zur Senkrechten gehoben. Der linke Arm bildet mit dem rechten nach Möglichkeit eine gerade Linie. Linke Hüfte und Schulter werden ein wenig nach hinten bewegt, das Gesicht ist nach links oben gewendet. Nach mehreren tiefen Atmungen in dieser Stellung langsam wieder aufrichten und den Ablauf auf der anderen Seite wiederholen.

Weitere Dreieckshaltungen

Mit dem Adler lassen sich noch andere Dreieckshaltungen vorbereiten und einnehmen. Die diversen Varianten können den zahlreichen Büchern und Kursen über indisches Yoga entnommen werden. Sie werden hier nicht beschrieben, da es in erster Linie um die Verdeutlicheung des Übungsprinzips im ägyptischen Yoga geht.

◆ Mögliche Wirkungsweisen

Dreiecksstellungen und deren ägyptische Übungsweisen vereinen eine Vielzahl günstiger Wirkungen. Sie stärken Muskulatur und Sehnen von Hüften, Waden, Knien, Beinen und Füßen. Beine und Hüften werden beweglicher. Rückenschmerzen und Verrenkungen im Halsbereich können gelindert oder beseitigt werden. Die Fußknöchel und Unterleibsorgane werden gestärkt, die Brust weitet sich; ein Fettansatz um Taille und Hüften wird reduziert. Ischias-Schmerzen und Arthritis bessern sich. Durch die Bewegung der Darmmuskeln wird auch die Verdauung angeregt.

Entspannung

1. Möglichkeit. Rückenlage; die Atmung wird von den zugehörigen visualisierten Bewegungen der vorangegangenen Abschnitte begleitet.

2. Möglichkeit. Die Entspannung in der Pharaonenhaltung; sie wurde bereits beschrieben.

Ägyptische Statue

Eine Vielzahl von ägyptischen Statuen sind stehend dargestellt, die Arme eng am Körper, die Hände zu Fäusten geschlossen. Das linke Bein ist vorangestellt – eine Konvention der ägyptischen Kunst, die an allen Männerstatuen beobachtet werden kann.[70] Diese Position verleiht Ausgewogenheit und Bewegung (s. Abb. 49, S. 122).

Bei diesen Statuen beeindruckt die exakt aufgerichtete Haltung, sowie die Festigkeit und Spannung. Der nach vorn in die Weite gerichtete Blick drückt nicht selten eine Haltung der Innenschau aus. Vermutlich handelt es sich bei der Stellung

Typische Positionen stehender Statuen

---

[70] An dieser Stelle Beispiele für derartige Stellungen: Koloß des Thoutmes III., Karnak; Statuen des Ranefer, Hohepriester des Ptah und des Sokar in Memphis, Saqqara, Mastaba, Altes Reich, Anfang der 5. Dynastie, um 2475 v. Chr.; Nimaatsed, Priester des Reund der Hothor, Saqqara, Mastaba, Altes Reich, 5. Dynastie, um 2428–2325 v. Chr.; Statue des Sethos I., Karnak, Neues Reich, 19. Dynastie, 1305–1290 v. Chr.; Statuette des Gottes Amun, Karnak, Neues Reich, 18. Dynastie, um 1320 v. Chr.; Statuette der jungen Tama, Fayum, Grab in Hawaret-Gurob, Neues Reich, 18. Dynastie, um 1380 v. Chr.

nicht nur um eine Eigenheit der ägyptischen Darstellungsweise, sondern um eine Position, die der körperlichen und psychischen Gesundheit zuträglich ist. Nehmen wir dazu noch die Verbindung mit dem KA (s. Holzstatue des Auibra Hor, Abb. 39, S. 99), so wird der Zusammenhang von Schutz, Gesundheit und Kraft mit der Stellung deutlicher.

Ausgangsstellung. Wir stehen aufrecht, die Schultern ein wenig nach hinten, der Brustraum ist ausgedehnt, das Kinn gerade und der Blick in die Weite gerichtet. Das rechte Bein ist vorne aufgestellt. Wir haben guten Bodenkontakt über beide Fußsohlen, als wären wir mit der Erde verwurzelt.
Die Arme befinden sich längs des Körpers, die Hände sind zu Fäusten geformt, die Faustinnenseiten zeigen zu den Oberschenkeln.

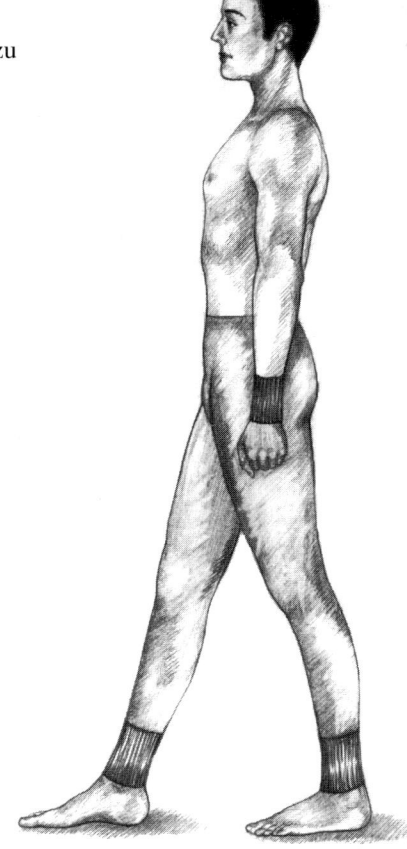

Ü46

Ausführung. Von unten nach oben beginnen wir den gesamten Körper anzuspannen. Wir spannen zuerst die Zehen, die Füße, die Fußgelenke, Unterschenkel und Kniegelenke bis schließlich auch die Beine und sämtliche Körperteile des Rumpfes sowie alle Gliedmaßen gleichzeitig angespannt sind. Nicht angespannt werden Hals und Kopf – im Gegenteil: hier versuchen wir zu entspannen und zu lächeln. Der Atem soll trotz der Anspannung weiter fließen. Immer wieder wird die Spannung ein wenig verstärkt oder an jenen Stellen wieder hergestellt, wo sie nachlassen will.

Spannung und Entspannung

◆ **Mögliche Wirkungsweisen**

Ähnliche Übungsweisen sind im Westen unter der Bezeichnung „isometrische Übungen" bekannt geworden.

Bei der beschriebenen Übung ist Konzentration gefordert, um möglichst (fast) alle Körperteile gleichzeitig anzuspannen, um die Polarität von An- und Entspannung ständig aufrecht zu halten. Aus den angespannten Körperbereichen fließt das Blut besonders in den Kopfbereich, der dadurch angeregt wird. Die Übung belebt den gesamten Körper und kann auch vor Entspannungsphasen verwendet werden. Die Muskulatur wird gestärkt und durchblutet, das Körperbewußtsein gefördert.

Wiederbelebung und Magnetisierung des Körpers

Die Übung entspricht einem Übungsvorschlag von Yogi Khane. Wir stehen aufrecht, die Arme längs des Körpers.

✳ Mit der Einatmung erheben wir uns auf die Zehenspitzen, während die Arme auf den Seiten bis zur Horizontalen angehoben werden, die Hände hängen locker nach unten (Ü47);

✳ während der Atem gehalten wird, werden die Arme nach vorne zueinander bewegt (Ü48) und alle Körperteile werden angespannt (mit Ausnahme von Gesicht, Händen und Handgelenken). Die Aufmerksamkeit liegt auf den angespannten Körperteilen, während die Anspannung von einer leichten über eine mittlere zu einer großen Anspannung zunimmt;

* Atem und Anspannung werden gehalten, während die Arme wieder zu den Seiten ausgebreitet werden;
* ausatmend sinken die Arme nach unten, die Fersen kommen auf den Boden zurück und die Spannung wird nachgelassen;
* in der Unbeweglichkeit nehmen wir den Fluß des Lebens wahr, der alle Körperteile durchströmt, besonders aber jene Teile, die nicht angespannt wurden.
* Der Übungsablauf kann mehrmals wiederholt werden.

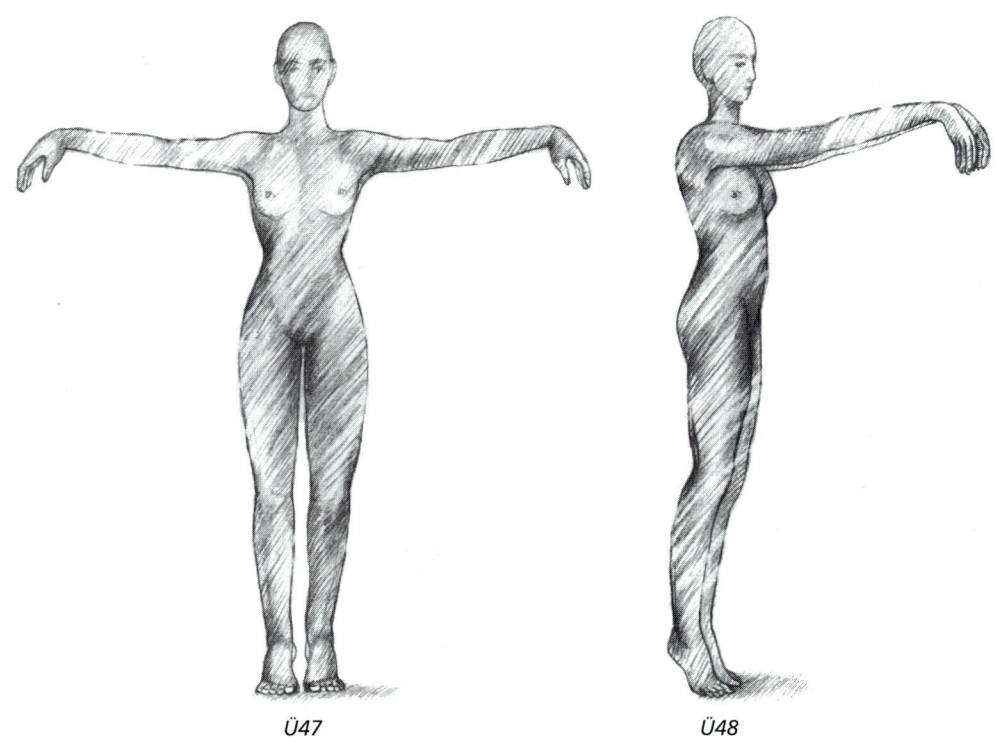

Ü47   Ü48

◆ Mögliche Wirkungsweisen

Der Körper wird belebt und magnetisiert. Körperbewußtsein und Körperbeherrschung entwickeln sich ebenso wie das Konzentrationsvermögen.

Ägyptischer Sonnengruß

Im Hatha-Yoga ist der Sonnengruß (*suryanamaskar*) eine der bekanntesten Übungsabläufe. Eine Übungsweise aus dem ägyptischen Yoga steht symbolisch und mit ihren Wirkungen ebenfalls mit der Sonne in Verbindung.

Ausgangsstellung. Wir stellen uns vor, direkt vor uns sei eine Glasscheibe, auf die wir einen Kreis mit dem Radius unserer Armlänge malen werden. Der Kreis soll in unserer Vorstellung zu einer Sonnenscheibe werden. Die Hände sind während des gesamten Übungsablaufs zu Fäusten geschlossen. Der rechte Arm wird vertikal nach oben gestreckt, der linke Unterarm horizontal an den Rücken gelegt (Ü49).

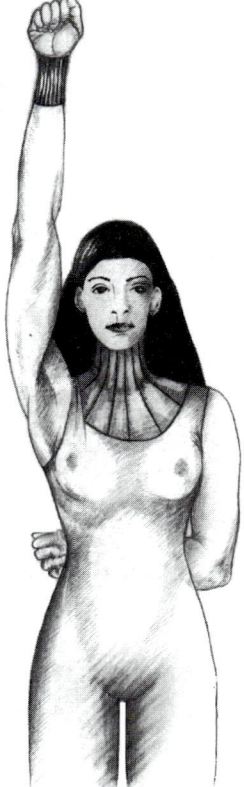

Ü49: Ausgangshaltung für den ägyptischen Sonnengruß.

Teil 1: Kreisen des rechten Armes.

✳ Während des Einatmens den gestreckten rechten Arm nach rechts (vom Kopf weg) drehen, nach unten und über links wieder nach oben (Ü50). Es werden so viele Armkreise in diese Richtung ausgeführt, bis die Lungen ganz voll sind. (Häufig sind es ca. sechs Kreise.) Mit gefüllter Lunge ist der rechte Arm wieder nach oben gestreckt (Ü49).

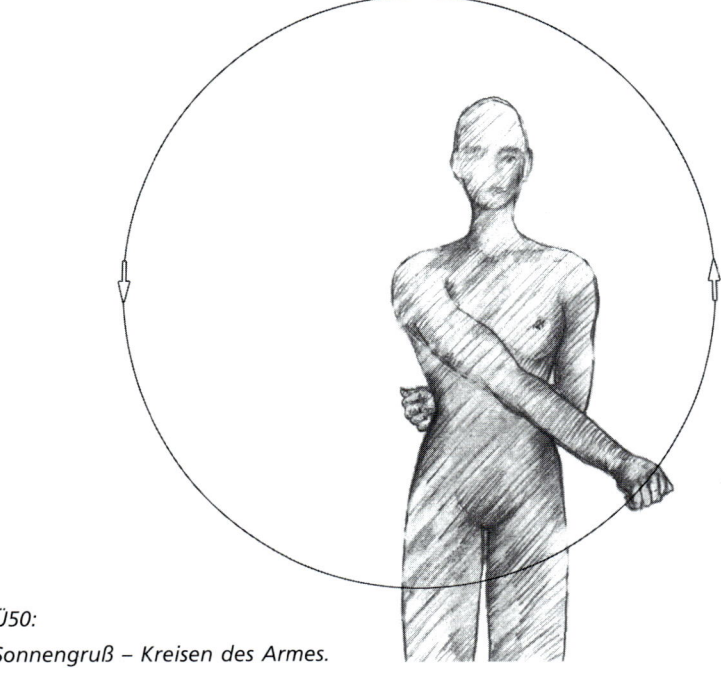

Ü50:

Sonnengruß – Kreisen des Armes.

✳ Jetzt werden, während des Ausatmens, Kreise nach links (zum Kopf) ausgeführt, bis die Lunge ganz entleert ist. Der rechte Arm ist am Ende der Ausatmung unten.

Teil 2: Gruß an Himmel (Zenit) und Erde (Nadir).

✳ Einatmend wird der rechte Arm/Faust wieder nach oben gestreckt (zum Himmel);

✳ während des Ausatmens erfolgt eine Vorbeuge, bis die rechte Faust – falls möglich – den Boden berührt (Ü51);

✳ einatmend richtet sich der Oberkörper wieder auf, der rechte Arm wird dabei nach oben gestreckt (Ü49). Während der Aufrichtung wird der <u>ganze</u> Körper um 90° (eine Vierteldrehung) nach links gedreht;

✳ ausatmend wird der rechte Unterarm horizontal an den Rükken gelegt, während der linke Arm nach oben gestreckt wird.

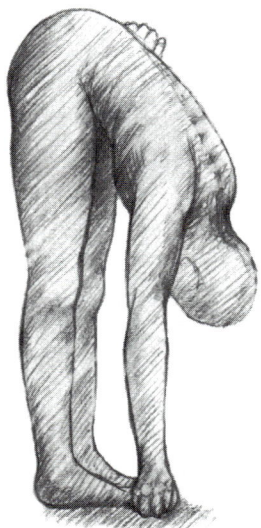

Ü51: Sonnengruß – Vorbeuge.

Teil 3: Kreisen des linken Armes.

✳ Entsprechend der Anleitung mit dem rechten Arm folgen einatmend Kreisbewegungen des linken Armes vom Kopf weg nach links, anschließend mit der Ausatmung nach rechts. Arm nach oben, Vorbeuge, Aufrichtung, Vierteldrehung und Armwechsel folgen mit den entsprechenden Atmungen.

Weiterer Übungsverlauf. Die Übungsfolge wird mit wechselnder Armstellung viermal durchlaufen, bis wieder die Ausgangsstellung erreicht ist. Dadurch wurde die Übung zu den vier Himmelsrichtungen sowie zum Himmel und zur Erde hin ausgeführt.

◆ **Mögliche Wirkungsweisen**

Die Lungentätigkeit wird angeregt. Der Körper wird erhitzt und belebt. Die Trapezmuskeln (zwischen Genick und den Schulterblättern) werden massiert und ihre Spannkraft erhöht.

Kreise als symbolische Verbindung von Geist und Materie

Die Übung verbindet symbolisch die irdisch-horizontale Ebene mit der Vertikalen zwischen Himmel und Erde. „Der Kreis symbolisiert die Unendlichkeit. Die hier beschriebenen Kreise von rechts nach links symbolisieren das Niedersteigen des Geistes in die Materie, das Kommen der göttlichen Gnade zum Menschen. Kreise von links nach rechts symbolisieren die Anstrengungen des Menschen, sich zu Gott zu erheben und sich in Harmonie mit dem Göttlichen zu bringen. Gleichermaßen stellen sie die Reinigung und Transformation der Materie dar", [19].

Entspannung

Alles bestrahlende Sonne

Rückenlage; hinter der Stirnmitte (dem „Dritten Auge") stellen wir uns ein kleines Licht oder eine kleine Sonne vor. Das Licht strahlt von hier aus nach allen Seiten, es durchstrahlt den eigenen Körper, die eigenen Gedanken, Gefühle, Empfindungen und Bilder genauso wie es nach außen in alle Richtungen strahlt. Dann lauschen wir nach allen Seiten in die Unendlichkeit, in die Ewigkeit ...

Indische Yoga-Stellungen

Mit ägyptischen Adlerübungen im Stehen lassen sich z.B. folgende Hatha-Yoga-Stellungen vorbereiten oder kombinieren:

* Halbmond zur Seite und nach hinten – *ardha chakrasana*
* Brustdehnung – *parsvottanasana*
* Dreieck – *trikonasana*
* Tapferkeitshaltung – *birwadrasana*
* Rad – *chakrasana*
* Baum – *vrkasana*

* Tanzhaltung – *natarajasana*
* Waage – *tuladandasana*
* Stuhlsitzhaltung – *utkatanasana*
* Kamel – *ustrasana*

Ägyptischer Adler sitzend (auf dem Boden)

Die alten Ägypter saßen in verschiedenster Weise. Sie gebrauchten die Sitzpositionen sowohl für profane Tätigkeiten als auch im sakralen Bereich, wie wir im Abschnitt „Typisch ägyptische Haltungen", S. 76, sahen. Bildliche und plastische Darstellungen von Personen in einer Art Schneidersitz (*sukhasana*) gibt es in Ägypten häufig. Eine Vielzahl von Personen finden wir im Diamantsitz und noch öfter im halben Diamantsitz. Seltener ist der Lotus-Sitz (Abb. 19).

Viele ägyptische Sitzpositionen

Nachdem bereits erste Möglichkeiten praktischer Übungsweisen auf einem Sitz beschrieben wurden, sollen nachfolgend ägyptische Übungsmöglichkeiten im Bodensitz gezeigt werden. Die Adler-Basisübung und ihre Varianten lassen sich in allen Sitzstellungen auf dem Boden ausführen. Die Verknüpfung mit gleichzeitigen oder eingeschobenen Bewegungen wie Drehung, Seit-, Vor- und Rückbeuge ist ebenso möglich wie die Vorbereitung von statischen *asanas*.

Ägyptisches Yoga im Fersensitz (*vajrasana*)

Wie in den Abschnitten „Halber Diamantsitz", S. 77, und „Halb-Diamant mit Drehung", S. 79, gezeigt wurde, gibt es viele Bilder, Plastiken und Hieroglyphen mit Personen oder Gottheiten im Fersensitz. Die Zehen sind in den meisten Fällen aufgestellt, das Körpergewicht ruht auf Knien und Fußspitzen. Es sind Positionen, die auf energetischer Ebene wirken und die Konzentration begünstigen. Für die Meditation ist der Sitz sehr gut geeignet. Mit aufgestellten Zehen zu sitzen erfordert Übung.

Übungsmöglichkeiten

Fersensitz ohne zusätzliche Bewegungen

Wir sitzen unbewegt im Diamantsitz (Fersensitz). Die Zehen sind aufgestellt.

Diese Bein-Fuß-Haltung wirkt sich über die Reflexzonen auf den Körper aus und fördert besonders das Gleichgewicht. Bei kalten Füßen hat sich die Stellung ebenfalls bewährt. Die Wärmeempfindung in den Füßen hält lange nach der Übung an.

Wem die Position mit aufgestellten Zehen unangenehm ist, kann die Fußrücken auf den Boden legen (Diamantsitz im Hatha-Yoga).

Fersensitz mit Adler-Basisübung

Die Adler-Basisübung wird bis zur KA-Haltung ausgeführt, aufsteigend und absteigend.

Fersensitz mit Adler-Basisübung mit Vorbeuge

Teil 1: Adler-Basisübung. Der Ablauf entspricht der Ausführung im Stehen oder auf einem Sitz. Mit den Ausatembewegungen erfolgen Vorbeugen, mit den Einatembewegungen richtet sich der Oberkörper auf.

Teil 2: Statische Phase. An die dynamischen Phasen schließt sich nach der Phase 7 (Handinnenflächen zueinander gewendet, Oberkörper vorgebeugt) eine statische Stellung an: Wir bleiben in der Vorbeuge und drehen einatmend die Handinnenflächen zum Boden (Ü52). Die Stellung ist mit der Gebetshaltung im Islam verwandt. In dieser sehr ausdrucksvollen Haltung kann unbeweglich verharrt werden. Sollte die Stellung auf längere Zeit unangenehm werden,

Ü52: Ägyptischer Fersensitz mit KA-Haltung.

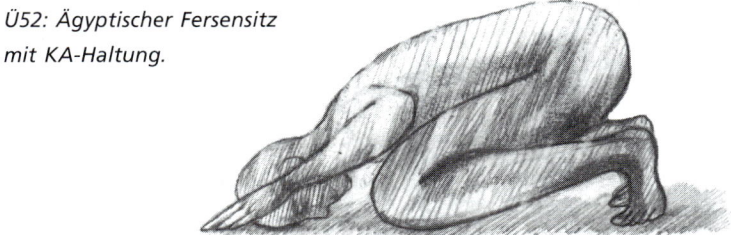

so können die Fußrücken auf den Boden gelegt und die Arme abgelegt werden. Es ist auch möglich, die Arme längs der Körperseiten nach hinten auf den Boden zu legen.

Diese Haltung entspricht dann dem „Gefalteten Blatt", *supta vajrasana*, des Hatha-Yoga-Systems. Allerdings entfällt dabei zum großen Teil die Einwirkung auf Fußreflexzonen und Meridiane. Sowohl in der ägyptischen, als auch in der Hatha-Yoga-Ausführung fließt der Atem mehr in Flanken und Rücken, womit die Beweglichkeit der Rippen erhöht wird. In der Stellung wird der Rücken gelockert, die Bauchorgane werden durch die Atembewegungen massiert. Es kommt zu einer verstärkten Durchblutung des Kopfes.

Bemerkenswert sind die Wirkungen durch die in ägyptischer Manier aufgestellten Füße für den Rücken: Er ist jetzt gerade, und das Becken richtet sich in dieser Position auf. Das im Ägyptischen typische Aufrechte ist ebenso enthalten wie die Demut. Das Schwergewicht des Körpers liegt nicht mehr im unteren Körperbereich (wie in der indischen Yoga-Stellung), sondern ist gleichmäßig auf Arme, Stirn, Knie und Füße verteilt. Die Blutgefäße der Beine werden nicht gequetscht. Die Zwerchfellatmung kann so besser fließen. Der Bauch ist frei vom Druck der Oberschenkel. Für den ganzen Blutkreislauf ist es eine physiologisch günstige Haltung. Durch einen geraden Rücken ist auch die Voraussetzung für einen ungestörten Energiefluß gegeben.

Die Haltung bietet einige Möglichkeiten der Verinnerlichung:

▶ So kann der *prana*-Strom (s. Abschnitt „Pranayama", S. 37) entlang der Wirbelsäule geführt werden. Dazu geht die Aufmerksamkeit mit jeder Ausatmung von den Halswirbeln hinab bis zum Kreuzbein. Am Ende der Ausatmung werden alle Anus-Muskeln angespannt (*mula bandha*), mit der Einatmung löst man die Anspannung auf und wandert einatmend an/in der Wirbelsäule nach oben. So werden auf sanfte Weise die feinstofflichen Zentren (Chakras) angesprochen.

▶ In dieser Haltung kann auch die Konzentration auf die Stirnmitte geübt werden.

▶ Bei einer ganz anderen Form der Verinnerlichung wird die bildliche Vorstellungskraft benutzt. Dazu stellen wir uns eine Pyramide vor, deren Wände glatt sind und golden leuchten. In der statischen Haltung betrachten wir diese Pyramide von allen Seiten. Die Pyramide ist Symbol der Verbindung von Himmel und Erde. Wie der materielle, irdische Anteil einer Pyramide nach oben hin immer kleiner wird, nimmt gleichzeitig der nicht materielle Teil zu, und der Himmel kommt näher.

Teil 3: Abschluß. Die Übung kann beendet werden, indem zunächst das Kinn ans Brustbein gelegt wird, damit bei der nachfolgenden Aufrichtung des Oberkörpers das Blut nicht zu schnell aus dem Kopf strömt. Mit einer sehr langsamen und tiefen Ausatmung werden die Handinnenflächen zueinander gedreht und gleichzeitig der Oberkörper aufgerichtet. Jetzt löst sich das Kinn wieder vom Brustbein. Die absteigenden Adlerphasen schließen sich an.

Fersensitz mit Adler-Basisübung mit Rückbeuge, Seitbeuge oder Drehung

Diese Übungsfolge kann ebenfalls im ägyptischen oder indischen Fersensitz ausgeführt werden. Im Fersensitz – mit und ohne Zusatzbewegungen – ist der Rücken bei aufgestellten Zehen gerade aufgerichtet. Das bedeutet sehr günstige Wirkungen auf den ganzen Körper, sowohl hinsichtlich der Energieströme und Meridiane als auch in bezug auf Haltung und Organe.

Auch Schneider- oder Lotus-Sitz sind für alle Beugen und Drehungen geeignet. Der Ablauf entspricht der Ausführung im Stehen oder auf einem Sitz.

◆ Mögliche Wirkungsweisen

Der Fersensitz schützt vor Arthritis in Knie- und Fußgelenken. Da in der Sitzhaltung die Durchblutung der Beine eingeschränkt ist, kommt es zu einer verstärkten Blutversorgung des Unter-

Goldene Pyramide

leibs und der Verdauungsorgane. Über die Reflexpunkte an den Füßen (mit aufgestellten Zehen) werden besonders im Kopfbereich günstige Wirkungen erzielt. Über Endpunkte von vielen Meridianen in den Füßen werden Harnblase, Gallenblase, Nieren, Milz, Leber und Pankreas angeregt. Die Rückenmuskulatur wird gelockert und aufgerichtet.

Ägyptisches Yoga und halber Fersensitz

Eine sehr große Zahl von Darstellungen und Hieroglyphen zeigt den halben Fersen- oder Diamantsitz – eine typisch ägyptische Sitzhaltung. Verschiedene weltliche Tätigkeiten (Schreiber, Musiker, alltägliche Verrichtungen) wurden in dieser Stellung ausgeführt, aber es ist auch eine Geste des Gebets und der Konzentration.

Abb. 58:
Fußrücken auf dem Boden.

Abb. 59:
Zehen aufgestellt.

In dieser Sitzhaltung lassen sich wieder verschiedene Adlerübungen ausführen, so der Adler mit Seit- und Rückbeuge oder Drehung. Durch die so veränderte Beinstellung wird jeweils eine Körperseite betont und beübt. Der Druck auf eine Seite des Bauches wird verstärkt. Das Becken ist in dieser Position fixiert und wird nicht bewegt.

Der halbe Fersensitz kann verwendet werden, um mit der Adlervariante mit seitlich ausgebreiteten Armen und Drehungen, eine Variation der Hatha-Yoga-Stellung *pranasana*, der „Lebenshaltung" einzunehmen, bei der das aufgestellte (z.B. rechte) Knie in die (rechte) Achselhöhle gebracht wird und die (rechte) Hand unter die Zehen des (rechten) Fußes gelegt wird.

Sowohl durch die drehende Adlervorbereitung als auch durch die statische Endhaltung sind vielfältige günstige Wirkungen auf innere Organe (Leber, Magen, Dickdarm u.a.) zu verzeichnen.

Stellung der Millionen Jahre

Als Zusatz zu Götternamen ist „Millionen Jahre" als „Ewigkeit" zu verstehen. Sie zu erreichen und die Grenzen von Polarität und Zeit zu überschreiten, ist Ziel des Yogi zur Erlangung kosmischen Bewußtseins.

Nach Geneviève und Babacar Khane vereint diese Stellung drei wichtige Elemente des ägyptischen Yoga: KA-Haltung, Rückendrehung und Sitzhaltung im halben Diamant. Die Symbolik ist nicht weniger bedeutend: Außer dem KA enthält die Position wesentliche Elemente des Hieroglyphensystems.

Ausführung. Wir sitzen auf der rechten Ferse, der linke Fuß ist aufgestellt. Der Rücken soll gerade aufgerichtet sein, die Arme sind nach unten längs des Körpers gerichtet, die Hände nach vorne geöffnet.
Adlerbewegungen. In dieser Position wird die aufsteigende Adler-Basisübung bis zur KA-Haltung durchgeführt. Es folgt ausatmend eine Drehung von Oberkörper und Armen nach links (zur Seite des aufgestellten Beins). Der Kopf dreht sich **nicht** mit, der Blick geht zum rechten Unterarm. Einatmend zurück zur normalen Position drehen; es folgt der absteigende Adler.
Adlerbewegungen und Drehungen. Die aufsteigende Adler-Basisübung wird mit Drehungen nach links ausgeführt, die jeweils auf die Phasen 2, 4 und 6 folgen (ausatmend nach links drehen, einatmend zurück zur Mitte. Auch hier wird der Kopf **nicht** mitgedreht). Mit der KA-Haltung (Phase 8a) drehen wir ebenfalls ausatmend

nach links. Jetzt kann die Position für mehrere Atemzüge beibehalten werden, ehe mit einer Einatmung zurückgedreht wird und der absteigende Adler folgt.

◆ **Mögliche Wirkungsweisen**

Wie alle Drehungen wirkt auch diese Übung regulierend auf das vegetative Nervensystem und auf viele Drüsen. Die Aufrichtung der Wirbelsäule wird geübt, wobei der Körper in seiner ästhetischen Form bewußt wird. In Verbindung mit der Spirale betrachtet, geht es um das Aufsteigen von Energie und um Befreiung. Daher die Bedeutung der Stellung bei den alten Ägyptern. Auch in Indien ist die sehr ähnliche Haltung des Drehsitzes bekannt. Von dem mythischen Begründer des Hatha-Yoga Matsyendranath heißt es, er habe die Erleuchtung in dieser Stellung (des indischen Drehsitzes) erlangt.

Ägyptisches Yoga und Drehsitz (*ardha matsyendrasana*)

„Nach dem shivaitischen (vgl. Shiva) Schöpfungsmythos steigt das Bewußtsein spiralförmig hinunter in die Materie, wodurch die Schöpfung entfaltet wird. Analog dazu wird in vielen Kulturen der Weg der Seele zurück zu ihrem göttlichen Ursprung durch den Berg oder Turm symbolisiert, der spiralförmig erstiegen wird, so wie es z.B. bei den Zikkurats im Zweistromland der Fall war", [32]. In dem ägyptischen Schöpfungsmythos ist dieser Aufstieg zur Vertikalität ebenfalls enthalten: Aus den Wassern von Noun erscheint ein Erdhügel – er erinnert an die Pyramide. Auf dem Hügel erscheint ein Vogel, der allmählich zu Licht wird und als flammende Sonnenscheibe zum Himmel emporsteigt. „Die Lebenserfahrung zeigt, daß der Entwicklungsprozeß beim Menschen ebenfalls in einer solchen Spiralform zu verlaufen pflegt. Er verläuft nicht linear, sondern zyklisch, sodaß bestimmte Herausforderungen immer wieder auftauchen. Wenn der Mensch an sich arbeitet, wird er sich nicht

....
Ägyptischer Schöpfungsmythos

Entwicklung und Spirale

im Kreis bewegen, sondern vielmehr aus einem veränderten Blickwinkel auf dieses Problem schauen. Er wird neue Aspekte entdecken, es anders einordnen und anders zu lösen wissen", [32].

Jede Entwicklung dreht sich demnach spiralig um ein Zentrum, das bei der praktischen Übung des Drehsitzes die Wirbelsäule ist. Durch die asymetrische Drehung werden beide Körperhälften polar erlebt, unterschiedlich hinsichtlich der angesprochenen Atemräume und des Drucks auf den Unterleib. Auch die Drehung der Wirbelsäule geht oben und unten in entgegengesetzte Richtungen. Damit erleben wir Polarität auf der horizontalen und vertikalen Ebene. Durch den gleichzeitigen Gebrauch der Adlerpositionen werden diese Polaritäten verstärkt. Soweit einige Aspekte zur Symbolik der Stellung.

Ausführung. Führen wir die Adlerbewegungen aus, ehe die Endhaltung eingenommen wird, so haben wir eine Vorbereitung, die es ermöglicht, weit in die Endposition hineinzugehen. Die Stellung wird auch dadurch intensiver, daß wir nach der Dynamik äußere und innere Ruhe und Unbewegtheit suchen, die in der Statik folgen. So wird auch in der Ruhestellung eine Konzentration auf die der Haltung innewohnende Symbolik erleichtert.

Die sitzende Drehstellung ist mit dem ägyptischen halben Fersensitz verwandt. Wir sitzen mit aufgerichteter Wirbelsäule, das rechte Bein ist gestreckt. Das linke Bein wird angebeugt, die linke Fußsohle an der Knie-Außenseite des gestreckten Beins aufgestellt. Entweder bleibt das rechte Bein gestreckt oder es wird nach links hinten angewinkelt, sodaß der rechte Fuß an der linken Gesäßseite anliegt (Beinstellung in Ü53). Die Arme sind nach unten gestreckt, die Hände nach vorn geöffnet.

Dynamischer Drehsitz

Mit einer der gewählten Beinpositionen wird nun die Adler-Basisübung mit eingeschobenen Zusatzbewegungen (Drehungen) ausgeführt.

Die aufsteigende Adler-Basisübung wird mit Drehungen nach links ausgeführt, die jeweils auf die Phasen 2, 4 (Ü53) und 6 folgen. (Ausatmend nach links drehen, einatmend zurück zur

Mitte. Einfühlsam drehen wir jeweils auch den Kopf nach links.) Mit der KA-Haltung (Phase 8a) drehen wir ebenfalls ausatmend nach links. Jetzt kann die Position für mehrere Atemzüge beibehalten werden, ehe mit einer Einatmung zurückgedreht wird und sich der absteigende Adler anschließt. Es folgt die Übung zur anderen Seite.

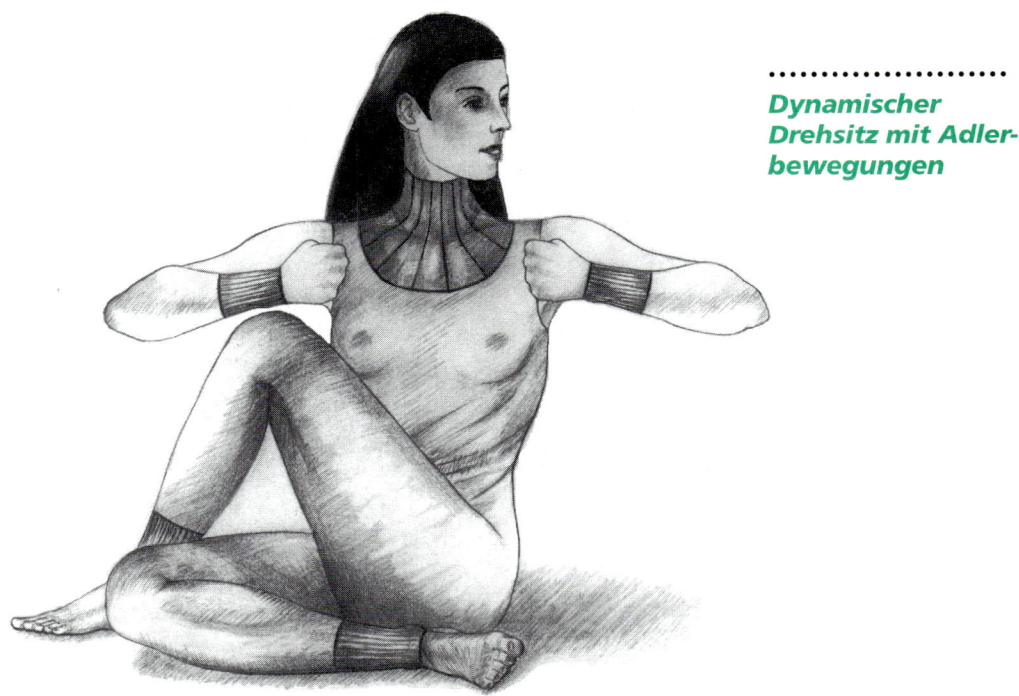

Dynamischer Drehsitz mit Adlerbewegungen

Ü53: Drehsitz – ausatmend Drehung nach links.

Soll der klassische Hatha-Yoga-Drehsitz am Ende des dynamischen Adlers stehen, so werden (anstatt die KA-Haltung einzunehmen) die Arme seitlich ausgebreitet (Phase 8, Ü8b). Mit den ausgebreiteten Armen erfolgt ausatmend die Drehung nach links, der linke Arm wird nach unten gebracht, die Hand stützt sich hinter dem Gesäß auf den Boden. Der rechte Arm wird zwischen Oberkörper und aufgestelltem Bein gesenkt, die Hand

Statischer Drehsitz

hält das rechte Knie oder sogar den linken Fuß. (Die genaue Beschreibung findet sich in vielen Yoga-Büchern.) Nachdem die Position für mehrere Atemzüge gehalten wurde, werden mit einer langsamen Einatmung die Arme seitlich ausgebreitet, und der absteigende Adler schließt sich an. Es folgt die Übung zur anderen Seite.

◆ Mögliche Wirkungsweisen

Die Muskeln des Rückens werden gedehnt. Rückenschmerzen und Verspannungen können gelindert und das Nervensystem beruhigt werden. Die Hüftgelenke werden beweglich, ein Fettansatz im Hüftbereich wird abgebaut. Durch Pressung und Massage (infolge der Atmung) der Bauchorgane wird auch die Verdauung gefördert und angeregt. Die Übungsweise belebt, regt die Nieren an und beugt Hexenschuß und Ischias vor.

Ägyptisches Yoga und „Zange" (*paschimottanasana*)

Ausführung. Ähnlich wie der Drehsitz mit ägyptischer Übungsweise vorbereitet wird und die Endhaltung leichter eingenommen und erlebt werden kann, verhält es sich auch mit der „Zange".

Die Endhaltung oder starke Beugungen nach vorne sollten bei Rückenproblemen nur andeutungsweise ausgeübt werden.

Wir sitzen mit nach vorne gestreckten Beinen und aufgerichteter Wirbelsäule. Aus dieser Position heraus wird nun die Adler-Basisübung mit eingeschobenen Zusatzbewegungen (Vorbeugen) ausgeführt.

Die aufsteigende Adler-Basisübung wird mit Vorbeugen (der Rücken bleibt dabei gerade, die Bewegung kommt nur aus den Hüftgelenken) ausgeführt, die jeweils auf die Phasen 2, 4 und 6 (Ü54) folgen (ausatmend nach vorne beugen, einatmend nach oben). Mit der Adler-Variation mit seitlich ausgebreiteten Armen (Phase 8b) beugen wir den Oberkörper ebenfalls ausatmend nach vorn, wobei mit der Vorbeuge gleichzeitig die Arme

Ü54: Zange

Mit dynamischen Adlerpositionen wird die statische Zange vorbereitet

nach vorne ausgestreckt werden. Die Hände sinken auf die Beine oder sie fassen die Zehen. Jetzt kann die Position für mehrere Atemzüge beibehalten werden, ehe mit einer Einatmung der Ablauf rückläufig begonnen wird und der absteigende Adler folgt.

◆ Mögliche Wirkungsweisen

Rücken- und hintere Beinmuskulatur werden gedehnt, Lendenwirbelsäule und Hüftgelenke beweglich. Die Verdauung und die Durchblutung des Bauchraums werden angeregt. Außerdem hat die Übung günstige Wirkungen auf Leber, Galle, Nieren, Darm und Nervensystem. Sympathikus und Parasympathikus werden angeregt, ebenso der Lymphstrom. Zuckerkrankheit, Magenschleimhautentzündung und Hämorrhoiden können gelindert werden. Der Organismus wird verjüngt, die unteren Energiezentren werden belebt.

Ägyptisches Yoga und sitzender „Winkel" (*upavistha konasana*)

Wie bereits gezeigt war auch der „Winkel" im Sitzen im alten Ägypten bekannt (s. Abschnitt „Winkel im Sitzen", S. 74).

Ausführung. Wir sitzen mit weit gegrätschten Beinen. Wem diese Beinstellung zu anstrengend ist, kann den Winkel ein wenig verkleinern oder/und die Knie leicht anheben. Die aufsteigende Adler-Basisübung wird mit Vorbeugen ausgeführt (der Rücken bleibt dabei gerade, die Bewegung kommt aus den Hüftgelenken), die jeweils auf die Phasen 2, 4, und 6 folgen (ausatmend nach vorne beugen, einatmend nach oben).

Variante 1. Wenn wir zur KA-Stellung (Ü55) kommen, bleiben wir in dieser Position und atmen weiter, um die große Öffnung in dieser äußeren und inneren Haltung zu empfinden. Der absteigende Adler folgt.

Winkel mit Adlerhaltungen

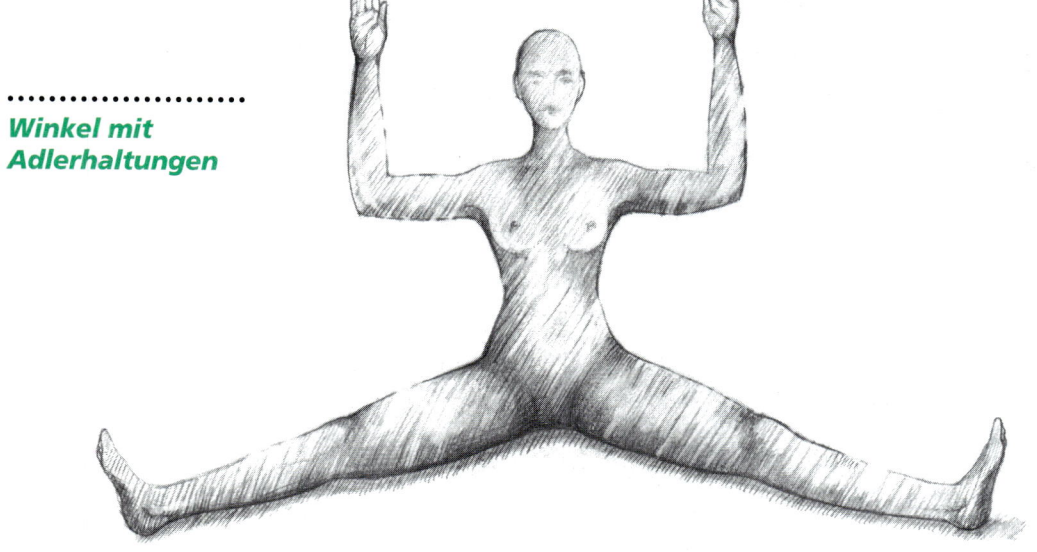

Ü55: Einatmend wurde die KA-Haltung eingenommen, ehe in Variante 2 mit der Ausatmung eine Vorbeuge folgt.

Variante 2. Mit der KA-Haltung (Ü55) beugen wir den Oberkörper ausatmend nach vorn. In dieser (ägyptischen) Position können wir für mehrere Atmungen bleiben oder sofort einatmend die Aufrichtung und den absteigenden Adler anschließen.

Variante 3. Mit der Adler-Variation mit seitlich ausgebreiteten Armen (Phase 8b) beugen wir den Oberkörper ebenfalls ausatmend nach vorn, wobei gleichzeitig die Hände zu den Schienbeinen oder, falls möglich, zu den Füßen greifen. Auch in dieser (Hatha-Yoga-) Stellung kann verweilt werden, ehe sich der Übungsverlauf rückwärts anschließt.

Neben den Möglichkeiten von Vorbeugen im sitzenden „Winkel" ohne oder mit einer statischen Phase eignet sich der „Winkel" auch zur Ausführung von Seitbeugen und Drehungen sehr gut.

◆ Mögliche Wirkungsweisen

Die Kniesehnen werden gestreckt, es kommt zur Dehnung der hinteren und inneren Beinmuskulatur und zur Kräftigung der Oberschenkelvorderseiten. Die Beckengegend wird kräftig durchblutet. Die Übung beugt Ischias und Leistenbruch vor und ist gut geeignet für Frauen.

Ägyptisches Yoga und maha-mudra

Maha-mudra

Ausführung. Wir sitzen mit ausgestreckten Beinen auf dem Boden. Jetzt legen wir die linke Fußsohle an die Innenseite des rechten Oberschenkels, die Ferse kommt nahe zum Damm. Wenn möglich, bleiben beide Beine mit Ober- und Unterschenkeln in Bodenkontakt.

Die aufsteigende Adler-Basisübung wird mit Vorbeugen zum rechten Bein hin ausgeführt. (Der Rücken bleibt dabei gerade, das Gesäß auf dem Boden. Die Bewegung kommt aus den Hüftgelenken. Die Brust ist frontal nach vorne gerichtet.) Die Vorbeugen folgen jeweils auf die Phasen 2, 4 (Ü56) und 6 (ausatmend nach vorne beugen, einatmend nach oben). Die drei beim „Winkel" beschriebenen Varianten können sich anschließen.

Variante 1. In der KA-Stellung weiteratmen.

Variante 2. Mit der KA-Haltung Vorbeuge zum gestreckten Bein.

Variante 3. Mit seitlich ausgebreiteten Armen (Phase 8b) den Oberkörper ausatmend nach vorn beugen, wobei gleichzeitig die Hände den Fuß des gestreckten Beins fassen.

Die Übung wird zur anderen Seite wiederholt.

Maha-mudra mit Adlerpositionen

Ü56: Maha-mudra

Geübte können mit der beschriebenen Übungsweise auch die Stellung *janu sirsasana* vorbereiten oder einnehmen. Die Haltung kann in vielen Yoga-Büchern nachgeschlagen werden.

◆ Mögliche Wirkungsweisen

Die Übung kräftigt Bauchorgane und Nieren. Sie bringt Erleichterung bei Unterleibssenkung der Frau, da die Gebärmutter wieder in die ursprüngliche Lage zurückfindet. Sie hilft auch bei Erkrankungen der Milz, bei vergrößerter Prostatadrüse und sie regt die Verdauung an.

Glaubt man fernöstlichen Texten, so ist *maha-mudra* eine universelle Stellung: „Dieses *maha-mudra* vernichtet den Tod und viele andere Übel. Es gibt nichts, was man nicht essen kann oder vermeiden muß (wenn man diese Stellung geübt hat). Alle Nahrung wird verdaut, gleichgültig wie sie schmeckt, selbst wenn sie vergiftet ist. Wer *maha-mudra* übt, überwindet Schwindsucht, Aussatz, Hämorrhoiden, Vergrößerung der Milz, Verdauungsstörungen und andere chronische Krankheiten", [16][71].

Parivrtta janu sirsasana

Die Ausgangshaltung entspricht der bei *maha-mudra*. Zusätzlich wird jetzt aber der Rumpf nach rechts gedreht. Die aufsteigende Adler-Basisübung wird mit Seitbeugen zum rechten Bein hin ausgeführt (Gesäß bleibt auf dem Boden), die jeweils auf die Phasen 2, 4 (Ü57) und 6 folgen (ausatmend zur Seite beugen, einatmend nach oben). Mit seitlich ausgebreiteten Armen (Phase 8b) beugen wir den Oberkörper ausatmend nach rechts. Die rechte Hand faßt den rechten Fuß, die linke wird auf das linke Knie gelegt, der rechte Arm ist gestreckt; rechte Schulter ein wenig nach vorn, die linke nach hinten bringen. Der Kopf dreht sich nach links. In der Stellung kann atmend verweilt werden, ehe sich der rückläufige Ablauf anschließt.

---

[71] Hatha-Yoga-Pradipaka, Kap. 3 Vers 14, 16 – 17; aus [16].

Ü57: Parivrtta janu sirsasana

Indische Yoga-Stellungen

Mit ägyptischen Adlerübungen im Sitzen lassen sich z.B. folgende Hatha-Yoga-Stellungen vorbereiten oder kombinieren:

* Lebenshaltung – *pranasana*
* Froschsitz – *mandukasana*
* Drehsitz – *ardha matsyendrasana*
* Knie-Stirn-Stellung – *janu sirsasana*
* Zange – *paschimottanasana*
* Winkel – *upavistha konasana*
* *Maha-mudra*
* *Janu Sirsasana*
* *Parivrtta Janu Sirsasana.*

Ägyptischer Adler –
Konzentration und Koordination

Die Ausführung der ägyptischen Yoga-Übungsweise verlangt Konzentration, fördert diese aber auch gleichzeitig. Eine große Zahl an Konzentrations- und Koordinationsübungen in Verbindung mit der ägyptischen Yoga-Methode sind möglich.

Es folgt die Beschreibung einer (von vielen) Übungsweisen, bei denen die Konzentration, zusammen mit der Koordination, ganz im Vordergrund steht. Je nach der Tätigkeit, die der Mensch ausführt, ist jeweils eine der beiden Gehirnhälften vorherrschend. Logisches Denken, Lesen oder Rechnen bedingt die Dominanz der linken, Musik hören, Träumen, Raumempfinden, Ganzheitserfassen oder Meditieren eine Dominanz der rechten Hemisphäre. Menschen der westlich-technischen Industriegesellschaft sind in den allermeisten Fällen (links-)kopflastig und vernachlässigen ihr intuitives Wesen und Wissen. Das bedeutet auch, daß wir in erster Linie mit unserer linken Gehirnhälfte arbeiten, wobei die rechte Seite zu kurz kommt.[72] Da jede Hemisphäre der jeweils anderen Körperseite zugeordnet ist (z.B. entspricht die rechte Körperseite der linken Hirnseite), müssen bei der folgenden Übung beide Hemisphären gleichermaßen benutzt werden, was einen gewissen Ausgleich schafft.

....
*Einseitigkeiten
ausgleichen*

Ausführung.

1. Vorübung (Einseitiger Adler). Der rechte Arm bleibt passiv längs des Körpers. Es wird nur links geübt. Der linke Arm ist nach

---

[72] Das Großhirn gliedert sich in zwei Hemisphären, die durch den sogenannten Balken (Corpus callosum) verbunden sind. Die Medizin versuchte in der Vergangenheit, verschiedene Erkrankungen und Symptome (z.B. Epilepsie, große Schmerzen) mittels Durchtrennung des Balkens zu beseitigen (Commisurotomie). Nach solchen Operationen zeigten sich zunächst erstaunlich geringe Ausfälle, was darauf hindeutet, daß beide Gehirnhälften relativ eigenständige Gehirne darstellen, die unabhängig voneinander ihre Arbeit tun können. Die polare Spezialisierung der beiden Hemisphären spiegelt sich in den alten Polaritätslehren der Menschheit. (Das Tao zeigt sich in den Urprinzipien *yin* und *yang*. Die hermetische Tradition drückte dies als Sonne und Mond aus.)

unten gestreckt, die Handinnenfläche nach vorn geöffnet. Mit dem linken Arm und den entsprechenden Atmungen wird die aufsteigende Adler-Basisübung ausgeführt, bis die Handinnenfläche zum Kopf gewendet ist (Ü7). Der absteigende Adler schließt sich an. Jetzt folgt dieselbe Übung mit aktivem rechten und passivem linken Arm.

2. Koordinationsübung.

✳ Der rechte Arm ist angehoben, die Handinnenfläche zeigt zum Kopf. Der linke Arm ist nach unten gestreckt, die Handinnenfläche nach vorn offen; Ausatmung (Ü58);

✳ einatmend beide Hände zu Fäusten schließen (Ü59);

✳ es folgt rechts der absteigende und gleichzeitig links der aufsteigende Adler mit den zugehörigen Atmungen (Ü60–Ü64);

✳ ausgehend von der erreichten Position (Ü64) schließt sich rechts der aufsteigende und gleichzeitig links der absteigende Adler an.

Die Übung wird mit umgekehrter Arm-/Hand-Ausgangshaltung wiederholt.

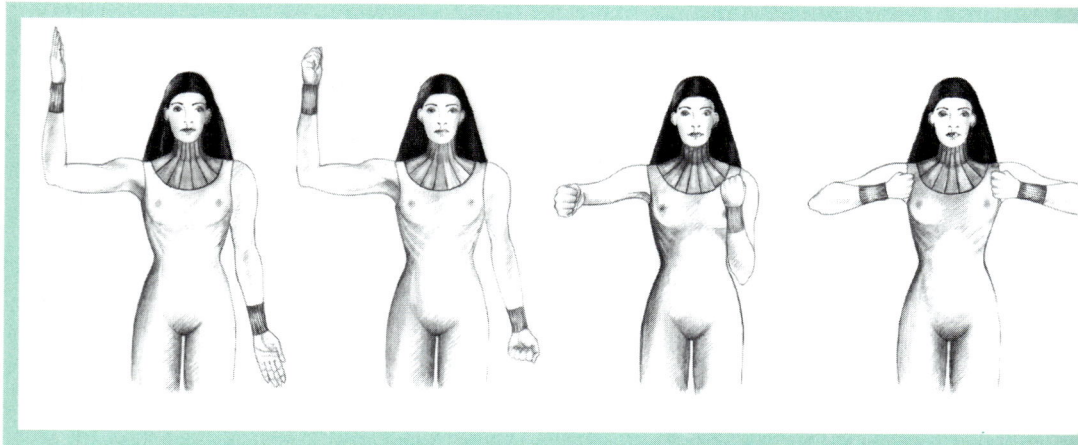

Ü58:
Ausatmen

Ü59:
Einatmend
Fäuste machen

Ü60: Ausatmend
rechter Unterarm vor,
linke Faust zur Schulter

Ü61: Einatmend rechte
Faust zur Schulter, linker
Arm auf Schulterhöhe

◆ Mögliche Wirkungsweisen

Aktivität und Ausgleich beider Gehirnhemisphären werden gefördert. Wir arbeiten unserer Einseitigkeit auf körperlicher und geistiger Ebene entgegen. Die getrennten Pole nähern sich einander, während die Steuerung unseres Körpers von beiden Hirnseiten geübt und koordiniert wird. Symbolisch haben wir den Aufstieg des unteren (irdischen) Pols nach oben (zum Himmlischen) und gleichzeitig das Herabsteigen des oberen Pols nach unten. Die doppelte Polarität von vertikal (Himmel – Erde) und horizontal (rechts – links, „Die beiden Erden", krank – gesund, gut und böse, Frau – Mann usw.) ist enthalten.

....
Pole verbinden

Abschließende Bemerkungen

Ägyptisches Yoga beinhaltet die Übungsbereiche des indisch geprägten Yoga-Systems.

▶ Der Körper wird beweglich und aufgerichtet – *asana*.

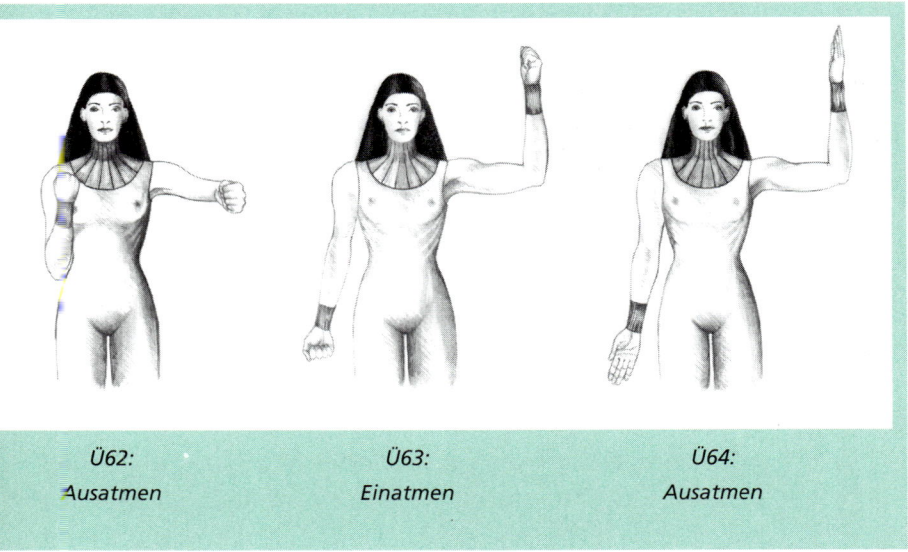

Ü62:	Ü63:	Ü64:
Ausatmen	Einatmen	Ausatmen

**Indisch-ägypti-
sche Parallelen**

▶ Der Atem, unsere wichtigste (nicht nur gasförmige) Nahrung wird neu belebt – *pranayama*.

▶ Die Übungen fördern unsere Konzentration und Koordinationsfähigkeit. Entspannung und Meditation können vorbereitet oder erreicht werden – *pratyahara, dharana, dhyana*.

Über die Symbolik wirken wir auf unbewußte Bereiche ein und richten uns auch innerlich auf. Über Bewegung, Atem, Meridiane und Reflexzonen beeinflußen wir auf günstige Weise Organe und Energieströme (Chakras).

Ägyptisches Yoga ist eine Methode, die als solche selbständig ausgeführt werden kann, sich aber ebenso mit anderen Übungsweisen (wie indischem Yoga oder Gymnastik) kombinieren läßt. Die Übungsweise ist so vielfältig und abgestuft anwendbar, daß sie von allen Personen an jedem Ort ausgeführt werden kann.

**Aufrichtung von
Körper und Geist**

Im ägyptischen Yoga soll mit großem Einfühlungsvermögen für unseren physischen und psychischen Körper geübt werden (*ahimsha*). Dabei wird der Atem auf natürliche Weise mit den Bewegungen des Körpers in Einklang gebracht, sodaß der natürliche Atem gefördert wird. Die Übungen erfordern Konzentration, unsere Sinne sind nicht mehr nach außen gerichtet. Konzentriert und ruhig ausgeführt führen die Übungen mit den entsprechenden Entspannungen bis zur Meditation, die zusammen mit dem symbolischen Ausdruck der Haltungen unser Unbewußtes, unseren Geist beeinflußen und in Kontakt mit spirituellen Bereichen bringen. Die exakte Übungsweise des ägyptischen Yoga richtet nicht nur unseren physischen Körper auf und fördert den natürlichen Atem, sondern führt mit der veränderten äußeren Haltung auch zur inneren Aufrichtung.

**Empfangen und
geben**

In der KA-Haltung richten wir unsere Antennen aus, um Lebenskraft, Gesundheit und Licht von oben zu empfangen. Wir stehen aufrecht wie der Pharao als Mittler zwischen Himmel und Erde. Mit unseren „Antennen" nehmen wir nicht nur auf, sondern senden auch Licht in eine Zeit und Welt, die mehr denn je eines kleinen Lichtchens bedarf. In der Dunkelheit ist auch das kleinste Leuchten zu sehen. Am Ende werden viele Lichter als erneuertes Firmament im vereinten Licht von Sonne und Mond erstrahlen und die Erde führen.

Es sind ihrer viele,
die im ruhigen Tal des Unwissens bleiben wollen,
wo Kinder spielen und Schmetterlinge
die kurze Zeit ihres Lebens
in der Sonne dahintanzen.
Aber niemand kann dort lange verweilen,
weit voraus steigen die düsteren Berge des Lernens auf.
Viele gibt es, die den Anstieg fürchten,
und viele sind zerschlagen und blutend
von ihren steilen, zerklüfteten Hängen
herabgestürzt.
Doch Glaube
ist ein Führer über die klaffenden Schluchten
und die Ausdauer
ein fester Stand im schartigen Fels.
Jenseits der eisigen Gipfel des Ringens
liegt der unendliche Garten der Weisheit
in Frieden und Schönheit,
wo der Sinn des Gesetzes
den Kindern des Lichts bekannt gemacht wird.
Hier im Mittelpunkt seiner Wälder
steht der Baum des Lebens,
Geheimnis aller Geheimnisse.
Wer Frieden gefunden hat
in den Lehren der Alten,
durch das Licht des Geistes,
durch das Licht der Natur
und durch das Studium des Heiligen Wortes,
hat die wolkenerfüllte Halle der Alten betreten. [31]

Literatur

[1] *Bauer, W. (Hrsg.)*: Lexikon der Symbole. Bertelsmann, 1996.

[2] *Bennet, J.G.*: Energien. Bruno Martin, 1982.

[3] *Bernbaum, E.*: Der Weg nach Shambhala. Papyrus, 1982.

[4] *Betrò, M.C.*: Heilige Zeichen. Gustav Lübbe, 1996.

[5] *Bhagavadgita*: Bhagavadgita. Hermann Bauer, 1954.

[6] *Brahmachari, S.D.*: Yoga hilft heilen. Hermann Bauer, 1974.

[7] *Brauen, M.*: Das Mandala. DuMont, 1992.

[8] *Brunton, P.*: Geheimnisvolles Ägypten. Hermann Bauer, 1978.

[9] *Chia, M.*: Tao Yoga der Liebe. Ansata, 1985.

[10] *Clarus, I.*: Du stirbst, damit du lebst. Bonz, 1990.

[11] *Daumas, F.*: La civilisation de l'Égypte pharaonique. Arhaud Paris, 1965.

[12] *Hauer, J.W.*: Der Yoga. Bruno Martin, 1983.

[13] *Hornung, E.*: Das Totenbuch der Ägypter. Artemis und Winkler, 1990.

[14] *Isbert, O.-A.*: Yoga – Arbeit am Selbst. Goldmann, 1960.

[15] *Isbert, O.-A.*: Yoga-Sadhana. Studien und Übungshefte zum Raja- und Kriya-Yoga. Erich Hoffmann, 1960.

[16] *Iyengar, B.K.S.*: Licht auf Yoga. O.W. Barth Bern, 1978.

[17] *Jung, C.G.*: Der Mensch und seine Symbole. Walter, 1979.

[18] *Khane, G. et B.*: Le yoga des pharaons. Dervy-Livres Paris, 1984.

[19] *Khane, G. et B.*: Le yoga de la verticalité. Dervy-Livres Paris, 1987.

[20] *Kitchenham-Pec/Bopp*: Beckenboden. Trias, 1995.

[21] *van Lysebeth, A.*: Die große Kraft des Atems. O.W. Barth Bern, 1982.

[22] *van Lysebeth, A.*: Tantra. Mosaik, 1990.

[23] *van Lysebeth, D. und A.:* Meine tägliche Yoga-Stunde. Hippokrates, 1977.

[24] *Lionel, F.:* Abendland – Hüter der Flamme. Otto Reichl, [1978].

[25] *Ozaniec, N.:* Ägyptische Mysterien. Aurum, 1995.

[26] *Raab, A.:* Yoga gegen Haltungsschäden und Rückenschmerzen. Falken, 1977.

[27] *Schuré, E.:* Die großen Eingeweihten. O.W.Barth Bern, 1976.

[28] *Schwaller de Lubicz, R.A.:* Le roi de la théocratie pharaonique. Flammarion Paris, 1961.

[29] *Schwaller de Lubicz, R.A.:* The Egyptian Miracle. Inner Traditions International. New York, 1985.

[30] *Stühmer, R.:* Natürliche Heilkräfte. Pamminger & Partner, 1987.

[31] *Székely, Ed. B.:* Die unbekannten Schriften der Essener. Bruno Martin, 1978.

[32] *Tatzki/Pinter-Neise:* Theorie und Praxis des Hatha-Yoga. Vianova, 1995.

[33] *Vandier, J.:* Manuel d'Archéologie Égyptienne. Edition A. et J. Picard Paris, 1964.

[34] *Vivekananda, S.:* Jnana-Yoga. Hermann Bauer, 1973.

[35] *Vivekananda, S.:* Raja-Yoga mit den Yoga-Aphorismen des Patanjali. Hermann Bauer, 1981.

[36] *Wadulla, A.:* Yoga für die Praxis. Irisiana, 1979.

[37] *Weinreb, F.:* Geistige Erfahrung und Lebenspraxis – Die ursprüngliche Bedeutung des Yoga. Thauros, 1983.

[38] *von Zabern, P.:* Das Ägyptische Museum Kairo. Philipp v. Zabern, 1986.

Stichwortverzeichnis

Anfragen und Informationen

Fragen zum Thema und Informationen über Seminare beim Autor unter folgender Adresse:

Dieter Gratza
Schenkenwaldstr. 12
D-88273 Fronreute-Staig

Telefon   0 75 02 - 911 351
Telefax   0 75 02 - 911 352

Atementspannung

Atmen ist untrennbar mit körperlichen und geistig-seelischen Vorgängen verbunden. So wie die Atmung unsere seelische Verfassung beeinflußt, wirkt sich auch anderseits unser Seelenzustand auf die Atmung aus.

Mit Hilfe der Übungen in diesem handlichen Ratgeber entdeckt der Leser, daß er in vielen Alltagssituationen durch einfache Atemübun-gen emotionale und körperliche Spannungen abbauen kann.

Nach einer kurzen Übersicht über die theoretischen Modelle der Atementspannung folgen zahlreiche konkrete Übungen, die jeder für sich erproben und seinen eigenen Bedürfnissen anpassen kann.

Dr. med. Adalbert Olschewski
Atementspannung
190 Seiten, kart.
DM 34,80/öS 254,-/sFr 35,80
ISBN 3-7760-1498-9

Karl F. Haug Verlag / Hüthig GmbH
Im Weiher 10, D-69121 Heidelberg
Tel. 06221/489-555
Fax 06221/489-410
Internet http://www.huethig.de

Natürlich gesund – Ratgeber von HAUG